भारतीय इतिहास के गौरव

छत्रपति संभाजी महाराज

डॉ. राकेश कुमार आर्य
(राष्ट्रीय प्रणेता : भारत को समझो आभियान समिति)

डायमंड बुक्स
www.diamondbooks.in

प्रकाशक : डायमंड पॉकेट बुक्स (प्रा.) लि.
X-30 ओखला इंडस्ट्रियल एरिया, फेस -II
नई दिल्ली- 110020
फोन : 011-40712200
ई-मेल : wecare@diamondbooks.in
वेबसाइट : www.diamondbooks.in

संस्करण : 2025
मुद्रक : रेप्रो (इंडिया)

Bharatiye Itihas Ke Gaurav Chhatrapati Sambhaji Maharaj
by *Dr. Rakesh Kumar Arya*

लेखकीय निवेदन

पिछले दिनों भारतवर्ष में छावा मूवी को बनाकर युवाओं को अपने इतिहास के गौरवशाली पक्ष से परिचित कराने के लिए उसे प्रचारित-प्रसारित किया गया। सचमुच ऐसा प्रयास सराहनीय ही माना जाएगा, क्योंकि इस प्रकार के कार्यों से हम अपने अतीत के गौरवशाली कार्यों से परिचित हो सकते हैं। अपने इतिहासनायकों की गौरवशाली परंपरा से परिचित हो सकते हैं और उस विशाल भारतीय राष्ट्र से परिचित हो सकते हैं, जिसने युगों-युगों से मानवता का नेतृत्व किया है।

'छावा' मराठा साम्राज्य के द्वितीय छत्रपति सम्भाजी महाराज के जीवन पर आधारित फिल्म है। इस फिल्म में हमारे इतिहासनायक छत्रपति संभाजी महाराज की भूमिका का निर्वाह विक्की कौशल ने किया है। यह फ़िल्म शिवाजी सावंत के मराठी उपन्यास 'छावा' पर आधारित है। जिसे लक्ष्मण उतेकर द्वारा निर्देशित किया गया है।

इस फिल्म के आने पर हमारी युवा पीढ़ी को नई ऊर्जा, नई सोच और नई प्रेरणा प्राप्त हुई है। स्वयं मुझे भी संभाजी महाराज के बारे में कुछ और पढ़ने की प्रेरणा मिली। जिससे मेरी पुरानी धारणाओं में आमूल-चूल परिवर्तन आया है। इतिहास की प्रचलित लेखन शैली में यदि संभाजी महाराज को खड़ा करके देखेंगे तो बहुत कुछ निराशाजनक दिखाई देगा। इसका कारण यह है कि संभाजी महाराज के व्यक्तित्व और कृतित्व के साथ अन्याय करते हुए मुगल प्रेमी इतिहास लेखकों ने वास्तव में भारतीय इतिहास को निराशाजनक बनाकर प्रस्तुत किया है। स्वाधीनता प्राप्ति के बाद के अनेक इतिहासकारों का लक्ष्य ऐसा ही रहा है। जिसमें भारत के हिंदू योद्धाओं को पराजित मानसिकता का प्रदर्शित करने के। जानबूझकर अपराध पूर्ण कृत्य किया जाता है।

इस फिल्म ने संभाजी महाराज के व्यक्तित्व को नया स्वरूप प्रदान किया है। 'नया स्वरूप' से हमारा अभिप्राय है कि इतिहास के तथ्यों के आलोक में उन्हें सही दृष्टिकोण से पढ़ने की सोच और समझ सभी के भीतर विकसित हुई है।

संभाजी महाराज को सौभाग्य से माता जीजाबाई जैसी राष्ट्रवादी साधिका का सान्निध्य प्राप्त हुआ। जिन्होंने अपने पुत्र शिवाजी के बाद अपने पौत्र संभाजी का भी निर्माण करने में महत्वपूर्ण योगदान दिया। माता जीजाबाई ने अपने पुत्र व पौत्र दोनों को ही यशस्वी जीवन जीने के लिए प्रेरित किया। उनकी प्रेरणा से ही दोनों ने राष्ट्रवाद की अप्रतिम साधना की। भारत के प्राचीन गौरव को स्थापित करने के लिए न केवल इन दोनों ने अपितु उनके बाद के आने वाले उनके उत्तराधिकारियों और फिर पेशवाओं ने भी इसी दिशा में महत्वपूर्ण और प्रशंसनीय कार्य किया।

आज भारत यदि सनातन राष्ट्र के रूप में अपना अस्तित्व बचाने में सफल हुआ है तो उसमें संभाजी महाराज जैसे क्रांतिकारी वीर योद्धाओं का विशेष योगदान है। जिन्होंने अपने जीवन में अनेक प्रकार के कष्ट सहे। अनेक प्रकार के अत्याचारों का सामना किया। देश में धर्म के शत्रुओं से अनेक युद्ध किये। उन सभी युद्धों में सफलता प्राप्त की। इतना ही नहीं, स्वाधीनता से लगभग ढाई सौ वर्ष पहले उन्होंने भारत को मुगल-विहीन राष्ट्र बनाने का सपना लिया। तनिक कल्पना कीजिए कि संभाजी के पिता छत्रपति शिवाजी महाराज यदि देश को 'हिंदवी स्वराज्य' के रूप में स्थापित करने का संघर्ष कर रहे थे अर्थात भारत को 'हिंदू राष्ट्र' बनाने की योजना पर कार्य कर रहे थे तो उनके पुत्र संभाजी महाराज ने उनके इस दिव्य पुरुषार्थ को और आगे बढ़ाते हुए मुगलविहीन भारत कर देने का संकल्प लिया। इस प्रकार पता चलता है कि संभाजी महाराज न केवल अपने पिता के लक्ष्यों को प्राप्त करने के लिए कार्य कर रहे थे अपितु वे भारत की श्री और समृद्धि को बढ़ाने के लिए छत्रपति शिवाजी महाराज से भी आगे जाकर कार्य करने के लिए अपने आप को प्रस्तुत कर रहे थे।

उनके इस प्रकार के महान पुरुषार्थ में कवि कलश जैसे उनके अनेक संगी साथियों ने प्रशंसनीय योगदान दिया। उन्होंने अपने बलिदान दिए, परंतु मां भारती का शीश झुकने नहीं दिया। अपना बलिदान देकर यह सिद्ध किया कि देश, धर्म और संस्कृति की रक्षा के लिए चाहे जितनी बड़ी चुनौती से उन्हें जूझना पड़े और चाहे जैसी परीक्षा उन्हें देनी पड़े पर वे पीछे हटने वाले नहीं हैं। उनके सामने 'मृत्यु या इस्लाम' में से किसी एक को चुनने का औरंगजेब के द्वारा अपना परंपरागत विकल्प प्रस्तुत किया गया। जिस पर संभाजी महाराज ने मां भारती का सच्चा सेवक होने का प्रमाण देते हुए मृत्यु को गले लगा लिया। यद्यपि वे यह भलीभांति जानते थे कि यदि वह ऐसा करने जा रहे हैं तो मौत कितनी पीड़ा लेकर उनके पास आ सकती है? सचमुचउन पर जिस प्रकार के अत्याचार किए गए, उन्हें देखकर कोई भी व्यक्ति द्रवित हो सकता है, परंतु संभाजी महाराज इस प्रकार के सभी अत्याचारों को सहजता से सहन करते चले गए।

क्योंकि उनकी रगों में शिवाजी महाराज जैसे प्रतापी पिता का रक्त प्रवाहित हो रहा था और माता जीजाबाई जैसी वीरांगना दादी की पवित्र प्रेरणा संकटों में भी उनका मार्गदर्शन कर रही थी।

हमने अपने इतिहास और इतिहासनायकों के साथ न्याय नहीं किया। जिन लोगों ने सनातन संस्कृति की रक्षा के लिए अपने बलिदान दिए, उनके बलिदानों को हमने उपेक्षित कर दिया अथवा भुला दिया। जिसका परिणाम आज यह निकला है कि हम अपने स्वर्णिम अतीत से कट गए हैं। अतीत के जिन गौरवशाली पृष्ठों को हमें सहेजकर अपनी पवित्र विरासत के रूप में अपनी वर्तमान युवा पीढ़ी को प्रस्तुत करना था, उसे हम कर नहीं पाए। अब समय आ गया है, जब हम अपनी गौरवशाली विरासत को सुंदर से सुंदर स्वरूप में प्रस्तुत कर अपनी युवा पीढ़ी को परोसें। अपनी युवा पीढ़ी की दाढ़ में जीरा लगाएं अर्थात उसमें अपने स्वर्णिम अतीत को पढ़ने का चाव पैदा करें। इसके लिए आवश्यक है कि संभाजी महाराज जैसे विलुप्त अध्यायों को हम उत्कृष्टता के साथ पवित्र से पवित्र कलेवर में लपेटकर वर्तमान पीढ़ी को दें। 'छावा मूवी' इस दिशा में सचमुच एक श्लाघनीय कार्य है।

अपने वीर इतिहास पुरुषों को भूलना अपनी विरासत के साथ अन्याय करना होता है। वीर वीरांगनाओं की उपेक्षा करना अपनी पीढ़ी को कायर बनाना होता है। धर्म योद्धाओं को नकारना अपने धर्म की हानि करना होता है। ...और अपने इतिहास के साथ छल करना, इतिहास के स्मारकों की अवहेलना करना, इतिहास के पूजा स्थलों को पूर्णतया उपेक्षित करना, किसी भी राष्ट्र के लिए आत्महत्या के समान होता है।

संस्कृतिरक्षकों को विस्तृत कर देना संस्कृति द्रोह को उत्पन्न करता है। यदि हममें तनिक सा भी भारतीय होने का अभिमान है और अपने इतिहास पुरुषों, वीर वीरांगनाओं, धर्म योद्धाओं और संस्कृतिरक्षकों का उत्तराधिकारी होने का गर्व है तो हम यह संकल्प लें कि हम उनके पुरुषार्थ और परिश्रम को भुलाएंगे नहीं अपितु उसे एक स्मारक के रूप में सहेजकर अपनी थाती मानकर चलेंगे।

इस पुस्तक को लिखने का हमारा उद्देश्य यही है कि संभाजी महाराज जैसे इतिहासनायकों को हम अपनी विरासत का एक अनमोल हीरा मानकर वर्तमान पीढ़ी के समक्ष उसे पूरे अभिमान, पूरी शान और पूरे अधिकार के साथ प्रस्तुत करें।

मैं इस बात के लिए डायमंड पॉकेट बुक्स के चेयरमैन श्री नरेंद्र सिंह जी का हृदय से धन्यवाद ज्ञापित करता हूं, जिन्होंने इस पुस्तक के प्रति अपनी रुचि मुझसे सांझा की। उसके पश्चात मैंने इस पर कार्य किया। प्रकाशक महोदय का हार्दिक आभार कि

उनकी तत्परता व लग्नशीलता के चलते यह पुस्तक यथाशीघ्र आपके हाथों में पहुंच गई है।

परमपिता परमेश्वर की अनंत कृपा के प्रति नमन करते हुए पुस्तक प्रकाशन में सहयोगी रहे अपने परिजनों, प्रियजनों मित्रों और बंधु बांधवों का भी धन्यवाद ज्ञापित करता हूं, जिन्होंने किसी न किसी प्रकार से अपना आशीर्वाद, सहयोग या सद्भाव बनाकर इस पुस्तक को प्रकाशित कराने में मेरा सहयोग किया है।

आशा है आपको मेरा प्रयास सार्थक लगेगा।

दिनांक : 7. 5. 2025

–डॉ राकेश कुमार आर्य

(सुप्रसिद्ध इतिहासकार, लेखक एवं

'भारत को समझो अभियान' समिति के राष्ट्रीय प्रणेता)

दयानंद स्ट्रीट, सत्यराज भवन, (महर्षि दयानंद वाटिका के पास)

निवास : सी ई 121, अंसल गोल्फ लिंक - 2,

तिलपता चौक, ग्रेटर नोएडा, जनपद गौतमबुध नगर,

उत्तर प्रदेश। पिन - 201309

चलभाष : 9911169917

विषयसूची

अध्याय - १

संभाजी के पिता छत्रपति शिवाजी

मैथिलीशरण गुप्त जी भारत के स्वर्णिम अतीत को रेखांकित करते हुए लिखते हैं :-

उनके चतुर्दिक-कीर्ति-पट को है असम्भव नापना,
की दूर देशों में उन्होंने उपनिवेश-स्थापना।
पहुँचे जहाँ वे अज्ञता का द्वार जानो रुक गया,
वे झुक गये जिस ओर को संसार मानो झुक गया॥"

भारत के जिन वीर इतिहास नायकों के साथ अन्याय करते हुए उनके चरित्र चित्रण के साथ इतिहासकारों ने छल किया है उनमें संभाजी महाराज के पिता छत्रपति शिवाजी महाराज का नाम सर्वोपरि है। छत्रपति शिवाजी महाराज ने अपने जीवन काल में हिंदवी स्वराज्य के लिए कार्य किया। उनके हिंदवी स्वराज्य का अर्थ था - संपूर्ण भारतवर्ष पर भगवा का राज्य स्थापित करना। स्पष्ट है कि छत्रपति शिवाजी महाराज अपने इस अभियान के माध्यम से संपूर्ण भारतवर्ष से मुगलिया शासन को उखाड़ देना चाहते थे। भारतवर्ष के किसी व्यक्ति के द्वारा लिया गया यह संकल्प समकालीन इतिहास की एक चमत्कारिक घटना है। क्योंकि शिवाजी जैसा एक छोटे कद का और छोटे पद का व्यक्ति कुछ ऐसा संकल्प ले रहा था जो उन परिस्थितियों में पूर्ण होना सर्वथा असंभव दिखाई देता था। परंतु यदि शिवाजी इस संकल्प को नहीं लेते तो समझ लीजिए कि शिवाजी ही नहीं होते। अतः मान लेना चाहिए कि शिवाजी को छत्रपति शिवाजी बनाना उनके इसी संकल्प में अंतर्निहित था। आज संपूर्ण राष्ट्र यदि शिवाजी महाराज के समक्ष नतमस्तक होकर उनका अभिनंदन करता है तो वह केवल उनके इसी संकल्प के कारण करता है कि उन्होंने सर्वथा असंभव को संभव करके दिखा दिया था। हमने फ्रांस के नेपोलियन बोनापार्ट के बारे में सुना है कि वह कहा करता था कि असंभव शब्द मूर्खों की डायरी में लिखा होता है। परंतु एक समय आया था - जब अहंकारी नेपोलियन बोनापार्ट का अहंकार टूट गया था और वह समझ गया था कि

असंभव शब्द उसके अपने शब्दकोश में भी कहीं दिखाई देता है। वाटरलू के पश्चात उसके जीवन में कई बड़े परिवर्तन हुए थे। उन परिवर्तनों ने उसका अहंकार तोड़ दिया था। उसके पश्चात उसे पता चल गया था कि मृत्यु मांगना तो संभव है, परन्तु मांगने पर मृत्यु आ ही जाएगी, यह सर्वथा संभव है।

इधर हम अपने छत्रपति शिवाजी महाराज को देखते हैं जिन्होंने मिट्टी में से स्वराज्य (साम्राज्य नहीं, इस पुस्तक में जहां कहीं भी उनके लिए या उनके वंशजों के लिए साम्राज्य शब्द का प्रयोग किया जाए, उसे स्वराज्य के संदर्भ में ही ग्रहण करने का कष्ट करें। क्योंकि साम्राज्य दूसरों की भावनाओं को मिटाकर या उनके साथ खिलवाड़ करके स्थापित किए जाते हैं। जबकि स्वराज्य जनभावनाओं का सम्मान करते हुए स्थापित किए जाते हैं।) खड़ा किया और उस विशाल स्वराज्य को वे अपनी आने वाली पीढ़ियों को सौंप कर गए। उनके इस स्वराज्य अभियान को विदेशी इतिहास लेखकों और उनके चाटुकार भारतीय लेखकों ने भी उसी दृष्टिकोण से देखा, जिस दृष्टिकोण से तत्कालीन मुगल सत्ता देखने की अभ्यासी हो चुकी थी। अपने इतिहासनायकों को शत्रु के दृष्टिकोण से देखना किसी भी देश के लिए संभव नहीं है, यद्यपि यह भारत में संभव है। यहां देशभक्ति को उपेक्षित किया जाता है और दूसरों के तलवे चाटने को महिमा मंडित किया जाता है। यही कारण है कि मुगल काल में हमारे जितने भर भी देशभक्त मुगल सरकार से लड़कर देश को स्वाधीन करने के लिए काम करते रहे, उन सबको उपेक्षित किया जाता है। यही स्थिति ब्रिटिश काल में भी रही।कांग्रेसी और कम्युनिस्ट विचारधारा के इतिहास लेखकों ने इस परंपरा को स्वाधीनता के पश्चात भी जारी रखा।

पहाड़ी चूहा थे शिवाजी

इसी सोच के चलते अंग्रेज व मुस्लिम इतिहासकारों ने शिवाजी को औरंगजेब की दृष्टि से देखते हुए 'पहाड़ी चूहा' या एक लुटेरा सिद्ध करने का आपराधिक कृत्य किया है। जिस महानायक ने मां भारती के सम्मान और सुरक्षा के लिए अपना जीवन दांव पर लगाया, उसके साथ इतना बड़ा अन्याय करते हुए इन इतिहासकारों को तनिक भी लज्जा नहीं आई? इतिहास को इन्होंने नीलाम कर दिया। इतिहास की परंपरा को बेच दिया। इतिहास के मर्म के साथ छल किया और इतिहास के धर्म को इन्होंने इतिहास की ही दृष्टि में कटघरे में खड़ा कर दिया। इतिहास के आंसुओं की ओर इन निर्मम लोगों का तनिक भी ध्यान नहीं गया। वह रोता रहा और लेखनी का सौदा कर चुके ये निर्दयी लोग कसाई की भांति उसे देखते रहे। इनकी लेखनी कागज पर चलते हुए कांपती रही, परन्तु इनकी आत्मा

में तनिक भी दया नहीं आयी। पाप करते हुए इनके हाथ लड़खड़ाते रहे, परंतु उनका हृदय तनिक भी नहीं पसीजा।

इतिहास के साथ इस प्रकार का छल करने वाले इन लोगों के आचरण और व्यवहार को देखकर हमें सावधान होना चाहिए। यह समझना चाहिए कि इन लोगों का दृष्टिकोण भारत की वीर परंपरा का अपमान करना है। जिससे कि भारत के वैदिक धर्मी हिंदू लोगों के भीतर वीरता का भाव भूल कर भी संचार न करने पाए। इनका उद्देश्य है कि वैदिक धर्मी हिंदू को उसके अतीत से काट कर रखा जाए। क्योंकि यदि उसे उसके अतीत की महानता और वीरता का बोध करा दिया गया तो उसे संभाला नहीं जा सकेगा।

शिवाजी की हिंदू राष्ट्र नीति और इतिहासकार

ऐसे इतिहासकारों ने शिवाजी के द्वारा हिंदू राष्ट्रनीति के पुनरूत्थान के लिए जो कुछ महान कार्य किया गया उसे मराठा शक्ति का पुनरूत्थान कहा न कि हिंदू शक्ति का पुनरूत्थान? वास्तव में इन इतिहासकारों का यह शब्दों का खेल भारतीय राष्ट्रवाद के संदर्भ में बहुत ही अधिक हानिकारक रहा है। तनिक देखिए कि शब्दों की इस जादूगरी में कितनी मिठास घुली हुई है? और वह मिठास भी यथार्थ सी लगती है।जब पाठक पढ़ता है कि भारत में मराठा शक्ति का किस प्रकार उत्थान हुआ तो वह कस्तूरिया मृग की भांति इस मिठास में उलझ कर रह जाता है। हर पाठक के मस्तिष्क को इस बात से बांध दिया जाता है कि वह मराठा शक्ति से बाहर जाकर वैदिक धर्मी हिंदू शक्ति के विषय में सोच भी न पाए। बस इसी शब्दजाल में वह थके हुए मृग की भांति फंसकर रह जाता है और शत्रु उसका बड़ी सहजता से शिकार कर लेता है।

शब्दजाल के इसी भ्रमजाल में फंसा कर पाठक को प्रत्येक मुगल बादशाह के जीवन की प्रत्येक घटना से अवगत कराने का प्रयास किया जाता है। जबकि छत्रपति शिवाजी महाराज जैसे राष्ट्रभक्त के जीवन की घटनाओं को उतनी ही तीव्रता से विस्मृत करने का प्रयास किया जाता है। बहुत बड़ी संघर्ष गाथा को कुछ शब्दों में समेट कर रख दिया जाता है।

लाला लाजपत राय जैसे राष्ट्रवादी लेखक बहुत कम हैं जिन्होंने शिवाजी महाराज पर कुछ प्रेरणास्पद लिखकर जाने का स्तवनीय कार्य किया। अपनी पुस्तक "छत्रपति शिवाजी" के पृष्ठ संख्या ११७ पर वे लिखते हैं :- "शिवाजी अपने राज्य प्रबंध में लगे हुए थे कि मार्च सन १६८० ई० के अंतिम दिनों में उनके घुटनों में सूजन पैदा हो गई। यहां तक कि ज्वर भी आना आरंभ हो गया। जिसके कारण ७ दिन में शिवाजी की आत्मा अपना नश्वर

कलेवर छोड़ परम पद को प्राप्त हो गई। १५ अप्रैल सन १६८० को शिवाजी का देहावसान हो गया।" *(संदर्भ : "छत्रपति शिवाजी" लेखक लाला लाजपतराय, प्रकाशक: सुकीर्ति पब्लिकेशंस, ४१ मेधा अपार्टमेंट्स, मयूर विहार 0१, नई दिल्ली ११००९१)*

इन शब्दों में लेखक की पीड़ा स्पष्ट झलकती है। वह जीवन की एक संघर्ष गाथा को पूर्णविराम देने से पहले अपनी पीड़ा इन श्रद्धांजलि स्वरुप शब्दों में अभिव्यक्त कर जाते हैं। लेखक के इन शब्दों में स्पष्ट झलकता है कि शिवाजी की संघर्ष गाथा संघर्ष करते-करते जीवन की संध्या में विलीन हो गई।

शिवाजी की नीति

छत्रपति शिवाजी महाराज ने आर्य संस्कृति में परिभाषित राजधर्म का पूर्ण निष्ठा से पालन किया। उन्होंने भाषा, संप्रदाय या और इसी प्रकार के किसी संकीर्ण मानसिकता को स्पष्ट करने वाले वाद को अपनी नीतियों में आड़े नहीं आने दिया। उन्होंने राज्यसत्ता संभाली तो वह केवल राष्ट्र सेवा और मानव सेवा के लिए संभाली। उनकी नीतियां धर्म से प्रेरित रहीं। यही कारण रहा कि राजा के सर्वोच्च पवित्र कर्तव्यों का उन्होंने बहुत ही निष्ठा से पालन किया। यदि सूक्ष्मता से देखा जाए तो छत्रपति शिवाजी महाराज की नीति धर्मनिरपेक्ष राज्य की स्थापना करने की थी। तत्कालीन मुगलों की शासन प्रणाली में जिस प्रकार गैर मुस्लिम महिलाओं के साथ अत्याचार किए जाते थे, उनका तनिक सा भी प्रभाव शिवाजी पर नहीं पड़ा। इस प्रकार वह कीचड़ में कमल की भांति रहकर अपने पवित्र राजधर्म का निर्वाह कर रहे थे। ऐसे अनेक हिंदू राजा हुए हैं जिन पर मुगलों के व्यभिचार और महिलाओं पर अत्याचार करने के आचरण व्यवहार का गहरा प्रभाव पड़ा। इस सबके बीच यदि शिवाजी इस प्रकार की सोच और मानसिकता से दूर रहे तो निश्चय ही उन्हें सच्चरित्र और जितेंद्रिय राजा कहकर इतिहास में स्थान मिलना अपेक्षित था।

खानखां जैसे मुस्लिम इतिहासकार ने भी उनके लिए कहा है कि "शिवाजी के राज्य में किसी अहिंदू महिला के साथ कभी कोई अभद्रता नही की गयी।" वास्तव में शिवाजी के चरित्र की यह विशेषता उनके गुणों के महिमामंडन के लिए इतिहास में अनुकरणीय बननी चाहिए थी। उनके इस प्रकार के चरित्र को स्कूल में विद्यार्थियों को पढ़ाया जाता। उन्हें सच्चरित्र बनने की शिक्षा दी जाती। उपरोक्त मुस्लिम इतिहासकार ने यह भी लिखा है कि "उन्होंने एक बार कुरान की एक प्रति कहीं गिरी देखी तो अपने एक मुस्लिम सिपाही को बड़े प्यार से दे दी।"

इन तथ्यों का लाला लाजपत राय जी ने अपनी पुस्तक "छत्रपति शिवाजी" में उल्लेख किया है। जिससे स्पष्ट होता है कि छत्रपति शिवाजी महाराज के भीतर किसी भी प्रकार की सांप्रदायिकता छू भी नहीं गई थी। याकूत नाम के एक पीर ने उन्हें अपनी दाढ़ी का बाल प्रेमवश दे दिया तो उसे उन्होंने ताबीज के रूप में बांह पर बांध लिया। साथ ही बदले में उस मुस्लिम फकीर को एक जमीन का टुकड़ा दे दिया। उनकी ऐसी ही सोच हिंदुओं के मंदिरों के प्रति थी।

जब राजा समदर्शी होता है, समभाव और सद्भाव में उसकी प्रवृत्ति होती है तो उसका प्रभाव जनमानस पर पड़ता है। जिसका परिणाम यह निकलता है कि जनसामान्य भी एक दूसरे के प्रति समभाव और सद्भाव की नीति अपनाने लगता है। आर्य राजाओं की दीर्घकालिक परंपरा में राष्ट्र में शांति इसीलिए व्यापक व्याप्त रहती थी कि राजा का दृष्टिकोण अपनी प्रजा के प्रति न्याय पूर्ण होता था। लोग अपने राजा से स्वाभाविक रूप से प्रेम करते थे। क्योंकि उन्हें अपने राजा से हर स्थिति में न्याय मिलने का पूर्ण विश्वास रहता था।

शुद्धि के समर्थक शिवाजी

छत्रपति शिवाजी एक सजग राष्ट्रभक्ति राजा थे। यह ठीक है कि उन्होंने अपनी मुस्लिम प्रजा के साथ किसी प्रकार का भेदभाव नहीं किया, परंतु इसके उपरांत भी वह शुद्धि के समर्थक थे। वह मुसलमानों के मौलिक अधिकारों के तो समर्थक थे, परंतु इस बात को भी भली प्रकार जानते थे कि मुस्लिम जनसंख्या का बढ़ना हिंदुओं के लिए खतरनाक साबित हो सकता है। यही कारण था कि जो लोग किसी भी प्रकार के लोभ लालच में फंसाकर मुसलमान बना लिए गए थे, उनकी घर वापसी के लिए भी वह चिंतित रहे। वह किसी भी प्रकार के तुष्टीकरण के विरोधी थे। उनके लिए राष्ट्रहित सर्वोपरि था। मुसलमानों को सर्व सुविधा उपलब्ध कराने के समर्थक होकर भी वह सनातन के प्रति सजग और सावधान रहे। उन्होंने हिंदू को संगठित कर उसे संगठन बल का पाठ पढ़ाया। हिंदू समाज को ऊर्जावन्त बनाए रखने के लिए उन्होंने लोगों को अपने अधिकारों के लिए लड़ना सिखाया। निम्बालकर जैसे प्रतिष्ठित हिंदू को मुसलमान बनने पर पुन: हिंदू बनाकर शुद्ध किया। साथ ही निम्बालकर के लड़के के साथ अपनी पुत्री का विवाह किया। नेताजी पालेकर को 8 वर्ष मुस्लिम बने हो गये थे- शिवाजी ने उन्हें भी शुद्ध कराया और पुन: हिंदू धर्म में लाए।

मुसलमानों के प्रति शिवाजी का दृष्टिकोण

हम पूर्व में ही यह स्पष्ट कर चुके हैं कि छत्रपति शिवाजी महाराज मुसलमानों के धार्मिकपूजा स्थलों के प्रति सम्मान का भाव रखते थे। किसी भी मस्जिद को किसी सैनिक

अभियान में शिवाजी ने नष्ट नही किया। उनकी इस प्रकार की उदारवादी नीतियों और सोच की मुस्लिम इतिहासकारों ने भी प्रशंसा की है। जिस समय छत्रपति शिवाजी महाराज गोलकुंडा के विजय अभियान पर निकले हुए थे, उस समय उन्हें यह सूचना अपने गुप्तचरों के माध्यम से प्राप्त हो गई थी कि वहां का बादशाह शिवाजी के साथ संधि चाहता है, इसलिए उस राज्य में जाते ही शिवाजी ने अपनी सेना को आदेश दिया कि यहां लूटपाट न की जाए, अपितु सारा सामान पैसे देकर ही खरीदा जाए। बादशाह को यह बात प्रभावित कर गयी। जब दोनों (राजा और बादशाह) मिले तो शिवाजी ने बड़े प्यार से बादशाह को गले लगा लिया। शिवाजी महाराज की इस प्रकार की नीति ने मुस्लिम बादशाह को हृदय से प्रभावित किया।

शिवाजी ने गौहरबानो नाम की मुस्लिम महिला को उसके परिवार में ससम्मान पहुंचाया। उनके मर्यादित और संयमित आचरण के ऐसे और भी अनेक उदाहरण हैं, जिनसे उनके व्यवहार और आचरण की उच्चता का पता चलता है। ऐसा भी माना जाता है कि उन्होंने अपने बेटे सम्भाजी को भी एक लड़की से छींटाकशी करने के आरोप में सार्वजनिक रूप से दण्डित किया था। शिवाजी हिंदू पद पातशाही के माध्यम से देश में 'हिंदू राज्य' स्थापित करना चाहते थे, इसलिए उन्होंने हिंदू राष्ट्रनीति के उपरोक्त तीनों आधार स्तंभों (नीति, बुद्धि और मर्यादा) पर अपने जीवन को और अपने राज्य को खड़ा करने का प्रयास किया।

हिंदू राष्ट्र निर्माता शिवाजी

माता जीजाबाई ने अपने पुत्र शिवा का निर्माण एक राष्ट्र निर्माता के रूप में किया था। मां की पीड़ा और राष्ट्र के प्रति समर्पण को शिवाजी ने घुट्टी में पी लिया था। यही कारण था कि उन्होंने मां के सपनों को साकार करने का निर्णय लिया। जिस यौवन को लोग विषय भोग में व्यतीत कर दिया करते हैं, उसे छत्रपति शिवाजी महाराज ने राष्ट्र के लिए समर्पित कर दिया। वास्तव में इतिहास भी उन्हीं का बना करता है जो जीवन के पल-पल को समाज और राष्ट्र के लिए जीते हैं।

माता जीजाबाई ने अपने पुत्र शिव को यही उपदेश दिया था कि जीवन के पल-पल को राष्ट्र के लिए समर्पित करके जीना है। मां का यह मार्गदर्शन शिवाजी के लिए सदा उपयोगी बना रहा। इसी मार्गदर्शन के चलते उन्होंने अनेक किलों को जीतकर विशाल हिंदू स्वराज की स्थापना की। यह ठीक है कि उन्हें हिंदवी स्वराज्य स्थापित करने में कई अपने लोगों ने भी चुनौतियां दीं,परंतु उन चुनौतियों को भी उन्होंने सहर्ष स्वीकार किया। जिस राज्य

की उन्होंने स्थापना की थी उसे उनके उत्तराधिकारियों ने और भी अधिक विस्तृत करने में सफलता प्राप्त की। १७०७ ईस्वी में मुगल बादशाह औरंगजेब की मृत्यु हुई तो उसके सही ३० वर्ष पश्चात अर्थात १७३७ ईस्वी में भारत पूर्णतया हिंदू राष्ट्र बना दिया गया। आप तनिक विचार कीजिए कि ३ अप्रैल १६८० में को शिवाजी महाराज का देहांत हुआ। उसके सही ५७ वर्ष पश्चात शिवाजी का वह सपना साकार उठा जो उन्होंने संपूर्ण भारतवर्ष को केसरिया ध्वज के नीचे लाने के रूप में देखा था।

२८ मार्च १७३७ को मराठों ने तत्कालीन मुगल बादशाह को वेतन भोगी सम्राट बनाकर दिल्ली के लाल किले तक सीमित कर दिया था। इस प्रकार २८ मार्च १७३७ भारत के हिंदू राष्ट्र घोषित होने का ऐतिहासिक दिन है। जिसे शिवाजी महाराज की प्रेरणा के कारण ही हम प्राप्त कर सके थे।

इतिहास के ऐसे महानायक को शत-शत नमन।

अध्याय - २

छावा संभाजी का निर्माण कैसे हुआ?

छत्रपति संभाजी महाराज के बारे में जब मैंने विस्तृत अध्ययन किया तो कई भ्रांत धारणाओं का निवारण हुआ। मुझे खेद है कि उनके बारे में बहुत अधिक पहले पढ़ नहीं पाया। उनके विशाल व्यक्तित्व को समझ नहीं पाया। उनकी सोच और उनके चिंतन के साथ अपना समन्वय नहीं बना पाया। अबसे पूर्व मेरी मान्यता थी कि वह अपने पिता की भांति गुणी नहीं थे।

विस्तृत अध्ययन करने से पता चला कि वह अपने पिता की भांति ही गुणी और बहुमुखी प्रतिभा संपन्न व्यक्तित्व के धनी थे। उन्होंने अपने पिता की धरोहर को सुरक्षित रखते हुए उनके ' हिंदवी स्वराज्य ' स्थापित करने के संकल्प को लेकर आगे बढ़ना आरंभ किया। उन्होंने अपने पिता शिवाजी महाराज की भांति ही तत्कालीन मुगल बादशाह औरंगजेब के लिए एक बड़ी चुनौती खड़ी की।

पिता के व्यक्तित्व का प्रभाव

जिस समय छत्रपति शिवाजी महाराज को एक षड़यंत्र के अंतर्गत औरंगज़ेब आगरा के लालकिले में बुलाकर उन्हें गिरफ्तार करने में सफल हो गया था, उस समय बालक संभाजी अपने पिता के साथ था। वहां संभाजी ने अपने पिता को ऐसे कई साहसिक निर्णय लेते देखा था, जिनका उसके बालमन पर स्थाई प्रभाव हुआ। उदाहरण के रूप में शिवाजी महाराज ने औरंगजेब के दरबार में स्वाभिमान के साथ वार्तालाप किया और कहीं से भी ऐसा संकेत नहीं दिया कि वह मुगल बादशाह औरंगजेब के भय से त्रस्त हैं। उसके पश्चात शिवाजी महाराज ने उपस्थित विषम परिस्थिति का बहुत ही साहस के साथ सामना करते हुए धैर्य और संयम का भी भरपूर परिचय दिया। उन्होंने जेल के अंदर रहते हुए धीरे-धीरे ऐसी परिस्थितियां बनाई कि लोग उनके अनुकूल होते चले गए और एक उचित समय पर उन्हें बाहर निकलने में किले के भीतर के ही कई लोगों ने गुप्त ढंग से सहायता दी।

जब वह किले के भीतर जेल में थे तो रामसिंह कछवाहा उन पर कड़ी निगरानी रख रहा था। शिवाजी ने रामसिंह कच्छवाहा के माध्यम से अपने तीन प्रस्ताव औरंगजेब के लिए प्रेषित किये। पहले प्रस्ताव में उन्होंने लिखा कि बादशाह अब मुझे क्षमा कर दें और मिर्जा राजा जयसिंह द्वारा अब तक छीने गए मेरे सारे दुर्ग मुझे लौटा दें। यदि बादशाह ऐसा करते हैं तो मैं उन्हें 2 करोड रुपए दूंगा और दक्षिण के युद्धों में सदा मुगलों का साथ भी दूंगा।

दूसरे प्रस्ताव में छत्रपति शिवाजी महाराज ने लिखा कि बादशाह मेरे प्राण बख्श दें और मुझे संन्यासी होकर काशी में अपना जीवन व्यतीत करने का अवसर दें।

जबकि तीसरे प्रस्ताव के अनुसार उन्होंने कहा कि बादशाह मुझे सकुशल घर लौट जाने की अनुमति प्रदान करें। इस कार्य के बदले में यदि वह मुझसे समस्त शाही दुर्ग लेना चाहें तो मैं उन्हें भी छोड़ने के लिए तत्पर हूं।

वास्तव में ये तीनों प्रस्ताव शिवाजी महाराज की ऐसी शर्ते थीं जिनके जाल में वह औरंगजेब को फंसा लेना चाहते थे। उधर औरंगजेब भी यह भली प्रकार जानता था कि शिवाजी के इन तीनों प्रस्तावों का अर्थ क्या है? यही कारण था कि उसने देखने में सरल से लगते हुए इन प्रस्तावों को मानने से इनकार कर दिया। जब शिवाजी महाराज ने देखा कि औरंगजेब उनके प्रस्ताव को मानने के लिए तत्पर नहीं है तो उन्होंने फिर एक पत्र लिखकर बादशाह से अनुरोध किया कि मुझे आप भले ही आगरा में रोक कर रख लें, किंतु मेरे साथियों को महाराष्ट्र लौट जाने की अनुमति प्रदान करें। इस बात को औरंगजेब ने तुरंत स्वीकार कर लिया।

शिवाजी ने फंसाया औरंगजेब को

शिवाजी ने बहुत ही कूटनीतिक ढंग से औरंगजेब को अपनी इस दूसरी शर्त में फंसा लिया। औरंगजेब ने शिवाजी के पत्र का अर्थ वही लगाया जो लिखा हुआ था। वह इस शर्त का अंतर्निहित अर्थ नहीं समझ पाया। जबकि इसका अंतर्निहित अर्थ यह था कि शिवाजी अपने सभी साथियों को महाराष्ट्र भेज कर लोगों को इस बात का सकारात्मक संदेश देना चाहते थे कि सब कुछ ठीक है और समय आने पर शिवाजी महाराज भी महाराष्ट्र लौट आएंगे। इसका दूसरा अर्थ यह था कि शिवाजी के साथी यथाशीघ्र महाराष्ट्र लौटकर अगली तैयारी पर काम करना आरंभ करें।तीसरा अर्थ अपने साथियों की प्राण रक्षा करना भी था, जिसमें शिवाजी सफल हो गए। अब आप तनिक कल्पना कीजिए कि यदि शिवाजी के सभी साथी किले के भीतर ही रह रहे होते और शिवाजी अपनी योजना के अंतर्गत एक दिन किले से बाहर निकल गए होते तो क्या होता? तब निश्चित रूप से यही होता कि शिवाजी तो अपनी प्राण रक्षा करने में सफल हो जाते परन्तु उनके अन्य साथियों को मुगल किले के भीतर ही काट डालते।

तब शिवाजी महाराज पर एक आरोप यह भी लगता कि वह अपनी प्राण रक्षा करने में तो सफल हुए, परंतु अपने अन्य साथियों को मरवा बैठे। इतिहास के न्यायालय के कटघरे में खड़े छत्रपति शिवाजी महाराज तब अपने पक्ष में कोई तर्क प्रस्तुत नहीं कर पाते।

छत्रपति शिवाजी महाराज के इस धैर्य और संयम भरे व्यवहार के बीच संतुलित कार्य शैली को उनका पुत्र संभाजी बड़े ध्यान से देख रहा था। वास्तव में वह इन घटनाओं से बहुत कुछ सीख रहा था या इसे आप ऐसे भी कह सकते हैं कि ये घटनाएं भविष्य के संभाजी का निर्माण कर रही थीं। संकटों में कैसे रहा जाता है? और उन दिनों कैसा व्यवहार किया जाता है? कैसे उनका सामना किया जाता है? कैसे उनसे पर पाया जाता है?- यह सब संभाजी को आगरे के लालकिले के पालने में सीखने को मिल रहा था। वास्तव में इन दिनों संभाजी एक पाठशाला के विद्यार्थी थे। जिसमें उन्हें बहुत ही व्यवहारिक शिक्षा प्राप्त हो रही थी।

जब शिवाजी महाराज के सभी साथी महाराष्ट्र लौट गए तो औरंगजेब इस बात के प्रति बहुत ही अधिक आश्वस्त हो गया कि अब अकेले शिवाजी को कभी भी समाप्त किया जा सकता है। उधर शिवाजी महाराज थे जो इसी अवसर की खोज में थे कि वह कब अपने साथियों को सुरक्षित महाराष्ट्र लौटाने में सफल हों? क्योंकि वह जानते थे कि जैसे ही उनके साथी महाराष्ट्र लौटेंगे तो उनका बाहर निकलने का मार्ग और भी अधिक सरल हो जाएगा।

शिवाजी भाग निकले दुर्ग से

हमने देखा कि हुआ भी यही। शिवाजी अपनी निर्धारित योजना के अंतर्गत एक दिन किले से भाग निकलने में सफल हो गए। जिस समय वह किले से बाहर निकले उस समय भी उनका पुत्र संभाजी उनके साथ था। इससे पहले औरंगजेब ने शिवाजी महाराज के समक्ष यह प्रस्ताव भी रखा था कि वह अफगानिस्तान जाकर वहां पर मुगल सेनानायक के रूप में युद्ध में भाग ले। औरंगजेब की योजना थी कि वहां पर अकेले शिवाजी को अपने ही सेनापति के हाथों मरवा दिया जाएगा। शिवाजी औरंगजेब की मानसिकता को जानते थे। अतः उन्होंने उसके इस प्रस्ताव पर सहज ही अपनी असहमति प्रदान कर दी।

अपने पुत्र संभाजी के साथ आगरा के लाल किले से बाहर निकलने में सफल हुए। शिवाजी जब मथुरा पहुंचे तो उन्होंने वहां पर अपने पुत्र संभाजी को एक मराठी ब्राह्मण के घर छोड़ दिया। शिवाजी जानते थे कि यदि बालक संभाजी उनके साथ रहेगा तो मुगल सैनिक उन्हें बड़ी सहजता से पहचान लेंगे, परंतु जब बालक साथ नहीं होगा तो वह भेष बदलकर मुगल सैनिकों को चकमा देने में सफल हो सकते हैं। यहां से आगे शिवाजी एक साधु का वेश बनाकर बुंदेलखंड से निकलकर गोंडवाना प्रदेश की ओर आगे बढ़ गए। उनके कुछ चुने हुए सैनिक साथी अब उनके साथ साधु के चेले के रूप में चल रहे थे। उनके यह शिष्य कहने के लिए तो शिष्य थे परंतु वास्तव में वह सशस्त्र और सुसज्जित सैनिक

थे। यह वही सैनिक थे जिन्हें शिवाजी महाराज औरंगज़ेब से यह कहकर महाराष्ट्र भिजवाने में सफल हुए थे कि उन्हें सकुशल महाराष्ट्र लौट जाने दिया जाए। वास्तव में यह शिवाजी की रणनीति का एक भाग था कि इन सैनिकों को महाराष्ट्र नहीं लौटना था अपितु वे एक निर्धारित योजना के अनुसार शिवाजी के बाहर निकलने पर एक निश्चित स्थान पर उनको मिल जाने थे।

जिस समय औरंगजेब जैसे धर्मांध बादशाह की तूती बोल रही थी, जिसके सामने किसी को आंख मिलाने का भी साहस नहीं होता था, उस समय इतना बड़ा साहस दिखाना और चुनौती के लिए स्वयं चुनौती बन जाना किसी 'शिवाजी' के वश की ही बात थी। जिसे शिवाजी ने पूर्ण करके दिखाया। समकालीन विश्व इतिहास की यह बहुत ही साहसिक घटना थी। संभवत: उस काल के किसी भी बादशाह के शासनकाल में ऐसी घटना नहीं हुई होगी। यह अकल्पनीय और अविश्वसनीय सत्य था जो घटित हो चुका था। यदि इसे औरंगजेब के दृष्टिकोण से देखा जाए तो निश्चित रूप से जब यह घटना घटित हुई होगी तो उस समय औरंगजेब को महीनों तक नींद नहीं आई होगी। जिस व्यक्ति ने आए हुए किसी शिकार को कभी छोड़ा ही नहीं, उसके लिए यह बात कितनी बड़ी सिरदर्दी बन गई होगी कि एक आया हुआ शिकार उसके मुंह में आता-आता रह गया?

छत्रपति शिवाजी महाराज बहुत ही सावधानी बरतते हुए निरंतर अपने गंतव्य की ओर आगे बढ़ रहे थे। उनके सैनिक जहां कुछ संख्या में उनके साथ शिष्य के रूप में चल रहे थे, वहीं कुछ ऐसे साथी भी थे जो उनके दोनों और कुछ दूरी बनाकर किसान के रूप में इस प्रकार चल रहे थे जैसे उनका शिवाजी या उनके साथ चल रहे उनके कथित शिष्यों से कोई संबंध नहीं है। उनकी चाल-ढाल ऐसे बता रही थी जैसे वह साधारण किसान हैं और अपने खेतों में काम कर रहे हैं।

बहुत दुखी था औरंगज़ेब

उधर औरंगजेब इस बात को लेकर बहुत अधिक दु:खी था कि शिवाजी उसे चकमा देकर निकल भागने में सफल हो गए हैं। उसका वश चलता तो वह शिवाजी को पकड़वाकर उनकी बोटी बोटी करवा देता। परंतु शिवाजी भी शिवाजी ही थे। वह अपने आप में एक शानदार मिसाल थे। औरंगजेब ने अपने किले में उन्हें बुलाकर और गिरफ्तार करवाकर एक ऐसी मिसाल बनवा दी जो अब उसे साल रही थी। यदि कोई उस समय औरंगजेब की आत्मा में झांक कर देख पाता तो वह निश्चित रूप से उस समय एक बहुत बड़ी दुखी आत्मा बन चुका था। जो व्यक्ति अपने आप को शहंशाह ए आलम कहता था, वह शहंशाह ए आलम कहलवाकर प्रसन्नता की अनुभूति करता था। उसे अपने निरर्थक दंभ का ज्ञान हो

चुका था। अब वह भड़ास तो निकालता था परंतु जितनी अधिक भड़ास निकालने का प्रयास करता था, उतनी ही उसकी भड़ास बढ़ती जा रही थी।

राम सिंह कच्छवाहा के पहरे।से निकल भागने में सफल हुए शिवाजी महाराज २५ वें दिन जाकर अपनी माता जीजाबाई के समक्ष प्रकट हुए। माता जीजाबाई को एक बार तो यह विश्वास ही नहीं हुआ कि वह जो कुछ देख रही हैं वह वास्तव में सच भी है या नहीं।

इस प्रकार के घटना चक्र के बीच रहकर संभाजी बहुत कुछ सीख रहे थे। उन्हें अपनी दादी जीजाबाई और पिता शिवाजी का सानिध्य मिला। जिसने भविष्य के एक योग्य और वीर शासक का निर्माण किया। वास्तव में यह वह दौर था जब छत्रपति शिवाजी महाराज का समय विपरीत चल रहा था।

विपरीत परिस्थितियों को अनुकूल करना हर किसी के बस की बात नहीं होती। इतिहास भी उसी का बना करता है जो विपरीत परिस्थितियों को या तो अपने अनुकूल कर ले या उनके बीहड़ जंगल को चीरता हुआ उन पर विजय प्राप्त कर ले। जब इन विपरीत परिस्थितियों को विजय करता हुआ कोई शिवाजी किसी बालक संभाजी को दिखाई देता है तो वह उसे सहज ही अपना आदर्श नायक बना लेता है, जो भविष्य में उसके बहुत काम आता है।

हमने शिवाजी महाराज से कुछ समय पूर्व महाराणा प्रताप को देखा था। जिन्होंने जंगलों की खाक छानकर देश, धर्म और संस्कृति की रक्षा की थी। यह माना जा सकता है कि महाराणा प्रताप के जीवन की रक्षा के लिए जंगल में उनके अनेक साथी साथ रहते थे। वह किसी की जेल में नहीं थे, और ना ही अकेले थे। जबकि शिवाजी जंगलों की खाक छान कर जेल की खाक छान रहे थे, वह भी अकेले रहकर। हम यहां पर छत्रपति शिवाजी महाराज और महाराणा प्रताप की तुलना नहीं कर रहे हैं। दोनों ही हमारे लिए समान रूप से श्रद्धा के पात्र हैं। परंतु हम यह बताना चाहते हैं कि छत्रपति शिवाजी महाराज ने उसी प्रकार विपरीत परिस्थितियों का बड़े साहस के साथ सामना किया, जिस प्रकार महाराणा प्रताप ने जंगलों में रहते हुए विपरीत परिस्थितियों का सामना किया था।

यदि आगरा की जेल छत्रपति शिवाजी महाराज के लिए एक भट्टी थी तो वह उनके पुत्र संभाजी के लिए भी किसी भट्टी से कम नहीं थी। छत्रपति शिवाजी यदि इस भट्टी में तप कर सोने से कुंदन बन गए थे, उनका पुत्र भी इस भट्टी में तपकर आगत के लिए बहुत कुछ सीख चुका था।

पिता से सीखा धैर्य, संयम का व्यवहार।
क्या होती है वीरता, समझ गया था सार।।

❍

अध्याय - ३

संभाजी का बचपन और विवाह

भारतीय इतिहास के गौरव और हिंदुत्व के पुरोधा संभाजी महाराज का जन्म १४ मई १६५७ को महाराष्ट्र के पुणे से लगभग 50 किलोमीटर दूर स्थित पुरंदर किले में हुआ था। उस समय मुगल बादशाह शाहजहां का शासन था। मुगलों की क्रूरता अपने चरम पर थी। हिंदुत्व के लिए नई-नई चुनौतियां चारों ओर से फन फैलाए खड़ी थीं। संभाजी के पिता छत्रपति शिवाजी महाराज उन दिनों चुनौतियों का प्रतिशोध करने के लिए मैदान में उतर चुके थे। संभाजी की दादी मां जीजाबाई छत्रपति शिवाजी की मार्गदर्शिका के रूप में अपनी भूमिका का निर्वाह कर रही थीं।

इतिहास की महानायिका माता जीजाबाई

इतिहास की उस वीरांगना ने देश के इतिहास को नई करवट दिलाने का संकल्प ले लिया था। पिछली कई शताब्दियों से जिस प्रकार देश के हिंदू समाज पर अनेक प्रकार के अत्याचार मुसलमानों के द्वारा किए जा रहे थे, उन सब को माता जीजाबाई ने बड़ी गंभीरता से देखा समझा था। इसलिए वह उस समय हिन्दू समाज के लिए भव-भयतारिणी बन चुकी थीं। इस कार्य के लिए उन्होंने अपने ही पुत्र छत्रपति शिवाजी महाराज को चुन लिया था। माता जीजाबाई की यह सोच उन्हें इतिहास की महानायिका बनाती है। क्योंकि उन्होंने इस बात की प्रतीक्षा नहीं की थी कि शिवाजी किसी दूसरे के घर में पैदा हो। उन्होंने परमपिता परमेश्वर से यही प्रार्थना की थी कि इस समय शिवाजी उन्हीं की कोख से पैदा हो।

कोख मेरी तब धन्य हो, उपजे महा सपूत।
महान भारत देश को, समझे नहीं कपूत।।

इन्हीं माता जीजाबाई का प्रभाव अपने पुत्र संभाजी महाराज पर भी पड़ा था। छत्रपति शिवाजी की रानी साईबाई का देहांत संभाजी के जन्म के कुछ समय पश्चात ही हो गया

था। इसलिए संभाजी के पालन पोषण का दायित्व भी जीजाबाई ने ही संभाला था। उन्होंने अपने पौत्र के भीतर और भी अधिक पौरुष का भाव भरने के लिए उसे छावा अर्थात शेर का बच्चा कहना आरंभ किया था।

जब संभाजी का जन्म हुआ था तो उससे कुछ समय पहले ही दक्षिण के विजयनगर साम्राज्य का पतन हुआ था। यह वही विजयनगर साम्राज्य था, जिसने लगभग ३०० वर्ष तक मुसलमानों को कड़ी चुनौती दी थी। उसके अवसान के पश्चात हिंदुत्व की ओर से नई चुनौती प्रस्तुत करने का सराहनीय और गौरवशाली कार्य छत्रपति शिवाजी महाराज कर रहे थे। इस प्रकार छत्रपति शिवाजी महाराज का उत्थान भारत के लिए प्राकृतिक न्याय के समान था। यदि एक शक्ति का अवसान हो रहा था तो उसी समय छत्रपति शिवाजी महाराज के रूप में नई शक्ति का उत्थान भी हो रहा था। यह भारत के लिए शुभ संकेत था और नवजात शिशु संभाजी के लिए पालने में मिली हुई एक ऐसी गौरवशाली विरासत का संकेत था जो दुर्लभ लोगों को ही मिला करती है। सामान्यतया कह दिया जाता है कि कोई भी व्यक्ति मुंह में सोने की चम्मच लेकर पैदा नहीं होता। परन्तु कुछ लोग होते हैं, जिन्हें सोने की चम्मच विरासत में मिला करती है। कई लोगों के लिए यह विरासत कांटों का ताज बन जाती है तो कई कांटों के ताज को ही सहेज कर रखने में आनंद और गौरव की अनुभूति किया करते हैं। जो लोग इस सोने की चम्मच को कांटों का ताज समझ लिया करते हैं, वे अपने आलस्य और प्रमाद के कारण इतिहास की परिधि से बाहर हो जाते हैं, या इतिहास उन्हें कायर कहकर संबोधित करता है या उन्हें नाममात्र का शासक कहकर उल्लिखित करते हुए आगे बढ़ जाता है। ऐसे लोग अपने आप ही हाशिए पर पहुंच जाते हैं। जबकि जो लोग इसे अपने लिए आनंद और गौरव की अनुभूति मानकर अंगीकार करते हैं, वे इतिहास में अमर हो जाते हैं।

संभाजी की पारिवारिक पृष्ठभूमि

संभाजी पहली श्रेणी के अर्थात कायर लोगों में से नहीं थे। वह शेर के बच्चे थे और इस बात को भली प्रकार जानते थे कि शेर का स्वभाव कैसा होता है? उनके भीतर सिंहावलोकन करने की शेर जैसी क्षमता थी। धर्म पर मर मिटने की उमंग थी और अपने शिकार पर शेर की ही भांति टूट पड़ने का शौर्य था।

संभाजी छत्रपति शिवाजी महाराज के बड़े पुत्र थे। उनका एक छोटा भाई और था। इतिहासकारों का कहना है कि छत्रपति शिवाजी महाराज के कुल ८ विवाह हुए थे। उनके अधिकांश विवाह राजनीतिक उद्देश्यों से संपन्न हुए थे। अपनी ८ रानियों से उन्हें ६ पुत्रियां

और दो पुत्र पैदा हुए। सबसे बड़े पुत्र संभाजी और छोटे पुत्र राजाराम की अवस्था में लगभग १३ वर्ष का अंतर था। हमें यह बात ध्यान रखनी चाहिए कि जब राजा एक से अधिक विवाह करते हैं तो उनके राजनीतिक उत्तराधिकारियों में सामान्यतया उत्तराधिकार को लेकर मनोमालिन्य उत्पन्न हो जाता है। यद्यपि भारत के वैदिक हिंदू इतिहास में अनेक उदाहरण ऐसे हैं कि ऐसी परिस्थितियों में भी राजनीतिक उत्तराधिकारियों ने गंभीरता का परिचय दिया और समकालीन खूनी मुगलिया संस्कृति को अपने ऊपर हावी नहीं होने दिया। परंतु इसके उपरांत भी खूनी मुगलिया (अप)संस्कृति ने भी हिंदू राजवंशों को कई स्थानों पर कई प्रकार से प्रभावित किया, यह बात भी कहीं जा सकती है।

अभी संभाजी मात्र २ वर्ष के ही थे, तब उनके जन्म के महीने अर्थात मई में ही उनकी माता का देहांत हो गया। यह घटना बहुत ही दुखद थी। क्योंकि प्रत्येक बालक के लिए उसकी मां का होना बहुत अनिवार्य होता है। यद्यपि माता जीजाबाई ने दादी होने के कारण मां के सभी दायित्वों का निर्वाह किया और उन्होंने बालक संभाजी को तनिक भी यह आभास नहीं होने दिया कि उनकी माता संसार में नहीं है। अबोध बालक संभाजी अपनी दादी मां की गोद में खेलकर वैसी ही राह पर चल पड़ा, जैसी राह पर उसका पिता शिवाजी अपनी मां और संभाजी की दादी की गोद में खेलकर आगे बढ़ा था। बालक के लिए वे सभी सुविधाएं उपलब्ध कराई गईं जो एक राजकुमार के लिए उपलब्ध कराई जानी अपेक्षित होती हैं। उसे भविष्य के राजा के रूप में ढालने के लिए माता जीजाबाई ने किसी प्रकार की कमी नहीं छोड़ी। जीजाबाई बहुत ही दूरदर्शी महिला थी। वह जानती थी कि उनका बेटा शिवा आगे चलकर क्या करने वाला है? इसलिए वह यह भी जानती थी कि शिवा की परंपरा को आगे बढ़ाने के लिए उससे भी श्रेष्ठ उसका उत्तराधिकारी होना चाहिए। इतिहास में बहुत कम ऐसी नारियां हुई हैं जिन्होंने एक साथ दो-दो राजाओं का पालन पोषण किया हो। ऐसी नारियां तो और भी कम ही हुई हैं जिन्होंने मिट्टी में से साम्राज्य खड़े करने की प्रेरणा अपने बेटे को देकर उसके पश्चात अपने पोते का निर्माण भी उस साम्राज्य को और मजबूत करने की भावना से प्रेरित होकर किया हो? सौभाग्य से माता जीजाबाई ऐसी ही महान नारी थीं।

माता जीजाबाई के पवित्र संस्कार

माता जीजाबाई की प्रेरणा से छत्रपति शिवाजी महाराज ने संभाजी की शिक्षा के लिए कई विद्वानों को नियुक्त किया था। माता जीजाबाई ने अपने पुत्र शिवा को हिंदू राजनीति के गुर सिखाए थे। उसे सनातन के बारे में गंभीर ज्ञान प्रदान किया था। हिंदू राजाओं की

राजकीय शैली से उन्हें परिचित कराया था। उन्हें उस समय प्रचलित मुगल शासन को उखाड़ फेंकने की प्रेरणा देकर एक महान शासक बनाने के लिए हरसंभव प्रयास किया था। ऐसा ही प्रयास संभाजी के लिए किया गया। उसका परिणाम यह हुआ कि संभाजी को संस्कृत का भी गहरा ज्ञान हो गया था। यह एक सर्वमान्य सत्य है कि जो संस्कृत से जुड़ेगा, वह भारत के संस्कारों और संस्कृति से अपने आप जुड़ जाता है। यही कारण था कि छत्रपति शिवाजी महाराज के पुत्र संभाजी के भीतर संस्कृत, भारतीय संस्कृति और संस्कारों के प्रति गहरा लगाव माता जीजाबाई के सान्निध्य में रहते हुए हो गया था। यदि हम छत्रपति शिवाजी महाराज के जीवन पर विचार करें तो पता चलता है कि उन्होंने भी संस्कृत को बहुत अधिक प्रमुखता प्रदान की थी। वह जानते थे कि भारत की राष्ट्रीय एकता को अक्षुण्ण बनाए रखने में संस्कृत भाषा का सबसे प्रमुख योगदान हो सकता है। यही कारण था कि उन्होंने संस्कृत भाषा के अनेक शब्द राजनीति में प्रचलित अरबी भाषा के शब्दों के स्थान पर स्थापित करने के लिए एक अलग से एक मंत्रालय की स्थापना की थी।

हम सभी जानते हैं कि छत्रपति शिवाजी महाराज के समय तक मुगलों और तुर्कों के शासन को भारत में चलते हुए लंबा समय हो चुका था। मुगलों ने भारतीय संस्कृति का नाश करने के उद्देश्य से प्रेरित होकर भाषा नाश पर भी विशेष कार्य किया था। जिसके कारण संस्कृत भाषा को प्रशासनिक शब्दावली से अलग कर दिया गया था। जिसका परिणाम यह हुआ कि उस समय की भारत की प्रशासनिक शब्दावली में अरबी व फारसी के अनेक शब्द प्रविष्ट हो गए थे। छत्रपति शिवाजी महाराज को इन शब्दों का प्रयोग अपनी राजनीतिक कार्य प्रणाली में लागू करने में आत्मिक ग्लानि की अनुभूति होती थी। वह नहीं चाहते थे कि विदेशी राजकीय सत्ता भारत की प्राचीन राजकीय सत्ता के मानदण्डों को समूल नष्ट कर दे।

अपने इन्हीं विचारों से प्रेरित होकर छत्रपति शिवाजी महाराज ने भारत में प्रचलित इस प्रकार की भाषायी अस्त-व्यस्तता और अव्यवस्था को दूर करने के लिए कार्य करने का निर्णय लिया। उन्होंने राज्याभिषेक के पश्चात अपने एक मंत्री (रामचन्द्र अमात्य) को शासकीय उपयोग में आने वाले फारसी शब्दों के लिये उपयुक्त संस्कृत शब्द निर्मित करने का कार्य सौंपा। शिवाजी महाराज का यह निर्णय बहुत ही ऐतिहासिक निर्णय था। पिछले कई सौ वर्षों के शासनकाल में शिवाजी पहले हिंदू शासक थे, जिन्होंने मुस्लिम राजनीतिक संस्कृति को समाप्त करने का निर्णय लिया। इससे पता चलता है कि उनको अपने भाषायी गौरव और संस्कृत के शब्दों के प्रति असीम लगाव था। इतना ही नहीं, इससे यह भी स्पष्ट होता है कि छत्रपति शिवाजी महाराज संपूर्ण देश में हिंदू राज्य स्थापित

करने का सपना लेकर आगे बढ़ रहे थे। इसके उपरांत भी वह सीमाओं में घिरे हुए नहीं थे। उनके भीतर किसी प्रकार की संकीर्णता नहीं थी। उनका दृष्टिकोण राष्ट्रीय था। व्यापक था। विस्तृत था। उनका चिंतन गहरा था। राष्ट्रवादी था और राष्ट्र को आगे लेकर चलने के प्रति समर्पित था।

संस्कृत प्रेमी शिवाजी

उनका यह संस्कृति प्रेम हमें बताता है कि वह भारत की प्राचीन राज्यव्यवस्था और न्यायव्यवस्था में अटूट विश्वास रखते थे। कुछ लोगों की दृष्टि में उनका यह संस्कृति प्रेम उनकी सांप्रदायिकता हो सकती है, परंतु अपने गौरवपूर्ण अतीत के प्रति श्रद्धालु होना प्रत्येक देशभक्त और राष्ट्रवादी व्यक्ति का पहला कार्य होता है। शिवाजी ने यहीं से अपने शासन का शुभारंभ किया तो यह उनकी उत्कृष्ट संस्कृति प्रेमी भावना का एक शानदार उदाहरण है। शिवाजी महाराज के दिशा निर्देशों का पालन करते हुए रामचन्द्र अमात्य ने धुन्धिराज नामक विद्वान की सहायता से 'राज्यव्यवहारकोश' नामक ग्रन्थ निर्मित किया। इस कोश में १३८० फारसी के प्रशासनिक शब्दों के तुल्य संस्कृत शब्द थे।

भाषा अपनी बोलिए, अपने रखो विचार।
निज भाषा निज राष्ट्र को देती सदा उबार।।

अब आप इस बात को समझिए कि छत्रपति शिवाजी महाराज ने अपने पुत्र संभाजी को उसके बचपन में संस्कृत सीखने के लिए क्यों प्रेरित किया? कारण स्पष्ट है कि जब वह स्वयं संस्कृत प्रेम से भरे हुए थे तो अपने पुत्र को भी वह संस्कृत प्रेम से भर देना चाहते थे। वास्त०व में उनका संस्कृत प्रेम भारत के सांस्कृतिक राष्ट्रवाद के प्रति उनका समर्पण था।

उनके समर्पण भाव को भारत के प्रचलित इतिहास में अधिक रेखांकित नहीं किया गया है। जिसके चलते उनके महान व्यक्तित्व के कई पहलू अछूते रह गए हैं। उनका उद्देश्य था कि जिस कार्य को मैं कर रहा हूं, उसी को उनके राजनीतिक उत्तराधिकारी के रूप में उनका पुत्र संभाजी आगे बढ़ाए। भारत के सांस्कृतिक राष्ट्रवाद के प्रति समर्पण वह अपने राजवंश के एक महत्वपूर्ण संस्कार के रूप में स्थापित कर देना चाहते थे। अपने पिता कि इस विरासत को संभालने के लिए संभाजी बचपन से ही तैयार हो गए थे। यही कारण था कि उन्होंने संस्कृत का गहन अध्ययन करने के पश्चात उसके प्रति अपनी गहन निष्ठा व्यक्त की।

वेद का आदेश है कि "अनुव्रतः पितुः पुत्रो माता भवतु संमनाः" अर्थात पुत्र को अपने पिता के व्रतों का पालन करना चाहिए और माता का आज्ञाकारी होना चाहिए। पुत्र को पिता के श्रेष्ठ कर्मों का अनुकरण करना चाहिए। उन्हें पूर्ण करने के प्रति संकल्पित होना

चाहिए। यही सांस्कृतिक मूल्य संभाजी के भीतर समाविष्ट था। यही कारण था कि उन्होंने पिता के दिए संस्कारों के अनुरूप अपनी जीवन यात्रा आरंभ की।

छत्रपति शिवाजी महाराज ने मराठा शासन के विस्तार की योजना बनाते समय कई महत्वपूर्ण राजवंशों के साथ वैवाहिक संबंध स्थापित करने की रणनीति पर कार्य किया।

१६६४ ई० में छत्रपति शिवाजी महाराज ने अपने पुत्र संभाजी का विवाह दक्षिण-पश्चिम महाराष्ट्र के ताल-कोंकणी क्षेत्र में शक्तिशाली देशमुख परिवार की कन्या के साथ किया। अभी संभाजी की अवस्था केवल ९ वर्ष की थी। उनकी पत्नी जीवूबाई उपनाम येसुबाई पिलाजी राव शिर्के की पुत्री थीं। इस विवाह ने शिवाजी को कोंकण क्षेत्र में मराठा साम्राज्य का विस्तार करने में सहायता प्रदान की। पिलाजी राव शिर्के का व्यक्तित्व बहुत ही आकर्षण था। उनके साथ मिलना शिवाजी के लिए बहुत महत्वपूर्ण था। अपनी योजना को दृष्टिगत रखते हुए शिवाजी महाराज ने शिर्के को अपना समधी बना लिया। इस प्रकार दो महत्वपूर्ण शक्तियां निकट आ गई। अब किसी भी प्रकार की चुनौती का सामना करने के लिए इन दो शक्तियों का एक साथ रहना निश्चित हो गया।

❍

अध्याय - ४

मुगल खेमे में संभाजी

संभाजी धीरे-धीरे जीवन की पगडंडी पर आगे बढ़ रहे थे। उनके भीतर योग्यता थी। सहनशीलता थी। समझदारी थी और राजा के वे सभी गुण विराजमान थे, जो हमारे यहां पर मनीषियों द्वारा किसी भी राजा के चरित्र में होने अपेक्षित माने गए हैं। इसके उपरांत भी पिता पुत्र के बीच अब संबंध कुछ असहज से होने लगे थे। इस प्रकार की कई भ्रांत धारणाएं फैलने लगीं, जिनके कारण राजमहल का परिवेश कुंठित-सा हो गया। कहा जाता है कि किसी के पेट में गया हुआ विष केवल एक ही व्यक्ति को मारता है, परंतु कान में गया विष कई संबंधों को मार देता है।

कानोंकान कुछ ऐसा विषाक्त भोजन परोसा जा रहा था, जो कई प्रकार की भ्रांतियों को जन्म दे रहा था। इस प्रकार की भ्रांत धारणाओं के पीछे एक कारण कदाचित शिवाजी के कई विवाहों होना भी था। सामान्य रूप से देखा जाता है कि जब कोई भी व्यक्ति एक से अधिक विवाह करता है तो उसका आकर्षण अपनी सबसे छोटी पत्नी में होता है। उसी पत्नी की संतान को वह अपनी संतान भी मानता है। यद्यपि पहली संतानें भी उसकी ही होती हैं, परंतु उसका विशेष लगाव अपनी उसी पत्नी की संतानों से होता है, जिसे वह स्वयं सबसे अधिक चाहता है। छत्रपति शिवाजी के अपने पुत्र संभाजी के प्रति नीरस दृष्टिकोण से भी कुछ ऐसी भ्रांत धारणाएं फैली हों, यह भी संभव है।

विश्वास पाटिल की पुस्तक 'महासम्राट' और कमल गोखले की पुस्तक 'शिवपुत्र संभाजी' में संभाजी महाराज के बाद के जीवन के विषय में बताया गया है। जब १६७४ ई. में शिवाजी महाराज का राज्याभिषेक हुआ तो संभाजी को लेकर यह बात निश्चित सी दिखाई दे रही थी कि छत्रपति शिवाजी महाराज के पश्चात वही उनके उत्तराधिकारी होंगे। तब तक कहीं से भी कोई ऐसा संकेत तक नहीं था कि पिता-पुत्र के बीच किसी प्रकार का मतभेद है? बहुत संभव है कि छत्रपति शिवाजी महाराज का उत्तराधिकारी बनते देख

कई लोगों को संभाजी के प्रति ईर्ष्या हुई हो। इस प्रकार की चर्चाओं या अफवाहों के बीच संभाजी की विद्रोही छवि बनने लगी। लोगों ने छोटी-छोटी बातों को भी मिर्च-मसाले लगाकर प्रचारित करना आरंभ किया। छत्रपति शिवाजी महाराज की दूसरी पत्नी और संभाजी की सौतेली माता सोयराबाई ने इस प्रकार की अफवाहों को और भी अधिक फैलाने में सहायता की।

सोयराबाई का कपट जाल

छत्रपति शिवाजी महाराज की इस रानी की कलुषित भावना को कुछ लोग तो भली प्रकार समझते थे। परंतु महलों से बाहर के लोगों को उसकी वास्तविकता की कोई जानकारी नहीं थी।

शिवाजी महाराज की यह रानी अपने पुत्र राजाराम की स्थिति को लेकर चिंतित थी। वह चाहती थी कि शिवाजी महाराज उसके पुत्र राजाराम को अपना उत्तराधिकारी घोषित करें। यद्यपि शिवाजी भारत की राजकीय परंपरा से बाहर नहीं जाना चाहते थे। जिसके अंतर्गत राजा के ज्येष्ठ पुत्र को ही राजा का उत्तराधिकारी माना जाता रहा है। शिवाजी इसी परंपरा पर चलना चाहते थे, जबकि उनकी रानी इस परंपरा को तोड़ देना चाहती थी।

राजदरबार में उन दिनों सबसे महत्वपूर्ण कड़ी या सबसे अधिक आदरणीय व्यक्तित्व राजमाता जीजाबाई का था। जब शिवाजी का राज्याभिषेक हुआ तो उसके कुछ दिन पश्चात ही राजमाता जीजाबाई का देहांत हो गया। राजमाता जीजाबाई के रहते किसी का यह साहस नहीं हुआ था कि वह संभाजी के उत्तराधिकार को लेकर किसी प्रकार की अफवाह फैलाये। शिवाजी महाराज के इस स्वाभाविक उत्तराधिकारी के लिए किसी प्रकार का संकट उत्पन्न करे अथवा उनके लिए चुनौती प्रस्तुत करे। जीजाबाई का पूरा आशीर्वाद अपने पौत्र संभाजी के साथ था। अपनी दादी माता जीजाबाई के असमय निधन हो जाने के पश्चात संभाजी कुछ असहज से रहने लगे। हम सभी जानते हैं कि जब किसी राजा या किसी साधारण व्यक्ति के एक से अधिक विवाह हो जाते हैं तो वह अपनी हर संतान को उचित समय नहीं दे पाता। इससे पिता और संतान के बीच में दूरियां बनती हैं और कई प्रकार की भ्रांतियों को फैलने का अवसर उपलब्ध होता है।

जे.एल. मेहता की पुस्तक 'एडवांस्ड स्टडी इन द हिस्ट्री ऑफ मॉडर्न इंडिया' के अध्ययन से हमको पता चलता है कि शिवाजी महाराज ने अपने पुत्र संभाजी को अपना उत्तराधिकारी बनाने के दृष्टिगत अच्छा प्रशिक्षण दिया था। जिसके चलते संभाजी एक सुयोग्य सैनिक बन गए थे। उनके भीतर राष्ट्रभक्ति का जज्बा था, जिसके चलते उन्होंने वे सभी गुण प्राप्त कर लिए जो एक अच्छे सैनिक में होने चाहिए। उनकी राष्ट्रभक्ति की चर्चा

चले अथवा वह एक अच्छे सैनिक के रूप में अपने पिता के सुयोग्य उत्तराधिकारी बनकर सामने आएं, यह उनके विरोधियों को सहन नहीं था। विशेष रूप से उनकी सौतेली माता को तो कतई सहन नहीं था। इसी कारण उनके विरुद्ध कई प्रकार की नकारात्मक खबरें फैलाई जाने लगीं। उनकी सौतेली माता कई प्रकार के कपट जाल बुन रही थी, जिसकी जानकारी संभाजी को नहीं थी।

संभाजी को डाल दिया गया जेल में

अफवाहों के आधार पर कुछ विरोधी लोगों ने छत्रपति शिवाजी महाराज के कान भरने आरंभ कर दिए। इस प्रकार की अफवाहों को सच मानकर शिवाजी महाराज ने एक बार अपने पुत्र संभाजी को पन्हाला के किले में निगरानी में रखा। यह घटना छत्रपति शिवाजी महाराज के राज्यारोहण के ४ वर्ष पश्चात अर्थात १६७८ की है। अब संभाजी के लिए लगभग वही स्थिति बन चुकी थी, जो कभी उनके पिता छत्रपति शिवाजी के जीवन में उस समय बनी थी, जब उन्हें औरंगजेब ने गिरफ्तार करवाकर अपनी जेल में डाल दिया था। हम सभी जानते हैं कि जिस समय छत्रपति शिवाजी महाराज औरंगजेब की जेल में थे, उस समय संभाजी उनके साथ थे। हम यह भी जानते हैं कि छत्रपति शिवाजी महाराज का यह बालक उस समय बालक होकर भी अपने पिता के जीवन में आई इस प्रकार की विषम परिस्थितियों से बहुत कुछ सीख रहा था।

संभाजी गए जेल में, संकट विषम अपार।
एक भरोसा ईश का, करेगा भव से पार।।

अब जब संभाजी को इसी प्रकार की विषम परिस्थिति का सामना करना पड़ा तो उन्हें अपने पिता के जीवन का वह अनुभव इस समय बहुत अधिक काम आया। उन्होंने धैर्य और संयम के साथ विषम परिस्थिति का सामना किया। फिर एक दिन वह आया जब वह भी अपने पिता की जेल से वैसे ही भाग निकले जैसे छत्रपति शिवाजी महाराज औरंगजेब की जेल से निकल भागे थे। इस समय संभाजी का साथ उनकी पत्नी दे रही थी। यह घटना भी १६७८ ई. की ही है।

मुगलों से जा मिले संभाजी

21 वर्ष की अवस्था में संभाजी औरंगाबाद में नियुक्त मुगल गवर्नर दिलेर खान के संपर्क में आए। यद्यपि वह 11 वर्ष की अवस्था में इस मुगल अधिकारी से पूर्व में भी भेंट कर चुके थे, परन्तु इस समय की भेंट के कुछ दूसरे अर्थ थे। दिलेर खान ने अपने समक्ष उपस्थित हुए इस अवसर को भुनाने का प्रयास किया। हो सकता है उसकी सोच संभाजी

को मुसलमान बनाने की रही हो या उसने सोचा हो कि संभाजी और शिवाजी जिस प्रकार मुगल शक्ति और सत्ता को चकमा देकर भागे थे, अब उसका हिसाब किया जाए? कुछ भी हो, परंतु इतना निश्चित था कि दिलेर खान संभाजी की वीरता से भली प्रकार परिचित था। वह संभाजी की वीरता और युद्ध कौशल का लाभ मुगल सत्ता को स्थाई बनाए रखने के लिए उठाना चाहता था। ऐसा करके दिलेर खान अपने स्वामी औरंगज़ेब की सहानुभूति भी प्राप्त करना चाहता था। वह औरंगजेब को यह दिखाना चाहता था कि उसके जाल में एक बड़ा शिकार फंस चुका है।

दिलेर खान यह भली प्रकार जानता था कि जब औरंगजेब को इस बात की सूचना मिलेगी कि छत्रपति शिवाजी महाराज का पुत्र संभाजी किसी न किसी प्रकार से उसकी शरण में आ चुका है तो वह अत्यधिक प्रसन्न होगा। पुराना शत्रु यदि अपने शिकंजे में अपने आप ही आ फंसे तो इससे बड़ी कोई उपलब्धि हो भी नहीं सकती। इसलिए दिलेर खान ने बड़ी सहजता से छावा संभाजी के समक्ष यह प्रस्ताव रख दिया कि वह मुगल सेना में रहकर काम कर सकता है। समय और परिस्थितियों को देखते हुए संभाजी के समक्ष इस प्रस्ताव को मानने के अतिरिक्त अन्य कोई विकल्प नहीं था। अतः उन्होंने मुगल सेना में रहने की और काम करने की अपनी स्वीकृति प्रदान कर दी।

मुगलों की यंत्रणा और संभाजी

१६७९ ई. तक उन्होंने लगभग एक वर्ष तक मुगल सेना में रहते हुए कार्य किया। मुगलों को आए हुए शिकार का उत्पीड़न करने का अवसर मिलने लगा था। इसलिए संभाजी के प्रति उनका दृष्टिकोण अच्छा नहीं था। कई प्रकार के मानसिक दबावों और तनावों से संभाजी को गुजरना पड़ रहा था। मुगल इस बात को भली प्रकार जानते थे कि संभाजी अब अपने पिता के पास लौट नहीं सकता और यहां से आगे अब कहीं और जा भी नहीं सकता। इसलिए उसका जितना हो सकता है, शोषण कर लिया जाए। संभाजी भी वस्तुस्थिति से भली प्रकार परिचित थे। जिसका सामना वह धैर्य के साथ कर रहे थे। परंतु उनके भीतर ही भीतर एक विद्रोह की स्थिति बन चुकी थी। उन्होंने दिलेर खान को छोड़ने का निर्णय ले लिया।

घटना १६७९ ई. की है। जब भोपालगढ़ के किले पर दिलेर खान द्वारा हमला किया गया। वहां के हिंदू समुदाय के लोगों पर दिलेर खान के द्वारा अमानवीय अत्याचार किए गए। इस प्रकार के अत्याचारों को देखकर संभाजी का विद्रोही मन और भी अधिक विद्रोही हो उठा। उन्हें लगा कि भारतीय सांस्कृतिक राष्ट्रवाद की रक्षा करने के जिस आदर्श को

लेकर उसने जीवन की पगडंडी पर बढ़ना आरंभ किया था, उसे वह मुगलों के साथ रहकर कदापि प्राप्त नहीं कर सकता। यहां रहना माता जीजाबाई की शिक्षाओं के साथ अन्याय करना है। उनकी भावनाओं और उनके दिए गए संस्कारों की अवहेलना करना है।

संभाजी की अकुलाहट

संभाजी को लगा कि मुगलों के साथ रहकर जीवन को ही नष्ट करना होगा। इसके अतिरिक्त वह धर्मद्रोही और राष्ट्रद्रोही रहकर जीवन व्यतीत करना नहीं चाहते थे। इस हमला के समय दिलेर खान अनेक हिंदू गांवों को गुलाम बना चुका था। वहां के निरपराध लोगों पर भी उसके द्वारा अनेक प्रकार के अत्याचार किए गए थे। अब छावा संभाजी की आत्मा उन्हें कचोट रही थी कि माता जीजाबाई और शिवाजी के द्वारा उन्हें जिस प्रकार की शिक्षा देकर हिंदू राष्ट्र निर्माण के लिए तैयार किया गया था, मुस्लिम सेना में रहकर वह राष्ट्र निर्माण की उस योजना के साथ विश्वासघात कर रहा है।

अकुलाहट बढ़ती गई, मन में बढ़ गया रोष।
स्वराष्ट्र उन्नत करूं, कहता दिल का जोश।।

माता जीजाबाई उस समय संसार में नहीं थीं। इसलिए उनकी स्मृतियां संभाजी के मन मस्तिष्क में रह रहकर आ रही थीं। उसे लगता था कि जैसे माता जीजाबाई उसे धिक्कार रही हैं। इसी समय औरंगजेब ने अपनी कुटिल नीति का जाल बिछाते हुए इस बात पर कार्य करना आरंभ कर दिया था कि पुराने शिकार छावा संभाजी को किसी न किसी प्रकार गिरफ्तार कर फिर से जेल में डाल दिया जाए। इस प्रकार औरंगजेब पुरानी शत्रुता को भूला नहीं था। वह अपने आप ही चलकर उसकी शरण में पहुंच गए शिकार को इस बार छोड़ना नहीं चाहता था। औरंगजेब की नीति थी कि किसी भी बहाने से संभाजी को गिरफ्तार करके दिल्ली भेज दिया जाए। औरंगजेब की गोपनीय नीति की जानकारी संभाजी को लग चुकी थी। इसके पश्चात उन्होंने और भी दृढ़ता के साथ निश्चय कर लिया कि अब उन्हें यहां से निकल ही जाना चाहिए।

ऐसी परिस्थितियों में संभाजी ने नवंबर १६७९ ई. में मुगलों का साथ छोड़कर अपने पिता के पास चलने का निर्णय लिया।

उन्होंने मुगलों को चकमा दिया और अपनी पत्नी यशुबाई के साथ बीजापुर पहुंच गए। औरंगजेब एक बार फिर हाथ मलता रह गया। जिस प्रकार कभी शिवाजी ने उसे चकमा देकर जेल से निकल जाने में सफलता प्राप्त की थी। उसी प्रकार अब संभाजी भी अपने पिता का अनुकरण करते हुए एक प्रकार से औरंगजेब की जेल में जाने के बाद भी सफलता के साथ वहां से निकलने में सफल हो गए।

पिता से मिले संभाजी

यहां से निकलकर संभाजी सीधे अपने पिता के पास पहुंचे। पिता छत्रपति शिवाजी महाराज उस समय पन्हाला में थे। उन्हें भी पुत्र संभाजी का इस प्रकार घर से निकल जाना और उसके पश्चात मुगलों की सेना में जाकर सम्मिलित होना अच्छा नहीं लग रहा था। इसके उपरांत भी उन्होंने उदारता का परिचय दिया और अपने पास पहुंचे संभाजी का उसी प्रकार स्वागत किया, जिस प्रकार एक पिता को अपने पुत्र का करना चाहिए अर्थात उन्होंने पूर्ण आत्मीयता दिखाते हुए बिछड़े हुए पुत्र को गले लगा लिया। कहा जाता है कि इसके उपरांत भी शिवाजी महाराज के उत्तराधिकार को लेकर चल रही घरेलू तनावपूर्ण स्थिति यथावत बनी रही। इस पर हमारा मानना है कि छत्रपति शिवाजी का इस प्रकार संभाजी को गले लगा लेना उस समय यही संकेत करता था कि वह अपने पुत्र संभाजी के प्रति कहीं ना कहीं उदार हैं। यह घटना १६७९ के दिसंबर मास की है।

अपनी उदारता का परिचय देते हुए इसी समय शिवाजी महाराज ने संभाजी के सामने अपने साम्राज्य को दो भागों में बांटने का प्रस्ताव रखा था। वाईजी भावे की पुस्तक- 'फ्रॉम द डेथ ऑफ शिवाजी टू द डेथ ऑफ औरंगजेब' में दी गई जानकारी के अनुसार, जब संभाजी वापस लौटे तो शिवाजी ने अपने साम्राज्य को दो भागों में विभाजित करने का मन बना लिया था। कर्नाटक के जिन भागों को शिवाजी ने जीता था, उन्हें संभाजी को सौंपने और वास्तविक मराठा साम्राज्य को राजाराम को सौंपने की बात चल रही थी। जब तक राजाराम शासन करने लायक नहीं हो गए, तब तक शिवाजी के आठ निकट के सहयोगियों की एक परिषद इस साम्राज्य की देखभाल करती थी।"

इस प्रकार शिवाजी का यह दृष्टिकोण (कुछ इतिहासकारों का मानना है कि ऐसा कोई प्रस्ताव शिवाजी महाराज ने नहीं रखा था) बहुत व्यावहारिक था। उनके इस प्रकार के विभाजन के प्रस्ताव से पता चलता है कि वह घर के तनाव को समाप्त कर देना चाहते थे। यद्यपि उनके इस प्रस्ताव को संभाजी ने मानने से इनकार कर दिया था और कह दिया था कि आप ही साम्राज्य की देखभाल करें। आपके रहते साम्राज्य का विभाजन मुझे स्वीकार नहीं है। मैं आपके एक सेवक के रूप में काम करना चाहूंगा।

इस प्रकार के संस्कारित विचारों को सुनकर शिवाजी अपने पुत्र संभाजी से बहुत प्रभावित हुए।

अध्याय - ५

'छावा' निर्मात्री माता जीजाबाई

माता अपनी लोरी से देशों के भाग्य बनाती।
वीर शिवा, शेखर, राणा हिटलर से वीर बनाती।।
नील आर्मस्ट्रांग की माता चंदा पर पहुंचाती।
"चंदा है मां तेरा" - यह कहकर खबर मंगाती।।
- प्रो. विजेंद्र सिंह आर्य

माँ के दिए हुए संस्कारों से ही किसी परिवार, समाज और राष्ट्र का निर्माण होता है। माता को हमारे ऋषियों ने निर्माता कहकर सम्मानित किया है। उसके दिए हुए संस्कार जीवन भर काम आते हैं। किसी भी राष्ट्र की महानता के पीछे माताओं का विशेष योगदान होता है। इसी प्रकार यदि कोई राष्ट्र, समाज या परिवार अधोपतन को प्राप्त हो चुका है तो इसके पीछे भी वहां की माताओं का ही विशेष योगदान होता है।

हम सभी जानते हैं कि माता जीजाबाई एक महान नारी थीं। जिनके बारे में हम पूर्व में ही प्रकाश डाल चुके हैं। उन्होंने न केवल अपने पुत्र शिवाजी का निर्माण करने में विशेष योगदान दिया था अपितु अपने पौत्र संभाजी का निर्माण करने में भी अपनी महत्वपूर्ण भूमिका निभाई थी।

माता ने पुत्र का नाम रखा शिव

माता जीजाबाई की प्रेरणा के चलते ही छत्रपति शिवाजी 'शिवाजी' बन पाए थे। माता ने अपने पुत्र का नाम भारतवर्ष के एक महान प्रतापी शासक शिवजी के नाम पर 'शिव' रखा।

जीजाबाई ने राजा शिव के विषय में यह भली प्रकार सुन रखा था कि वह लोक-कल्याण में व्यस्त रहने वाली दिव्य शक्ति है, या एक ऐसे महान राजा इस धरती पर हुए हैं,

जिन्होंने लोक-कल्याण के महानतम कार्य किए। यही कारण रहा कि उन्होंने अपने सुपुत्र का नाम रखा-शिव अर्थात कल्याणकारी। माता जीजाबाई ने अपने पुत्र शिव को शिव के अनुरूप ही बनाने का संकल्प ले लिया था। अतः बालक शिव के मन मस्तिष्क में उन्होंने ऐसे संस्कार आरोपित करने आरंभ किए जिनसे वह बड़ा होकर लोक कल्याण के कार्यों में लगे और एक महान प्रतापी शिव जैसा शासक बने।

शिव जैसा शासक बने, मेरा शिवा महान।
भारत चमके विश्व में, मिले बहुत सम्मान।।

माता जीजाबाई ने जिस विचार को लेकर शिवाजी और उसके पश्चात संभाजी का निर्माण करने में अपना महत्वपूर्ण योगदान दिया, उसके दृष्टिगत उन्हें यदि राष्ट्र निर्मात्री कहा जाए तो भी कोई अतिशयोक्ति न होगी। तत्कालीन समाज में लोक कल्याणकारी नीतियों का विचार सबसे पहले माता जीजाबाई के हृदय में उठा। उन्होंने यह विचार किया कि शासन अत्याचार करने वाला न हो। इसके लिए उन्होंने अपने ही शिवाजी और संभाजी को आगे बढ़ा दिया।

माता जीजाबाई ने अपने शिवा की मार्गदर्शिका की भूमिका तो निभाई ही, उन्होंने संभाजी के लिए भी यही भूमिका निभाई। इसलिए हमको यह मानना पड़ेगा कि शिवाजी और संभाजी के भीतर यदि राष्ट्र निर्माण की लालसा थी तो वह माता जीजाबाई के दिए संस्कारों के कारण थी। माता जीजाबाई की यह परंपरा उनके पुत्र पौत्रादि तक ही नहीं रुकी, उसने लंबी दूरी तय की। जिसके कारण भारत के राष्ट्रीय आंदोलन पर भी उसका प्रभाव परिलक्षित हुआ। इसका सही मूल्यांकन करने के लिए इस बात को देखने की आवश्यकता है कि हमारे स्वाधीनता आंदोलन में और स्वाधीनता के पश्चात भी हिंदू राष्ट्रवाद की आवाज महाराष्ट्र से ही उठी थी, और उठती रही है।

शिवा और छावा पर माता का प्रभाव

माता जीजाबाई के जीवन में अनेक प्रकार की चुनौतियां और विषम परिस्थितियां आईं, परन्तु उन्होंने कभी भी अधीरता का परिचय नहीं दिया। उनके व्यक्तित्व का यह गुण उनके शिवा और छावा में भी स्पष्ट रूप से दिखाई देता है। उन्होंने त्याग, तपस्या और साधना का जीवन जिया। उनके त्याग में भी राष्ट्र था, उनके तप में भी राष्ट्र था और उनकी साधना में भी राष्ट्र था। यही कारण है कि उनके 'शिवा' और 'छावा' के भीतर भी तप, त्याग, साधना की यही त्रिवेणी बहती रही और उन दोनों के विचारों का केंद्र बिंदु भी सदा राष्ट्र ही बना रहा। माता जीजाबाई का समर्पण राष्ट्र के लिए था। उनका अर्पण भी राष्ट्र के

लिए था और उनका तर्पण भी राष्ट्र के लिए था। उनका तन- मन- धन और जीवन सब कुछ राष्ट्र के लिए था। उन्होंने भारतीयता की उत्कृष्टतम साधना की।

वास्तव में माता जीजाबाई की यह राष्ट्र साधना इतिहास की सबसे बड़ी साधना थी। उनकी इस साधना के कारण भारत के राष्ट्र रूपी मंदिर में क्रांतिकारियों के रूप में अनेक दीप प्रकाशमान हो उठे। उन्होंने अनेक क्रांतिकारी दीपों की एक लड़ी तैयार कर दी। उनकी इस राष्ट्र साधना को शिवाजी ने तो अंगीकार किया ही, शिवाजी के पुत्र संभाजी ने भी माता जीजाबाई की राष्ट्र साधना के समक्ष नतमस्तक होकर अपना जीवन उसी राष्ट्र साधना के लिए समर्पित कर दिया। उन्होंने राष्ट्र साधना की भट्टी में अपने ही पुत्र पौत्र आदि को वैसे ही तपने के लिए डाल दिया जैसे कोई स्वर्णकार आभूषण बनाने के लिए सोने को आग की भट्टी में डाल देता है। माता जीजाबाई की यह साधना व्यर्थ नहीं गई। उन्होंने सोने को कुंदन बनाने का यह उद्योग निरंतर जारी रखा।

व्यर्थ गई नहीं साधना, नहीं गया पुरुषार्थ।
मां का जीवन ध्येय था देश और परमार्थ।।

इन्हीं परिस्थितियों में बालक शिवा को समाज कल्याण के लिए कार्य करने की प्रेरणा मिली। उसे यह भी अनुभव हो गया कि विषमताएं जीवन का निर्माण करती हैं, जीवन को नष्ट नहीं करती, जबकि सामान्यतया साधारण लोग विषमताओं को जीवन के नष्ट करने का साधन समझ लेते हैं।

मुगल सत्ता के अत्याचारों को देखकर माता जीजाबाई का कलेजा रोता था। उनके पति ने भी परिस्थितियों से समझौता कर लिया था। परंतु जीजाबाई समझौतावादी दृष्टिकोण की महिला नहीं थीं। वह चुनौतियों से खेलना चाहती थीं और सच बात यह है कि वह चुनौतियों से खेलना जानती भी थीं।

माता जीजाबाई की महानता

माता जीजाबाई चाहती थीं कि इस देश में स्वराज्य स्थापित हो और जो विदेशी मुगल लोग यहाँ पर सत्ताधीश बनकर बैठे हैं, उन्हें यहाँ से भगाया जाए। उनका ये संकल्प क्रांति का जनक बना। इस क्रांति को भी उन्होंने अपने ही बेटे शिवा के माध्यम से आरंभ करने का निर्णय लिया। यद्यपि उनके पति भी नहीं चाहते थे कि मुगल सत्ता के विरुद्ध किसी प्रकार की क्रांति को जन्म दिया जाए। परंतु वह वीरांगना एक ही उद्देश्य को लेकर आगे बढ़ रही थी कि यदि क्रांति करनी है तो किसी दूसरे के घर में किसी बलिदानी क्रांतिकारी के होने की आशा नहीं करनी चाहिए, अपितु अपने आप ही अपनी कोख को ही परीक्षण के लिए दांव पर लगाना चाहिए।

विश्व इतिहास में ऐसे बहुत कम उदाहरण मिलते हैं, जब किसी मां ने क्रांति के लिए भूमिका तैयार की हो और उसमें बलिदान देने के लिए सबसे पहले अपने ही बेटे को तैयार किया हो। परंतु भारत की वीर भूमि ऐसी अनेक पन्नाधायों और जीजाबाई जैसी वीरांगनाओं का देश है, जिन्होंने अपनी कोख के शौर्य से देश का सम्मान बढ़ाने का अलग-अलग कालखंडों में प्रशंसनीय कार्य किया है। माता जीजाबाई के जीवन का उद्देश्य था कि देश में लोक-कल्याणकारी शासन की स्थापना की जाए, जिसमें किसी भी शासक को जनता पर क्रूरता या अत्याचार करने का अवसर न मिले और लोगों के मौलिक अधिकारों का संरक्षक बनकर शासक शासन करने वाला हो।

अपने इन्हीं लोकतांत्रिक भावों को उन्होंने बालक शिवा के मन मस्तिष्क में उतारने का प्रयास किया, उसे समझाया और बताया कि शासक के भीतर कौन-कौन से गुण होने चाहिए, और उसे किस प्रकार जनता के प्रति उत्तरदायी शासन की स्थापना करने के लिए संघर्ष करना चाहिए? माता जीजाबाई के दिए इन संस्कारों को ही संभाजी ने अपनी विरासत के रूप में सहेज कर रखा और जीवन में राष्ट्र के लिए जब कुछ उन्हें विशेष करने की आवश्यकता अनुभव हुई तो उन्होंने निसंकोच माता जीजाबाई के मार्ग पर चलते हुए कार्य करके दिखाया।

विजयनगर साम्राज्य के पतन से पूर्व उन्होंने भारत को नया सूर्य दे दिया। इस प्रकार उनका बेटा शिवा शिव के साथ-साथ सूर्य भी बन गया। जो तत्कालीन भारतीय राजनीतिक नभमंडल पर बड़ी तेजी से उभर रहा था। जिसे देखकर विवेकशील लोगों को यह आभास हो गया था कि भारत का सूर्य डूब नहीं रहा है अपितु उदित हो रहा है। इस प्रकार माता जीजाबाई का भारत के इतिहास में बहुत महत्वपूर्ण स्थान है। उन्होंने वह महान कार्य किया, जिसे कोई देवी युग-युग में ही किया करती है। वह सोए हुए भारत को जगाने का काम कर रही थीं और देश की बीमारी का उपचार बनकर प्रकट हुई थीं।

माता जीजाबाई का पारिवारिक जीवन

जीजाबाई का जन्म १२ जनवरी, १५९८ में बुलडाणा के जिले सिंदखेद के निकट 'लखुजी जाधव' की पुत्री के रूप में हुआ। उनकी माँ का नाम महालसाबाई था। उन्होंने बचपन से ही युद्ध कला को सीख लिया था। उनकी गंभीरता और देशभक्ति भी बचपन में ही दिखाई देने लगी थी। वह बहुत कम अवस्था की थीं, जब उनका विवाह शाहजी भोंसले' के साथ कर दिया गया। जिस समय जीजाबाई का शाहजी भोंसले के साथ विवाह हुआ, उस समय वह आदिलशाही सुल्तान की सेना में सैन्य कमांडर हुआ करते थे। माता जीजाबाई

को अपने पति का किसी मुस्लिम सुल्तान का सेवक होना अच्छा नहीं लगता था। वह स्वराज्यवादी विचारधारा की महान महिला थीं, जो किसी को सलामी देने में विश्वास नहीं करती थीं, अपितु एक ऐसे पति की पत्नी और ऐसे पुत्र की माँ बनना चाहती थीं जो स्वयं बड़े-बड़े राजाओं की सलामी लेने वाला हो। इतिहास साक्षी है कि उनकी इस हार्दिक इच्छा को, उनके पुत्र शिवाजी ने छत्रपति शिवाजी महाराज बनकर सच में परिवर्तित कर दिया।

सपने को साकार कर, शिव ने किया कमाल।
सचमुच में वह बन गया, भारत मां का भाल।।

विवाह के उपरांत जीजाबाई आठ बच्चों की माँ बनीं, जिनमें से ६ पुत्रियाँ और २ पुत्र थे। उनमें से ही एक शिवाजी महाराज भी थे। जीजाबाई का अपने पति के साथ किन्हीं बातों को लेकर विवाद चल रहा था। फलस्वरूप शिवाजी के जन्म के उपरांत उनके पति शाहजी भोंसले ने उन्हें त्याग दिया। पति के द्वारा उन्हें इस प्रकार त्याग देना बालक शिवाजी के निर्माण के लिए बहुत ही उपयोगी सिद्ध हुआ। इस घटना के बाद माता जीजाबाई अपने बच्चे शिवा के निर्माण करने पर केंद्रित हो गई और वह जिस स्वराज्यवादी चिंतनधारा को लेकर जन्मी थीं उसे अपने बच्चे के माध्यम से यथार्थ के धरातल पर उतारने के लिए प्रयत्नशील हो उठीं।

वास्तव में शाहजी भोंसले ने एक दूसरी महिला से इस समय विवाह कर लिया था, जिसका नाम तुकाबाई था। शाहजी भी स्वाभाविक रूप से अपनी नई पत्नी के प्रति अधिक आकर्षित रहने लगे थे और यह बात स्वराज्यवादी चिंतनधारा की जीजाबाई को अच्छी नहीं लगती थी। फलस्वरूप उन्होंने अपने पति से मोहभंग कर लिया और अपने पुत्र शिवाजी के निर्माण में जुट गईं। उन्होंने इस समय को इस प्रकार व्यतीत करने का प्रयास किया कि बच्चे शिवा को भविष्य का महान शासक बनाने के लिए तैयार किया जाए?

संभाजी पर पड़ा गहरा प्रभाव

यह माता जीजाबाई के दिए गए संस्कारों का ही परिणाम था कि छत्रपति शिवाजी महाराज और उनके पुत्र संभाजी के बीच तनावपूर्ण संबंध होने की अफवाह सर्वत्र फैल जाने के उपरांत भी संभाजी अपने पिता के विरुद्ध विद्रोही नहीं हुए। यद्यपि यह वह दौर था जब मुगलों के यहां पिता के विरुद्ध पुत्र का विद्रोही होना एक साधारण-सी बात थी अर्थात पिता के विरुद्ध पुत्र का विद्रोही होना उस समय की राजनीति का एक प्रचलन बन चुका था। अत्यंत विषम परिस्थितियों में रहकर भी संभाजी ने धैर्य, संयम और सहनशीलता का परिचय दिया।

माता जीजाबाई के भीतर योग्य प्रशासिका के भी गुण विद्यमान थे। विषम से विषम परिस्थिति का कैसे सामना किया जा सकता है और कैसे धैर्य और संयम रखते हुए

प्रजाजनों को अपने साथ लगाकर उनका नेतृत्व किया जा सकता है? - इसे वह भली प्रकार जानती थीं। उन्हीं के इस विशेष गुण को शिवाजी और संभाजी ने भी प्राप्त किया। एक योग्य प्रशासिका के गुणों का परिचय देते हुए ही उन्होंने अपने पुत्र शिवाजी को राजा बनाने में महत्वपूर्ण योगदान दिया।

हिंदू राष्ट्र की योजनाकार जीजाबाई

माता जीजाबाई ने ही समर्थ गुरु रामदास को अपने पुत्र शिवाजी को ऐसी शिक्षा देने के लिए प्रेरित किया था, जिससे वह भविष्य में चलकर भारत का भाल बन सके। यह समर्थ गुरु रामदास ही थे, जिन्होंने अपनी प्रेरणा से बालक शिवाजी को छोटी अवस्था में ही छत्रपति शिवाजी बनने की राह पर डाल दिया था। बालक शिवाजी के भीतर वीरता के भाव भरकर उन्होंने माता जीजाबाई की प्रेरणा के चलते उसे मुगलिया साम्राज्य की विशाल चट्टान से लड़ने के लिए तैयार कर दिया। परिणाम यह हुआ कि कुछ ही समय में सारे महाराष्ट्र को ही नहीं, संपूर्ण भारतवर्ष को यह जानकारी हो गई कि हिंदू राष्ट्र निर्माता के रूप में एक नई शक्ति के रूप में शिवाजी महाराज का आविर्भाव हो चुका है। कुछ ही समय में हिंदू जनमानस ने यह अनुभव कर लिया कि मुगलिया शक्ति से टकराने का साहस यदि किसी के भीतर है तो उसका नाम शिवाजी है। इस प्रकार माता जीजाबाई हिंदू राष्ट्र निर्मात्री के रूप में अपना स्थान बनाने में सफल हुई।

वीरांगना माता जीजाबाई ने एक दिन अचानक ही शिवाजी को बुलाया और कहा कि "बेटे शिवा! तुम्हें सिंहगढ़ के ऊपर फहराते हुए विदेशी झंडे को किसी भी तरह से उतार फेंकना होगा। मैं नहीं चाहती कि इस सिंहगढ़ के किले पर विदेशी झंडा तेरे होते हुए फहराता रहे? मेरी यह हार्दिक इच्छा है कि यह विदेशी झंडा इस किले से उतरना चाहिए और अपना केसरिया यहाँ पर लहरना चाहिए।" इस प्रकार माता ने आज अपने दूध की परीक्षा लेने का निर्णय ले लिया था। आज वह इस बात पर उतर आई थी कि बेटे शिवा या तो मुझे आज मेरे दूध का ऋण चुकता कर दे या फिर मुझे यह बता दे कि तू मेरे कहे अनुसार वह कार्य नहीं कर सकता जिसे मैं तुझसे कराना चाहती हूँ?

इस पर शिवाजी ने उनको टोकते हुए कहा, "माँ! इस कार्य के लिए आपको अभी थोड़ी प्रतीक्षा करनी पड़ेगी। समय आने पर आपके कहे अनुसार यह असंभव सा दिखने वाला कार्य भी किया जाएगा, परंतु अभी हमारे साथन इतने सीमित है कि तुरंत यह कार्य नहीं हो सकता। मुगलों की सेना बड़ी विशाल है। दूसरे, हम अभी सुदृढ़ स्थिति में नहीं हैं। ऐसे में उन पर विजय पाना कठिन होगा। इस समय इन पर विजय पाना अत्यंत कठिन कार्य है।"

माता जीजाबाई को अपने सुपुत्र शिवाजी से ऐसे प्रति उत्तर की अपेक्षा नहीं थी। वह

चाहती थीं कि मैं जो कुछ बोलूं, मेरा बेटा तुरंत उस कार्य को करे। वह उसके पौरुष और शौर्य की परीक्षा लेना चाहती थीं और यह देखना चाहती थीं कि वह सिंहगढ़ के किले को लाने में अभी तक समर्थ भी हुआ है या नहीं? क्योंकि वह यह भी जानती थीं कि यदि उसे वहाँ भेजा जाएगा तो वह स्वयं भी उसके इस महान कार्य में अपनी ओर से सहयोग और मार्गदर्शन देंगी।

अपने सुपुत्र के ऐसे वचनों को सुनकर माता जीजाबाई स्वयं आक्रोशित हो गयीं और उन्होंने आवेश में आकर अपने सुपुत्र को कह दिया कि अच्छा रहेगा कि तुम अब घर में रहो। अब मैं स्वयं ही सिंहगढ़ के किले को विजय करने के लिए प्रस्थान करूंगी। मैं नहीं चाहती कि इस किले पर विदेशी झंडा लहराता रहे और इससे मेरा कलेजा जलता रहे। अतः मैं अब स्वयं इस झंडे को उतारने का संकल्प लेती हूँ। तुमको अब घर में रहना होगा और मैं स्वयं मैदान में उतरकर अपने संकल्प को पूर्ण करूंगी।

घटना का दूसरा रूप

अन्यत्र इस घटना को कुछ अलग ढंग से प्रस्तुत किया गया है। हम भी उसी से सहमत हैं। शिवाजी को एक बार पुरन्दर नामक संधि में २३ किले मुगलों को देने पड़े थे। इनमें से कोंडाणा सामरिक दृष्टि से बहुत महत्वपूर्ण किला था। कहा जाता है कि एक बार माता जीजाबाई ने शिवाजी को कहा कि प्रातः काल सूर्य भगवान को अर्घ्य देते समय कोंडाणा आँखों में बहुत चुभता है। शिवाजी ने सिर झुका कर कहा, "माँ मैं आपकी इच्छा को समझ गया। शीघ्र ही आपका उद्देश्य पूर्ण हो जाएगा।" कोंडाणा को जीतना उस समय बहुत आसान नहीं था। परन्तु शिवाजी के शब्दकोश में 'असंभव' शब्द नहीं था। उनके पास एक से एक साहसी योद्धाओं की भरमार थी। वह इस बारे में सोच ही रहे थे कि उनके योद्धाओं के सिरमौर तानाजी मालुसरे दरबार में आ गए। शिवाजी ने देखते ही कहा, "तानाजी! आज सुबह ही मैं आपको स्मरण कर रहा था। माता जी की इच्छा कोंडाणा को फिर से अपने अधीन करने की है।" तानाजी ने कहा, "जो आज्ञा, और यह कहकर सिर झुका कर बैठ गए।" यद्यपि तानाजी उस समय अपने सुपुत्र रायबा के विवाह का निमंत्रण महाराज को देने के लिए आए थे और उन्होंने मन में कहा, "पहले कोंडाणा विजय, उसके पश्चात बेटे का विवाह। पहले देश, फिर घर। योजना बनाने में जुट गए।"

४ फरवरी, १६७० की रात्रि उसके लिए निश्चित की गई। मुगलों की ओर से राजपूत सैनिकों के साथ नियुक्त तानाजी ने अपने भाई सूर्या जी और ५०० वीर सैनिकों को साथ लिया। दुर्ग के मुख्य द्वार पर कड़ा पहरा रहता था। पीछे बहुत घना जंगल और ऊंची पहाड़ी थी। पहाड़ी से गिरने का अर्थ था - निश्चित मृत्यु।

इस ओर सुरक्षा बहुत कम रहती थी। तानाजी ने इसी मार्ग से किले पर विजय प्राप्त करना उचित समझा। वे रात में सैनिकों के साथ पहाड़ी के नीचे पहुँच गए। उन्होंने यशवंत नामक गोह को ऊपर फेंका। उसकी सहायता से कुछ सैनिक दुर्ग पर चढ़ गए। उन्होंने अपनी कमर में बंधी रस्सी नीचे लटका दी। इस प्रकार ३०० सैनिक किले पर चढ़ गए, शेष २०० ने मुख्य द्वार को घेर लिया। 'ऊपर पहुँचते ही असावधान अवस्था में खड़े सैनिकों को यमलोक पहुँचा दिया गया। इस पर शोर मच गया। उदयभानु और उसके साथी भी तलवार लेकर आ गए। इसी बीच सूर्याजी मुख्य द्वार को अंदर से खोल दिया। इससे सैनिक अंदर आ गए और पूरी तत्परता से युद्ध होने लगा। यद्यपि तानाजी लड़ते-लड़ते बहुत घायल हो गए थे। उनकी इच्छा मुगलों के चाकर उदयभानु को अपने हाथों से दंड देने की थी। जैसे ही उन्हें वह दिखाई दिया - तानाजी उस पर टूट पड़े। दोनों में भयानक संग्राम होने लगा। उदयभानु भी कम वीर नहीं था। उसकी तलवार के वार से तानाजी की बांह कट गई। इस पर तानाजी हाथ पर कपड़ा लपेटकर लड़ने लगे। तानाजी वीर गति को प्राप्त हुए। यह देख घामा शेलार ने अपनी तलवार के वार से उदयभानु को यमलोक पहुँचा दिया।

"गढ़ तो आया पर मेरा सिंह चला गया।"

तानाजी और उदयभानु दोनों एक साथ धरती माता की गोद में सो गए। उधर शिवाजी को जब यह समाचार मिला तो उन्होंने भरे गले से कहा, "गढ़ तो आया पर मेरा सिंह चला गया।" तब से इस किले का नाम सिंहगढ़ हो गया। इसके द्वार पर ताना जी को भव्य मूर्ति तथा समाधि निजी कार्य से देश कार्य को अधिक महत्व देने वाले वीर की सदा याद दिलाती है।

यदि इस घटना में शिवाजी को माता जीजाबाई की इस प्रकार प्रेरणा नहीं मिलती तो कोंडाणा का किला शिवाजी जीवन में पुनः प्राप्त नहीं कर सकते थे। क्योंकि अब उन्होंने इस किले की ओर सोचना ही बंद कर दिया था। परंतु माँ की प्रेरणा ने शिवाजी को इस किले को फिर से प्राप्त करने के लिए कटिबद्ध कर दिया। बस, यही वह घटना है जिससे शिवाजी स्वराज्य की स्थापना करने में सफल हुए। इस प्रकार माता जीजाबाई स्वराज की संस्थापिका माता थीं। यदि उनकी प्रेरणा न होती तो भारत में उस समय स्वराज्य के लिए शिवाजी के नेतृत्व में इतना महान आंदोलन कदापि न चला होता। कदाचित शिवाजी का यही आंदोलन संभाजी के निर्माण में सहायक बना।

अध्याय - ६

सावरकर जी की दृष्टि में छावा संभाजी

हम सभी जानते हैं कि वीर सावरकर जी का इतिहास चिंतन बहुत ही प्रेरक रहा है। उन्होंने इतिहास के कई अनछुए पहलुओं और तथ्यों को उजागर करने का साहसिक कार्य किया। उनकी लेखनी जब चलती है तो हृदय को छूते हुए चलती है, मर्मस्पर्शी होकर चलती है। उनकी देशभक्ति केवल राजनीति के क्षेत्र तक सीमित नहीं रही अपितु उन्होंने क्रियात्मक योग को अपने जीवन में रचा बसा लिया था। उसी का परिणाम था कि उन्होंने इतिहास लेखन के क्षेत्र में भी महत्वपूर्ण कार्य किया।

इतिहास का अंतर मंथन करना,
हर किसी के वश की बात नहीं।
हो गुणगायक इतिहास उन्हीं का
जो करते देश से घात नहीं।।

क्रांतिवीर सावरकर जी का विचार था कि इतिहास की वास्तविकता जब तक हमारे देश के युवा वर्ग के हृदय में नहीं उतारी जाएगी, तब तक वह भारत के महापुरुषों के बारे में हीनता के भावों से भरा रहेगा। यही कारण था कि सावरकर जी ने इतिहास को नया दृष्टिकोण दिया और प्रचलित परंपरा से हटकर उन्होंने वास्तविकता का महिमामंडन करते हुए भारत की युवा पीढ़ी को झंकृत करने का कार्य किया। उनकी इतिहास लेखन शैली इस प्रकार की है कि कायर से कायर व्यक्ति का हृदय भी मरने-मारने के लिए तैयार हो जाता है। उन्होंने ओज और तेज के साथ लेखनी को चलाया और जब उनके शब्द इस प्रकार के ओज और तेज से भरकर इतिहास के पन्नों पर अंकित हुए तो उन्होंने अनेक लोगों को प्रेरणा देकर नई ऊर्जा से भर दिया।

इतिहास के बारे में हमारी मान्यताएं

सावरकर जी ने अपनी इतिहास लेखन शैली के माध्यम से हमें संभाजी के बारे में भी

विशेष जानकारी दी है। सावरकर जी से पहले संभाजी पर एक बड़ा भारी आरोप लगाया जाता था कि संभाजी दुराचारी थे। इसी कारण संभाजी और शिवाजी के मध्य तनाव रहता था। हम भारत के लोगों की यह विशेषता है कि हम सुनी-सुनाई बातों पर बहुत अधिक विश्वास कर लेते हैं। उन बातों के पीछे के छल-कपट के जाल को हम समझने का प्रयास नहीं करते। हम यह सोचने का भी प्रयास नहीं करते कि ऐसा किसने लिखा? किसने कहा? क्यों कहा? कब कहा? और उसके लिखने अथवा कहने के पीछे उद्देश्य क्या था?

सावरकर जी ने संभाजी पर लगे आरोप की वास्तविकता को बहुत सुंदरता के साथ प्रस्तुत किया है। सावरकर जी ने छावा संभाजी के जीवन का गहन अध्ययन किया। अध्ययन के उपरांत उन्होंने पाया कि छावा संभाजी को उपेक्षा का पात्र बनाने के लिए जिस प्रकार का छल-प्रपंच इतिहास की पुस्तकों में रचा गया है, इसका भंडाफोड़ होना चाहिए। उन्होंने इस बात को गहराई से समझा कि संभाजी जिस प्रकार अपने पिता की धर्म-ध्वजा को लेकर अपने जीवन में संघर्ष करते रहे उनके उस संघर्ष और अथक देशभक्ति को इतिहास में उचित स्थान मिलना चाहिए। उन्होंने पाया कि भारत के लोगों के भीतर हीनता के भाव भरने के लिए इतिहास को गलत ढंग से प्रस्तुत किया गया है। जिसके चलते संभाजी की छवि देश के युवा वर्ग में बहुत ही गलत ढंग से बना दी गई है।

सावरकर जी चुनौतियों को स्वीकार करने वाले व्यक्तित्व का नाम है। वह सन्नाटे में भी शोर खोजने वाले महामनीषी थे। उन्होंने चुनौतियों को स्वीकार किया, जिससे वह स्वयं ही दूसरे लोगों के लिए चुनौती बन गए। यही कारण है कि उन्होंने इतिहास के उन उपेक्षित स्थलों को भी शोर मचाते हुए देखा, जिन्हें इतिहास के गंभीर विद्यार्थियों ने भी पढ़ना या देखना उचित नहीं माना था। अपनी इसी वीरतापूर्ण मनोवृति के कारण उन्होंने संभाजी को नए कलेवर के साथ देश के सामने प्रस्तुत किया।

बलिदानी छत्रपति

स्वातंत्र्यवीर सावरकर ने छत्रपति संभाजी महाराज पर एक लेख लिखा। जिसका शीर्षक उन्होंने दिया– 'बलिदानी छत्रपति'। इस शीर्षक से ही स्पष्ट हो रहा है कि सावरकर जी ने संभाजी को बलिदानी माना। बलिदानी मानने का अभिप्राय है कि संभाजी महाराज के भीतर देशभक्ति के दिव्य गुण थे। वह देशभक्ति की एक मिसाल थे और उस मिसाल को देश के जनमानस के समक्ष प्रस्तुत करना सावरकर जी ने अपना राष्ट्रीय कर्तव्य समझा। 'बलिदानी छत्रपति' के लिखने का अभिप्राय है कि देश का जनमानस और विशेष रूप से युवा वर्ग अपने इस शौर्य पुत्र छावा के साथ समन्वय स्थापित करे। उसके दृष्टिकोण को

स्वीकार करे। उसके चिंतन को अंगीकृत करे और देश के लिए उठ खड़ा हो। बलिदानी मानने का अभिप्राय यह भी है कि देशभक्ति के लिए किसी भी प्रकार के प्रमाद को त्यागना पड़ता है। दिन-रात मोमबत्ती की भांति अपने आप को जलाना पड़ता है। तब जाकर यह सम्मानजनक उपाधि मिल पाती है। इस सम्मानजनक उपाधि को देने का अभिप्राय यह भी है कि देश की स्वाधीनता के लिए दीर्घकालिक संघर्ष चला है। जिसे दस-बीस वर्ष का कालखंड न मानकर सदियों का कालखंड माना जाना अपेक्षित है। इसके लिए अनेक बलिदानियों के बलिदान को नमन करना हमारा राष्ट्रीय कर्तव्य है।

अपनी उपरोक्त पुस्तक में सावरकर लिखते हैं "मराठी सिंह को पालतू कुत्ता बनाना असंभव है, इसलिए औरंगजेब ने काफिर का वध करने की आज्ञा दे दी। लेकिन इस धमकी का शिवाजी महाराज के पुत्र पर थोड़े ही कोई प्रभाव पड़नेवाला था! दहकती अग्नि में लाल की गई छड़ और सड़सा भोंककर उनकी आंखें बाहर निकाल दी गईं। उनकी जिव्हा के अनेक टुकड़े कर दिये गए। लेकिन इन राक्षसी उत्पीड़न से भी उस राजबलिदानी का धैर्य भंग नहीं हुआ। अंततः उनका सिर काट दिया गया। वे मुसलमानों की धर्मांधता की बलि चढ़ गए, लेकिन उन्होंने हिन्दू जाति को अक्षय उज्ज्वलता प्रदान कर दी! आत्मबलिदान की इस एक कृति से संभाजी महाराज ने महाराष्ट्र धर्म का– हिन्दू पुनरुद्धार की पवित्रता का जो संचार किया वह दूसरे किसी तरह प्रदर्शित करना संभव नहीं था। संभाजी को शिवाजी महाराज की भौतिक संपत्ति संजोना नहीं आया,लेकिन संभाजी ने अपने अतुलनीय बलिदान से शिवाजी महाराज की नैतिक और आध्यात्मिक संपत्ति को न सिर्फ संजोया बल्कि उसे कितना ही गुणा उज्ज्वल और बलशाली कर दिया। हिन्दू धर्म के लिए आत्मबलिदान किये राजबलिदानी के रक्त से पोषण मिलने पर हिन्दू स्वतंत्रता समर को विलक्षण दिव्यत्व और नैतिक सामर्थ्य का स्थान प्राप्त हुआ।"

संभाजी ने दी बलिदान को नई ऊंचाई

सावरकर जी के इन शब्दों में बहुत ही दिव्यता झलकती है। राष्ट्र प्रेम झलकता है। अपने नायक के प्रति श्रद्धा का भाव झलकता है। उन्होंने संभाजी के प्रति जो कुछ भी कहा है, उसे आज की पीढ़ी को समझने की आवश्यकता है। यदि संभाजी व्यभिचारी होते या उनके भीतर देश प्रेम की भावना न होती, इसके विपरीत अपने पिता के प्रति विद्रोह का भाव होता तो निश्चित रूप से वह सनातन धर्म के लिए ऐसा बलिदान कदापि न कर पाते। उन्होंने बलिदान की परंपरा को नई ऊंचाई प्रदान की। शिवाजी महाराज ने सोए हुए हिंदू समाज को जिस प्रकार जागृत कर उसका नेतृत्व करना स्वीकार किया था, उस परंपरा को

संभाजी ने आत्मबलिदान से और भी मजबूत कर दिया।

निज देह बलिदान कर, किया राष्ट्र उद्धार।
मजबूती मिली देश को, हुआ सर्व उपकार।।

उन्होंने एक क्रूर और आतंकी अत्याचारी मुगल बादशाह औरंगजेब को यह बता दिया कि उसके अत्याचारों की चाहे जितनी पीड़ा उनको झेलनी पड़े, परन्तु वह अपनी भारत माता का सम्मान मिट्टी में नहीं मिलने देंगे। जीवन को ऐसे आदर्श के प्रति समर्पित कर देना और बलिदान की परंपरा पर भेंट चढ़ा देना, किसी शूरवीर का ही कार्य हो सकता है। नैतिक रूप से भ्रष्ट व्यक्ति कभी भी इतना बड़ा कार्य नहीं कर सकता।

'छत्रपति संभाजी' शोधग्रंथ

सावरकर जी की भांति ही श्रीकृष्ण पुरुषोत्तम गोखले, उनकी पत्नी डॉ. कमल गोखले ने डॉक्टरेट के शोधग्रंथ के लिए 'छत्रपति संभाजी' का विषय चुना था। उन्होंने अपनी शोध में बड़े परिश्रम के बाद संभाजी महाराज पर कुछ और सामग्री तलाशी और उन पर कुछ और अधिक लिखने का प्रयास किया। यह दंपति अपने विषय में और अधिक विस्तार करने की भावना से प्रेरित होकर सावरकर जी से मिला था।

तब सावरकर जी ने बड़ी विनम्रता के साथ उनका कुशलक्षेम जाना और कमल ताई से पूछा, "शराब के व्यसन से और कलुशा कब्जी की संगत के कारण संभाजी ने अपने साथ धोखा करा लिया ये सच है क्या"? तब कमल ताई बोलीं कि, "अभी मेरा अध्ययन चल रहा है।" तब सावरकर उनसे बोले, "ये मत भूलो कि संभाजी राजा ने जो धैर्य और शौर्य दिखाया वो किसी गोबर-गणेश का काम नहीं है! संभाजी यदि शराबी होते और इतिहास में लिखे वैसे स्त्री-लम्पट होते तो ऐसा दिव्यकार्य कभी कर नहीं सकते। सुरा और सुंदरी में आसक्त व्यक्ति को हिंदू इतिहास में इतना शाश्वत स्थान मिले, ऐसा हो ही नहीं सकता। खुली आंखों से बलिदान को स्वीकार करना बच्चों का खेल नहीं है। तुम इस विषय में गहराई से अध्ययन करो और सत्य को बाहर लाओ।"

सावरकर जी ने इस प्रकार संभाजी महाराज के बारे में व्याप्त भ्रांति का निवारण बहुत ही सहज सरल शब्दों में करके लेखक दंपति को सही मार्ग दिखा दिया। अपनी सहज सरल बातों में सावरकर जी ने यह भी स्पष्ट कर दिया कि अपने वीर पुरुषों और इतिहासनायकों पर पड़ी उपेक्षा की धूल को साफ करना हमारा काम है, न कि विदेशियों का और विशेष रूप से उन लोगों का तो कतई नहीं, जिनका विरोध करते हुए संभाजी ने अपना बलिदान दिया था। इसलिए इतिहास को पराधीनता की कारा से बाहर निकालने का कार्य हमें करना चाहिए।

पराधीन निज देश है, पराधीन इतिहास।
नया शोध अब कीजिए, नई जगाओ आश।।

सावरकर जी ने संभाजी के चरित्र के साथ न्याय करते हुए उनको एक इतिहास नायक के रूप में प्रस्तुत करते हुए असाधारण योद्धा, कुशल प्रशासक और हिंदू स्वाभिमान के रक्षक के रूप में चित्रित किया। उन्होंने इस विषय को स्पष्ट कर दिया कि तत्कालीन मुगल बादशाह औरंगजेब जिस प्रकार हिंदू समाज का विनाश करने पर तुला हुआ था और सनातन को मिटा देना जिसका लक्ष्य बन गया था, उसके सामने सीना तानकर खड़ा होना संभाजी को एक इतिहासनायक के रूप में प्रस्तुत करने के लिए पर्याप्त साक्ष्य है। यह कम बात नहीं थी कि उन्होंने शिवाजी की वीरता और शौर्य के गुणों को धारण कर तत्कालीन मुगल बादशाह को खुली चुनौती दी और जिस प्रकार औरंगज़ेब संपूर्ण भारत को रौंद कर सनातन को मिटा देने के संकल्प पर अडिग था, उतनी ही दृढ़ता के साथ संभाजी सनातन की रक्षा के लिए मैदान में उतर आए।

सावरकर जी ने यह स्पष्ट कर दिया कि संभाजी ने जिस वीरता के साथ आत्मबलिदान किया, वह उनकी हिंदू धर्म और मराठा वीरता के प्रति अडिग निष्ठा का प्रतीक है। इस अडिग निष्ठा को हमें और भी अधिक़ प्रखरता देने की आवश्यकता है। जिससे कि वर्तमान युवा पीढ़ी अपने इस इतिहास नायक के बारे में सच को जान सके।

जब संभाजी महाराज औरंगजेब की जेल में थे तो उस मुगल बादशाह ने उनके सामने इस्लाम स्वीकार करने का प्रस्ताव भी औरंगजेब ने रखा, परंतु उन्होंने उसे बहुत ही वीरता के साथ अस्वीकार कर दिया। यदि उनके भीतर नैतिक साहस न होता तो वह औरंगजेब के इस प्रस्ताव को अस्वीकार नहीं कर पाते। यह नैतिक साहस वीर्यवान व्यक्ति के भीतर ही होता है। देशभक्त के भीतर होता है। जिसे राष्ट्र से प्रेम होता है- उसके भीतर होता है। सावरकर जी लेखन के विषय में बहुत ही निष्पक्ष होकर अपने धर्म का पालन करते थे। उन्होंने जहां शौर्य और वीरता में संभाजी को अतुलनीय मानकर उन्हें एक इतिहासनायक के रूप में चित्रित किया है, वहीं अपनी प्रसिद्ध पुस्तक "भारतीय इतिहास के छह स्वर्णिम पृष्ठ" और "हिंदू पद पादशाही" में उन्हें शासन के लिए अयोग्य भी माना है।

अध्याय - ७

संभाजी एक लेखक के रूप में

मैथिलीशरण गुप्त जी लिखते हैं :-

हाँ, लेखनी! हृत्पत्र पर लिखनी तुझे है यह कथा,
दृक्कालिमा में डूबकर तैयार होकर सर्वथा
स्वच्छन्दता से कर तुझे करने पड़ें प्रस्ताव जो,
जग जायँ तेरी नोंक से सोये हुए हों भाव जो।

जब कवि राष्ट्र जागरण के अपने इस दायित्व का इतनी ऊंचाई से निर्वाह करता है तो राष्ट्र में अनेक क्रांतिकारी जन्म लेते हैं। हमारे स्वाधीनता के क्रांतिकारी आंदोलन को जिस प्रकार अनेक क्रांतिकारियों ने अपने प्रणम्य बलिदान देकर उसे निरंतर प्रवाहमानता प्रदान की, उसमें राष्ट्रकवि मैथिली शरण गुप्त जैसे कवियों की लेखनी का विशेष योगदान रहा।

वैसे हमारे यहां पर प्राचीन काल से ही वेदों के माध्यम से लोगों को राष्ट्र के लिए समर्पित होकर काम करने की शिक्षा दी जाती रही है। अथर्ववेद के भूमि सूक्त में राष्ट्र की एकता और अखंडता की रक्षा के लिए बलिदान देने की भावना को बहुत ही उत्तमता से प्रस्तुत किया गया है। इसी वेद में राजा को प्रजा का एक चिंता और राष्ट्र का प्रथम सेवक बताया गया है। वहां पर यह भी स्पष्ट किया गया है कि देश के प्रजाजनों को अपने राजा का सम्मान करना चाहिए। साथ ही उन्हें अपने राष्ट्र के लिए निरंतर काम करते रहना चाहिए। वेद ने लोगों को राष्ट्र जैसी पवित्र विचारधारा के साथ जोड़कर उनमें मानवीय दृष्टिकोण का संचार किया। यदि वेद उन्हें राष्ट्र की पवित्र विचारधारा के साथ नहीं जोड़ता तो मनुष्य स्वार्थी होकर एक दूसरे की टांग खींचने के कार्य करने में लगा रहता। जब हम राष्ट्र जैसी विचारधारा के साथ जुड़ते हैं तो हम अपने अन्य साथियों को भी वैसी ही एक इकाई के रूप में देखते हैं, जैसी इकाई हम स्वयं होते हैं। अथर्ववेद में कहां गया है कि राष्ट्र की सुरक्षा के लिए सभी प्रजाजनों को सतर्क रहना चाहिए। वेद का यह भी कहा गया है कि यदि समय

आने पर राष्ट्र के लिए आत्मबलिदान करना हो तो उससे भी व्यक्ति को पीछे नहीं हटना चाहिए। व्यक्ति को एक इकाई के रूप में राष्ट्र के प्रति अपना सर्वस्व समर्पण करने के लिए उद्यत रहना चाहिए।

ऋग्वेद को संसार का सबसे पहला ग्रंथ माना जाता है। इस ग्रंथ में भी राष्ट्र के प्रति प्रेम और राष्ट्रीय एकता की भावना को बलवती करने की शिक्षा दी गई। जबकि यजुर्वेद में यज्ञ और कर्मकांड के माध्यम से राष्ट्र के लिए कल्याणकारी कार्य करने का वर्णन है। इसी प्रकार सामवेद में राष्ट्र के लिए संगीत और कला का उपयोग करने का वर्णन है।

माता जीजाबाई के विषय में हम पूर्व में ही है स्पष्ट कर चुके हैं कि उन्होंने अपने पौत्र संभाजी में भी राष्ट्रप्रेम, धर्मप्रेम और हिन्दवी स्वराज की पवित्र भावना के साथ जुड़कर काम करने की शिक्षा प्रदान की। उन्होंने संभाजी के भीतर देव-देश-धर्म और आदर्श जीवन के सभी मूल्यों को स्थापित भी किया। वेद के उपरोक्त विचारों को हमारे राजनीतिक मनीषियों ने अपने कई ग्रंथों के माध्यम से हमें एक अनमोल निधि के रूप में प्रदान किया। माता जीजाबाई ने व्यवस्था की कि उनके पुत्र पौत्रों के लिए उन सभी ग्रंथों को उपलब्ध कराया जाए जो राजनीति की अच्छी शिक्षा प्रदान कर सकते हैं।

उन्होंने गणित, तर्क, भूगोल, इतिहास, पुराण, रामायण, व्याकरण आदि का ज्ञान काशीराम शास्त्री से प्राप्त किया। उनके पिता छत्रपति शिवाजी महाराज ने स्वयं उन्हें। शारीरिक प्रशिक्षण दिया।

अथर्ववेद की ऋचा है-

भद्रमिच्छन्त ऋषयः स्वर्विद तपो दीक्षामुप निषेदुरग्रे।
ततो राष्ट्र बलमोजश्च जातं तदस्मै देवा उपसन्नमन्तु॥ अथर्ववेद (१८.४१.१)

राष्ट्र का निर्माण तप, त्याग और साधना से होता है। इसका सर्वप्रमुख साधक राजा होता है। वैदिक आत्मज्ञानी ऋषियों ने मनुष्य जीवन के कल्याण के दृष्टिगत राष्ट्र के लिए तप किया। वह दीक्षित हुए। उसी के परिणामस्वरूप राष्ट्र की संकल्पना सरकार होने लगी। जिसमें ओज, बल और प्राण हैं। 'राट्' इस शब्द से राष्ट्र शब्द बना। ब्राह्मण, संहिताओं में 'राष्ट्र संकल्पना' को और भी अधिक स्पष्टता से प्रकट किया गया है। सार्वभौम राजा के अधीन जितनी भूमि है, वह राष्ट्र कहलाता है (तैत्तिरीय संहिता ७.५.१८.१)। इस सम्बन्ध में अथर्ववेद कहता है- पृथिवी, जन, संस्कृति मिलकर राष्ट्र बनता है। तेज और बल राष्ट्र भावना को पुष्ट करते हैं। छत्रपति शिवाजी महाराज और संभाजी के जीवन पर वेद के इस आदर्श राष्ट्रवादी चिंतन का व्यापक प्रभाव पड़ा। उन्होंने अपनी जीवन साधना को इसी प्रकार के राष्ट्र निर्माण के लिए प्रस्तुत किया। शिवाजी और संभाजी ने यजुर्वेद की धारणा के अनुसार राष्ट्र को एक शरीर माना।

संभाजी ने अपनी ग्रहण शक्ति का परिचय देते हुए मात्र १४ वर्ष की अवस्था में बुद्धभूषणम, नखशिख, नायिकाभेद तथा सातशातक ये संस्कृत ग्रन्थ लिखे थे। बुद्धभूषणम में, संभाजी ने राजनीति पर कविता लिखी है। जिसमें एक राजा के लिए करणीय और अकरणीय क्या है, यह स्पष्ट किया गया है। एक प्रकार से उन्होंने इसे एक मार्गदर्शिका के रूप में लिखा है। यदि इस पुस्तक की इस विषय वस्तु पर विचार किया जाए तो उन्होंने सृष्टि प्रारंभ में मनु महाराज द्वारा रची गई मनुस्मृति से प्रभावित होकर राजा के करणीय और अकरणीय कर्तव्य कर्मों का सूक्ष्म विवेचन कर अपने आप को भी मनु महाराज के साथ जोड़ा है, अर्थात उन्होंने यह स्पष्ट किया है कि राजा विधि से ऊपर नहीं है। जिस प्रकार मनु महाराज ने यह कहा है कि राजा के ऊपर भी धर्म का शासन है, वैसे ही संभाजी ने भी अपने आप को राजदण्ड अर्थात दण्ड के नीचे रखा है। इतनी प्राचीन परंपरा को उन्होंने जीवन दान दिया। हमारा देश परंपराओं में बहुत विश्वास रखता है। परंपरा शब्द परम और परा से मिलकर बना है। परम का अभिप्राय श्रेष्ठ अर्थात ईश्वर से होता है, जबकि परम।का अर्थ ज्ञान अथवा विद्या से है। इस प्रकार परंपरा का अभिप्राय ईश्वरीय ज्ञान है। कुल मिलाकर परंपरा का अर्थ ईश्वरीय ज्ञान को उसके सत्य स्वरूप में जानना है। मनु महाराज ने ईश्वरीय ज्ञान की इसी शाश्वत और सनातन परंपरा को जीवंत बनाते हुए अपने आप को विधि के अधीन रखा। अपने ऊपर भी नैतिक, आध्यात्मिक नियमों को स्थापित किया अर्थात राजा के लिए क्या करने योग्य है और क्या न करने योग्य है- इस बात को स्थापित किया। इसी बात को संभाजी ने अपने ऊपर लागू किया। उन्होंने स्पष्ट किया कि जहां मुगल बादशाह इस समय अपने आप को तानाशाह के रूप में स्थापित कर रहे हैं, वहीं वे स्वयं को नैतिक और आध्यात्मिक नियमों से बंधा हुआ पाते हैं। इस दृष्टिकोण से संभाजी की यह पुस्तक बहुत ही आदर के योग्य है।

इस पुस्तक के माध्यम से संभाजी महाराज ने यह भी सिद्ध करने का प्रयास किया है कि भारत में राजा की परंपरा को आज भी नैतिक और आध्यात्मिक नियमों से ही शासित किया जा सकता है। अपनी इसी पुस्तक बुद्धभूषणम के माध्यम से संभाजी राज ने सैन्य रणनीति पर भी बहुत ही सूक्ष्म प्रकाश डालने का प्रयास किया है। इस प्रकार उनकी यह पुस्तक न केवल राजधर्म को रेखांकित करती है बल्कि उनकी अपनी विद्वत्ता को भी प्रकट करती है।

संभाजी की पुस्तक "नायक नायिका भेद" नायिकाओं के विभिन्न स्वभावों का वर्णन करती है। प्रत्येक नायिका का प्रेम के प्रति अपना अपना दृष्टिकोण होता है। उसे बहुत ही सावधानी और विद्वत्ता के साथ संभाजी ने अपनी इस पुस्तक के माध्यम से प्रस्तुत किया है। विकिपीडिया के अनुसार यह पुस्तक नायिकाओं के स्वभाव, उनके प्रेम के प्रति दृष्टिकोण और उनके व्यवहार का वर्णन करती है।

"नायक नायिका भेद" के अनुसार, नायिकाओं के कई प्रकार हैं, जैसे :-

मुग्धा: यह नायिका प्रेम के प्रति अज्ञानी होती है और अपने यौवन के प्रति अनजान होती है।

मध्या: यह नायिका प्रेम के प्रति जागरूक होती है और अपने प्रिय के प्रति आकर्षित होती है।

प्रगल्भा: यह नायिका अपने प्रेम के प्रति स्वतंत्र और दृढ़ होती है।

इनके अलावा, नायिकाओं के अन्य प्रकार भी हैं, जैसे कि:

अभिसारिका: यह नायिका अपने प्रिय से मिलने के लिए तैयार रहती है।

शठ: यह नायिका अपने प्रिय से मिलने के लिए बहाने बनाती है।

यह पुस्तक नायिकाओं के स्वभाव और उनके व्यवहार का एक विस्तृत अध्ययन है। यह साहित्य में नायिका की भूमिका को समझने में सहायता करती है।"

१४ वर्ष की अवस्था में उत्कृष्ट साहित्य का सृजन करना उनकी साहित्य के प्रति समर्पण की भावना को प्रकट करता है। संभाजी ने साहित्य सृजन कर अपनी योग्यता और प्रतिभा को सिद्ध किया। उन्होंने निर्माणात्मक सृजनात्मक विचारों से साहित्य का निर्माण किया। वास्तव में निर्माणात्मक और सृजनात्मक विचारों से ओतप्रोत साहित्य का निर्माण करना भारत की प्राचीन परंपरा है। यह भारत की ऋषि परंपरा है। इस प्रकार की परंपरा का संभाजी के काल तक बने रहना अपने आप में बहुत महत्वपूर्ण है। इसे आप ऐसे भी कह सकते हैं कि संभाजी महाराज ने अपने आप को भारत के गौरवशाली अतीत के साथ जोड़कर वैसा ही साहित्य सृजित करने का प्रयास किया जैसा साहित्य सृजन हमारे ऋषि लोग किया करते थे। माना जा सकता है कि ऋषियों की साधना बहुत ऊंची थी, इसलिए उनके द्वारा लिखित साहित्य भी बहुत ऊंचे स्तर का था। परंतु उनका अनुकरण करना भी अपने आप में बहुत महत्वपूर्ण है। इसका महत्व हमको तब पता चलता है जब हम देखते हैं कि समकालीन साहित्यकारों पर अरबी फारसी का भयंकर प्रभाव पड़ चुका था। उनकी लेखनी अपने धर्म के साथ न्याय नहीं कर पा रही थी। भारतीयता उनसे कहीं दूर हो गई थी और वह चाटुकारिता पूर्ण शैली में लिखने के अभ्यासी हो गए थे। अधिकांश लेखकों की इस प्रकार की मानसिकता ने भारतीय साहित्य सृजन की उत्कृष्ट कला को प्रभावित किया। जब यह सब कुछ चल रहा था, तभी संभाजी जैसे विद्वान राजा का लेखन के प्रति समर्पित होना सचमुच हम सबके लिए गर्व और गौरव का विषय है। इस प्रकार अपने संभाजी राजे को एक विद्वान, सुसंस्कृत और भारतीयता के प्रति समर्पित लेखक अथवा कवि के रूप में भी हमें मान्यता देनी चाहिए।

अध्याय - ८

प्रजाहितकारी शासक संभाजी

संभाजी के पिता छत्रपति शिवाजी महाराज सनातन धर्म के रक्षक थे। उन्होंने जीवन भर सनातन की रक्षा के लिए कार्य किया। सनातन उनके रोम-रोम में समाया हुआ था। राजा रहते हुए उन्होंने जनसेवा के अनेक कार्य किये। सबसे बड़ी बात थी कि उस समय की अत्याचारी मुगल सत्ता भी शिवाजी के नाम से भय खाने लगती थी। उन्होंने दक्षिण के अनेक मुस्लिम सुल्तानों को अपने भय से कंपा दिया था। उनके रहते किसी भी अत्याचारी मुस्लिम शासक को हिंदुओं पर अत्याचार करने से पहले एक बार नहीं दस बार सोचना पड़ता था। इस प्रकार वह धर्म रक्षक के रूप में उभर कर सामने आए। उन्होंने हिंदू धर्म स्थलों की रक्षा की। लोगों को स्वतंत्रता पूर्वक अपने धार्मिक क्रियाकलाप करने के लिए एक अच्छा परिवेश उपलब्ध कराया। यहां तक कि मुस्लिम शासकों के यहां भी हिंदुओं के संभावित विद्रोह के दृष्टिगत मुस्लिम शासकों की ओर से उनको पहले की अपेक्षा कुछ राहत अनुभव होने लगी।

प्रजा हित चिंतन करे, राजा वही महान।
संभा जी इतिहास में, सकल गुणों की खान।।

सनातन धर्मी हिंदुओं को शिवाजी महाराज की उपस्थिति से ऐसा अनुभव होने लगा कि उनके ऊपर एक विशेष सत्ता विशेष शक्ति के रूप में विराजमान है। फलस्वरुप लोगों के मन में मुगलों का भय समाप्त हुआ। लोगों का मान-सम्मान बढ़ाने में शिवाजी महाराज ने किसी प्रकार का संकोच नहीं किया।

विदेशी शासक जिस प्रकार अपना मनमाना व्यवहार हिंदुओं के विरुद्ध करते आ रहे थे, उस पर बहुत अधिक सीमा तक प्रतिबंध लगाने में शिवाजी महाराज सफल हुए। उन्होंने अनेक म्लेच्छों को अनेक प्रकार के कष्ट दिए। उनका यह कार्य विशेष रूप से म्लेच्छों के विरुद्ध किया गया था जो हिंदुओं का किसी न किसी प्रकार से हिन्दू समाज का शोषण

कर रहे थे। शिवाजी महाराज के इस प्रकार के महान कार्यों को देखकर लोग उन्हें शिव का अवतार मानने लगे थे। अनेक कवियों ने उनका गुणगान इसी रूप में किया है। उनके प्रति लोगों में श्रद्धा का भाव उत्पन्न हुआ। क्योंकि बहुत समय के पश्चात एक ऐसा सुयोग्य शक्तिशाली शासक उन्हें शिवाजी के रूप में मिला था जो उनकी हर प्रकार से सहायता करने के लिए अपने आप को समर्पित किये रखता था।

संभाजी महाराज का महत्व इसलिए और भी अधिक बढ़ जाता है कि वह सनातन धर्म की सेवा उस काल में कर रहे थे जिस काल में सनातन का सबसे बड़ा शत्रु औरंगज़ेब हिंदुस्तान का बादशाह बना बैठा था। उस समय उसके साम्राज्य को कोई चुनौती देने वाला नहीं था, परन्तु संभाजी महाराज ने यह भ्रम तोड़ दिया था और हिंदू समाज को जागृत और ऊर्जावान बनाए रखने में उन्होंने उस काल में अप्रतिम योगदान दिया था। उन्होंने सनातन को मानने वाले प्रत्येक बालक, प्रत्येक युवा और प्रत्येक वृद्ध को गले लगाया।

पिता के अनुगामी बने संभाजी

अपने पिता शिवाजी महाराज की नीतियों का अनुसरण करते हुए संभाजी ने अपनी कार्य योजना को आगे बढ़ाया।

उन्होंने छत्रपति शिवाजी महाराज द्वारा लागू की गई जनहितकारी नीतियों पर कार्य करना आरंभ किया। उन्होंने शिवाजी महाराज के "सनातन धर्म-बचाओ अभियान" को नई गति प्रदान की। संभाजी महाराज का यह कार्य इसलिए और भी अधिक महत्वपूर्ण हो जाता है कि उस समय जयसिंह जसवंत जैसे अनेक ऐसे राजपूत राजा महाराजा थे, जो मुगल बादशाह औरंगजेब की आरती उतारने में लगे हुए थे। उन लोगों को मुगलों की सूबेदारी करने में भी आनंद की अनुभूति हो रही थी। उनका लक्ष्य जीवन के भोग ऐश्वर्य में डूबकर मर जाना था, जबकि संभाजी महाराज अपने पिता शिवाजी द्वारा प्रज्ज्वलित की गई ज्योति को और भी अधिक दीप्तिमान कर देना चाहते थे। वह कोटि-कोटि जनों को भय, भूख और भ्रष्टाचार के समुद्र से बाहर निकालने के लिए संकल्पित थे।

कुछ लोग उस समय चैन की नींद सो रहे थे

आलस्य और प्रमाद में देशभक्ति से मुंह फेर कर बैठ गए थे, जबकि संभाजी महाराज ने अपना जीवन जनता जनार्दन को चैन से नींद आए- इस संकल्प के प्रति बांधकर रख दिया था। उस समय मेवाड़ का राजघराना ऐसा था जो मुगलों से युद्ध करता आ रहा था और आज भी उसे मुगलों के विरुद्ध खड़े रहने में किसी प्रकार की आपत्ति नहीं थी। फलस्वरुप

इसी राजघराने से निकला संभाजी महाराज का अपना घराना भी अपनी पुरानी परंपराओं को मजबूती के साथ पकड़े खड़ा था।

अपने बाहुबल, आत्मबल और मनोबल से स्थापित की गई अपनी राजधानी रायगढ़ में छत्रपति शिवाजी महाराज एक स्वतंत्र और सार्वभौम राजा थे। रायगढ़ उन दिनों शेर की मांद बन चुकी थी, जिसमें हाथ डालना किसी के वश की बात नहीं रह गई थी।

हम सभी जानते हैं कि छत्रपति शिवाजी महाराज ने १६७४ से लेकर १६८० ई० तक शासन किया था। उन्होंने जिस प्रकार वीरता और साहस के साथ औरंगजेब के लिए एक बड़ी चुनौती खड़ी की थी, उसके दृष्टिगत औरंगजेब का कभी यह साहस नहीं हुआ कि वह सीधे जाकर छत्रपति शिवाजी महाराज की चुनौती को स्वीकार करे। संभाजी महाराज इस बात को भली प्रकार जानते थे कि उनके पिता ने जिस प्रकार औरंगजेब के लिए बड़ी चुनौती खड़ी की थी, उसका अर्थ क्या है अर्थात वह जानते थे कि उन्हें भी अपने पिता के पदचिह्नों पर चलते हुए औरंगजेब के लिए उसी प्रकार की चुनौती खड़े किये रखना है, जिस प्रकार की चुनौती कभी शिवाजी महाराज ने खड़ी की थी। जैसे औरंगजेब छत्रपति शिवाजी महाराज के रहते हुए दक्षिण में जाने से डरता था, वैसा ही डर उसके भीतर संभाजी के रहते बना रहे, इस बात के प्रति वह भली प्रकार जागरूक थे।

संभाजी महाराज ने यह भी देखा था कि दक्षिण में किस प्रकार शिवाजी महाराज ने अनेक राजपूत सरदारों को धूल चटाई थी? उन्होंने यह भी देखा था कि अफजल खान और शाइस्ता खान के साथ उन्होंने किस प्रकार का व्यवहार किया था? उन्हें यह भी भली प्रकार ज्ञात था कि शिवाजी महाराज के रहते किस प्रकार मुगलों के बड़े-बड़े शूरमा शिवाजी के नाम से थर-थर कांपते थे? यही कारण था कि संभाजी महाराज ने इन सब बातों पर विचार करते हुए अपने व्यक्तित्व को उतना ही विशाल बनाने का प्रयास किया, जितना उनके पिता का था।

विषम स्थिति का धैर्यपूर्वक किया सामना

जब ३ अप्रैल १६८० को शिवाजी महाराज की मृत्यु हुई तो संभाजी की सौतेली माँ सोयराबाई ने उनके सौतेले भाई राजाराम को मराठा साम्राज्य का अगला उत्तराधिकारी बनाने का प्रयास किया था। यह विषम स्थिति संभाजी के लिए एक चुनौती थी। जिसका उन्होंने बहुत ही समझदारी के साथ सामना किया। छत्रपति शिवाजी महाराज के पश्चात जब संभाजी ने राजकाज संभाला तो उन्होंने अपने भाई राजाराम को राजकुमार घोषित किया। ऐसा करके उन्होंने अपने घरेलू कलह पर नियंत्रण स्थापित करने में सफलता प्राप्त

की। उनका यह कार्य बहुत ही दूरदर्शिता पूर्ण था। उनके इस प्रकार के कार्य से यह भी पता चलता है कि वह परिवार में किसी प्रकार का तनाव नहीं चाहते थे। वह भली प्रकार जानते थे कि घरेलू कलह किस प्रकार व्यक्ति को बाधित कर देता है? उसकी प्रगति को रोकता है और उसके विशाल व्यक्तित्व को बहुत संकीर्ण कर देता है। वह मर्यादा पुरुषोत्तम राम की परंपरा को आगे बढ़ाना चाहते थे। इसलिए उन्होंने अपने भाई को अपना युवराज अथवा राजकुमार घोषित करने में किसी प्रकार का संकोच नहीं किया। उनके लिए राष्ट्र प्रथम था। सिंहासन उनके लिए प्राथमिकता पर नहीं था। उस समय मुगलों में जहां राजगद्दी को प्राप्त करने के लिए युद्ध होते थे और अपने ही सगे भाइयों की हत्या करके मुगल शहजादे गद्दी प्राप्त करते थे, उस नीचता पूर्ण आचरण पर मानो छत्रपति संभाजी महाराज का यह एक करारा तमाचा था। जिन्होंने यह स्पष्ट कर दिया था कि ऐसी गंदी राजनीति के दौर में भी वह राम की परंपरा के संदेशवाहक हैं, अर्थात भाई को मारना उनके लिए पाप है और भाई की शक्ति को सहेजकर राष्ट्रहित में उसका उपयोग करना उनके लिए गौरव का विषय है।

परिवार के साथ समन्वय का किया प्रयास

यही कारण था कि वे परिवार के लोगों का सम्मान करके आगे बढ़ना चाहते थे। संभाजी महाराज के इस प्रकार के उदारता पूर्ण दृष्टिकोण का प्रभाव यह हुआ कि उनकी विमाता अर्थात राजकुमार राजाराम की माता भी उनके प्रति विनम्र हो गई।

इसका दूसरा लाभ यह हुआ कि उन्हें औरंगजेब के विरुद्ध अपने आपको एक शक्तिशाली शासक के रूप में खड़ा करने में सहायता मिली। उनकी समग्र शक्ति का संचयन हुआ और उन्होंने पूर्ण मनोयोग से विदेशी मुगल बादशाह को सक्षम चुनौती देने में सफलता प्राप्त की। इससे पूर्व मुगल बादशाह औरंगजेब को कहीं ना कहीं से यदि ऐसी सूचनाऐं मिल रही होंगी कि छत्रपति शिवाजी महाराज के पश्चात उनके साम्राज्य का भवन घरेलू कलह के कारण भरभराकर गिर जाएगा तो संभाजी महाराज द्वारा अपनाई गई इस प्रकार की उदारतापूर्ण नीतियों को देखकर उसे भी धक्का लगा होगा।

हमें यह ध्यान रखना चाहिए कि शत्रु को केवल युद्ध क्षेत्र में ही नहीं पराजित किया जाता है, उसे पराजित करने के लिए कई बार उसकी मनोभूमि पर उगने वाली उसकी विचार शक्ति की फसल को रौंदकर भी युद्ध जीते जाते हैं। शिवाजी की मृत्यु के उपरांत औरंगजेब की मनोभूमि पर जिस प्रकार की विचार शक्ति अपना रंग दिखा रही थी, उसे संभाजी ने किसी नई फसल के रूप में उगने से ही रोक दिया।

यद्यपि उनकी इस प्रकार की सद्भाव पूर्ण नीतियों का उनके विरोधियों ने सही प्रति उत्तर

नहीं दिया। फलस्वरुप उन्होंने सोयराबाई, शिर्के परिवार के उनके समर्थकों और शिवाजी के मंत्रियों को भी उनकी हत्या का षड़यंत्र रचने के लिए मार डाला था।

परिजनों को डाला जेल में

शासन सूत्र अपने हाथों में संभालने के कुछ कालोपरांत ही संभाजी महाराज ने यह स्पष्ट कर दिया कि वह शिवाजी महाराज के उत्तराधिकारी हैं। उनकी इस प्रकार की नीति रणनीति और राजनीति को देख कर न केवल औरंगजेब को झटका लगा था बल्कि उनके अन्य विरोधी भी उन्हें इस रूप में देखकर दंग रह गए थे। संभाजी महाराज ने अपनी सौतेली मां सोयराबाई का दिल जीत कर उन्हें अपने साथ जोड़ने में तात्कालिक आधार पर ही सही परंतु सफलता प्राप्त की। यद्यपि उनका यह प्रयास पूर्णतया सफल नहीं हुआ। क्योंकि कालांतर में उन्हें अपनी इस विमाता को नजर कैद में भी रखना पड़ा था। इसका कारण यह था कि छत्रपति शिवाजी महाराज की यह रानी निरंतर अपनी राजद्रोही गतिविधियों में लगी रही। इसके उपरांत भी संभाजी महाराज ने उसे नजरकैद करने तक ही सीमित रखा। इसके अतिरिक्त किसी प्रकार के अन्य अमानवीय अत्याचार उस पर नहीं किये। इस रानी के साथ राजाराम की पत्नी जानकीबाई को भी संभाजी ने नजरकैद किया था।

येसुबाई उपनाम जीवूबाई संभाजी महाराज की पत्नी थीं।

यह विवाह शिवाजी के रहते ही हो गया था। जिससे शिवाजी महाराज को कोंकण क्षेत्र पर नियंत्रण स्थापित करने में सफलता मिली थी। शाहू प्रथम संभाजी राजे और येसुबाई के सबसे बड़े पुत्र थे। अपने राज्याभिषेक के समय ही संभाजी ने पन्हाला किला और रायगढ़ किला जीत लिया था। २० जुलाई, १६८० को उनका राज्याभिषेक किया गया। इस समय उसी प्रकार का आयोजन किया गया था, जिस प्रकार के आयोजन हमारे आर्य सनातनी राजा प्राचीन काल से करते आ रहे थे।

इस दिन उन्होंने मराठा साम्राज्य के द्वितीय छत्रपति का दायित्व ग्रहण किया। वास्तव में यह कांटों का ताज था, जिसे ग्रहण करना उस समय बहुत बड़ी चुनौती को स्वीकार करना था। परन्तु संभाजी भी शिवाजी के पुत्र थे। इसलिए चुनौती से भागना उनके स्वभाव में सम्मिलित नहीं था।

राजा बनने के साथ उन्होंने "शककर्ता" ओर "हिंदवी धर्मोद्धारक" उपाधि धारण की। इस उपाधि से ही स्पष्ट है कि वह धर्म की रक्षा करने को प्राथमिकता देते थे। सनातन की सेवा करना उनके जीवन का लक्ष्य था और सनातन धर्मी हिंदुओं के लिए संरक्षक बनकर रहना उनके राजधर्म का सबसे बड़ा और सबसे पहले कर्तव्य था। उन्होंने अपनी राजमुद्रा

पर लिखवाया था कि :-

श्री शम्भो: शिवजात मुद्रास्य द्यौरिव राजते।
यदंकसेविनी लेखा वर्तते कस्य नोपरि।।

अर्थात: *"भगवान शिव के भक्त और शिवाजी के पुत्र शंभाजी का राज्य आकाश तक फैला है और सभी प्रजाजनों के लिए हितकारी है।"*

उनकी राजमुद्रा पर अंकित इस शब्दावली से स्पष्ट है कि प्रजाजनों का हित करना उनके लिए प्राथमिकता थी। यही कारण था कि छत्रपति शिवाजी महाराज की लोक कल्याणकारी नीतियों का अनुगमन करते हुए उन्होंने सत्ता संभालते ही कई जनकल्याण के कार्य किए। उन्होंने लोगों की समस्याओं की ओर ध्यान देते हुए सार्वजनिक मार्गों का निर्माण कराया। उन्होंने जल निकास की व्यवस्था पर भी विशेष ध्यान दिया। किसानों के प्रति उनके हृदय में विशेष सहानुभूति थी। वह जानते थे कि किसान के साथ किस प्रकार का व्यवहार किया जाना चाहिए?

यही कारण था कि उन्होंने किसानों के ऊपर चले आ रहे कर को कम करने का निर्णय लिया। इसके अतिरिक्त लोगों को नि:शुल्क उपचार और औषधि उपलब्ध कराने पर भी विशेष ध्यान दिया।

❍

अध्याय - ९

वैदिक धर्म का सेवक छावा संभाजी

मनु महाराज सृष्टि के पहले राजा हुए हैं। उन्होंने अपने अमर ग्रंथ 'मनुस्मृति' के सातवें अध्याय में राजधर्म का प्रतिपादन किया है। वह राजा की उत्पत्ति के दैवीय सिद्धांत के प्रतिपादक ऋषि हैं। महर्षि मनु की मान्यता है कि सृष्टि के प्रारंभ में एक अवस्था ऐसी थी जब न कोई राज्य था और न कोई राजा था। इसके अभाव में दण्ड व्यवस्था भी नहीं थी। उस समय धर्म का राज्य था। परन्तु धीरे-धीरे व्यवस्था में विकार उत्पन्न हुआ। उस विकार ने राष्ट्र में आसुरी प्रवृत्तियों को अपना खेल दिखाने का अवसर प्रदान किया। जिसका परिणाम यह निकला कि राष्ट्र में अशांति व्याप्त होने लगी। चारों ओर भय का वातावरण व्याप्त हो गया। चारों ओर अराजकता व्याप्त हो गई। लोग एक दूसरे के अधिकारों का अतिक्रमण करने लगे। एक दूसरे के धन को हरने का प्रयास करने लगे। इसके अतिरिक्त ज्ञान विज्ञान के प्रति भी लोगों में नीरसता का भाव बनने लगा। ऋषि मुनियों और भद्र पुरुषों के साथ असभ्य आचरण करना एक सामान्य सी बात हो गई। इस प्रकार के परिवेश में सर्वत्र अमानवीय व्यवहार और आचरण बढ़ने लगा।

न कोई राजा था वहां, न कोई राज्य विचार।
नीति नियंता थे सभी, न्याय धर्म अनुसार।।

जब कोई व्यक्ति इस प्रकार की चुनौती भरी परिस्थितियों और परिवेश के बीच आकर उपस्थित होता है तो वह लोगों के लिए किसी मसीहा से कम नहीं होता है। उसे लोग देवदूत कहते हैं। भारत में लोग उसे कभी-कभी अवतार भी कहते हैं। जिन-जिन राजाओं, महाराजाओं अथवा सम्राटों ने इस प्रकार की उपस्थित परिस्थितियों का अथवा चुनौतियों का सामना करने के लिए अपने आप को प्रस्तुत किया है, वे इतिहास की अनमोल धरोहर के रूप में जाने जाते हैं।

राज्याभिषेक के समय की परिस्थितियों

हम सभी जानते हैं कि जिस समय संभाजी का राज्याभिषेक हुआ था, उस समय देश की परिस्थितियां बहुत विकट थीं। देश लुटेरों के हाथों में था। सत्ता प्रतिष्ठानों पर जिन लोगों का कब्जा था, उनकी मानसिकता में डकैती का भाव भरा हुआ था। लुटेरे, बदमाश, हत्यारे और बलात्कारी लोग राजा बने बैठे थे। स्पष्ट है कि ये सारी परिस्थितियां भारत की राज्यपरंपरा के विरुद्ध थीं। इससे जूझना और सामान्य स्थिति स्थापित करना समय की आवश्यकता थी। बस, इसी कसौटी पर समकालीन लोकप्रिय शासक की परीक्षा होनी थी। उसके साहस, उसके धैर्य, उसके संयम और उसके शौर्य की परीक्षा होनी थी। उसकी विवेकशीलता, उसके चरित्र, उसके व्यक्तित्व और उसके कृतित्व को अग्नि परीक्षा से निकलना था। उसे अपने आप को सिद्ध करना था कि वह सचमुच में भारतीय राज्य परंपरा में एक शासक के गुणों से आपूरित है, या नहीं। इस प्रकार की परीक्षाओं के लिए हमारे इतिहास नायक संभाजी ने अपने पिता शिवाजी के पश्चात अपने आपको सहर्ष प्रस्तुत कर दिया।

स्वायंभुव मनु की 'मनुस्मृति' के अनुसार राजा को इंद्र अथवा विद्युत के समान ऐश्वर्यकर्ता होना चाहिए। उसे पवन के समान प्राणवत प्रिय और हृदय की बात जानने वाला,यम के समान पक्षपात रहित न्यायाधीश, सूर्य के समान न्याय, धर्म विद्या का प्रकाश करने वाला अग्नि के समान दुष्टों को भस्म करने वाला, वरुण के समान दुष्टों को अनेक प्रकार से बांधने वाला, चंद्र के समान श्रेष्ठ पुरुषों को आनन्द देने वाला, कुबेर के समान कोषों को भरने वाला होना चाहिए।

हिंदुओं का धर्मांतरण और संभाजी

संभाजी महाराज ने अपने राज्य में हिंदुओं के हो रहे धर्मांतरण पर गंभीर चिंतन मंथन किया। यद्यपि शिवाजी महाराज ने अपने शासनकाल में इस ओर ध्यान दिया था, परंतु संभाजी महाराज इस क्षेत्र में अपने पिता से भी एक कदम आगे बढ़े। उन्होंने इस प्रक्रिया को प्रतिबंधित करने का सराहनीय प्रयास किया। जिन लोगों का धर्मांतरण हो चुका था उनके 'घर वापसी' सुनिश्चित की।

आज के प्रचलित इतिहास में संभाजी महाराज के धर्मांतरण संबंधी दृष्टिकोण पर मौन साध लिया जाता है। इस प्रकार का आचरण करते हुए इतिहास लेखक कथित मध्यकालीन मुगल भारत में किए गए धर्मांतरण के खेल को छुपाने का प्रयास करते हैं।

घात किया निज देश से, पाप छुपाए खूब।
मुगल निकट के मानकर, अपने भगाए दूर।।

उनकी इस प्रकार की चोरी की प्रवृत्ति के कारण हम अपने इतिहास नायक संभाजी के साथ न्याय नहीं कर पाए हैं। इसका दुष्परिणाम यह निकला है कि हमारी युवा पीढ़ी हमारे पूर्वजों के प्रति इस प्रकार का दृष्टिकोण बना चुकी है कि उन्होंने समय रहते धर्मांतरण जैसी बीमारी का समुचित उपचार नहीं किया। यही कारण है कि संभाजी महाराज जैसे धर्म-प्रेमी और धर्मानुरागी राजाओं का पुरुषार्थ हमारे समक्ष प्रकट नहीं हो पाता।

सनातन के प्रति अपने आप को समर्पित करने वाले संभाजी महाराज ने मुसलमानों द्वारा हिंदुओं के किए गए धर्मांतरण के विरुद्ध कठोर दृष्टिकोण अपनाया था। उनका हरसंभव प्रयास रहा कि हिंदुओं को मुस्लिम बनने से रोका जाए और जो शक्तियां हिंदुओं का धर्मांतरण कर सनातन को दुर्बल करने के कार्यों में लगी हुई थीं, उनके विरुद्ध कठोर कार्यवाही की जा सके। वास्तव में संभाजी जैसे इतिहासनायकों के कारण ही मध्यकाल के कथित मुगल काल में बड़ी संख्या में हो रहे हिन्दुओं के धर्मांतरण के खेल के उपरांत भी हिंदू अस्तित्व को बचाने में हम सफल हो पाए थे। यदि इन इतिहासनायकों के द्वारा उस समय हिंदू अस्तित्व को बचाने के सुरक्षा प्रबंध नहीं किए जाते तो भारत आज भारत के रूप में हमको कहीं दिखाई ही नहीं देता। तब बहुत संभव था कि यह सारा भूखंड 'पाकिस्तान' ही होता।

अलग विभाग किया स्थापित

संभाजी महाराज ने उन मुसलमानों को फिर से हिंदू समाज में सम्मिलित करने के लिए समितियों का गठन किया जो किसी भी कारण से अतीत में हिंदू वैदिक धर्म को त्यागकर मुसलमान बन गए थे, या जबरन मुसलमान बना लिए गए थे।

इसके लिए संभाजी ने एक अलग विभाग स्थापित किया था।

इस विभाग के लोगों का कार्य यही था कि वह ऐसे पीड़ित लोगों की पीड़ा का निवारण करें जो हिंदू से मुस्लिम बनने के पश्चात उस समाज में अपने आपको किसी भी दृष्टिकोण से उत्पीड़ित समझ रहे थे या जिनके भीतर अपने मूल धर्म में लौटने की प्रेरणा शक्ति कार्य कर रही थी। समकालीन भारत में

ऐसी अनेक घटनाएं हैं, जब किसी राजा को किसी धर्मांतरित हिंदू की घर वापसी करने से समाज के कुछ धर्माधीशों ने रोक दिया था। उन्होंने राजा को डराया धमकाया और धर्मभीरू राजा की दुर्बल मानसिकता का लाभ उठाकर अपने धर्मांतरित हिंदू भाइयों को मुसलमान बने रहने के लिए ही अभिशप्त कर दिया। धर्माधीशों की इस प्रकार की प्रवृत्ति के कारण हिंदू समाज का भारी अहित हुआ है। यह हमारे लिए बहुत ही प्रसन्नता का विषय

है कि छत्रपति शिवाजी महाराज और उनके पुत्र संभाजी महाराज ने धर्माधीशों के किसी भी प्रकार के पाखंडी दृष्टिकोण में फंसने से इनकार कर दिया। उन्होंने लोगों के धर्मांतरण की प्रक्रिया को गंभीरता से लिया, इसके साथ ही इस प्रकार की अमानवीय प्रवृत्ति के विरुद्ध स्वतंत्र निर्णय लेने का साहस दिखाया। तनिक कल्पना कीजिए कि यदि संभाजी महाराज की धर्माधीशों की धमकियों में आ गए होते तो क्या होता? इतना तो निश्चित है कि जब वह इस प्रकार के निर्णय ले रहे होंगे तो कई धर्माधीशों की गद्दियां हिल गई होंगी। उनकी मान्यताओं ने उनके विरुद्ध विद्रोह किया होगा। उनके शिष्यों ने अपने पाखंडी धर्म गुरुओं की ओर इस आशा से देखा होगा कि वह निश्चय ही राजा को अपने प्रभाव में लेंगे और धर्मांतरित हिंदुओं को फिर से हिंदू बनने से रोक देंगे। इसके लिए कई प्रकार के दबाव संभाजी महाराज को झेलने पड़े होंगे। उन सारे दबावों को झेलकर भी उन्होंने अपने निर्णय पर अडिग रहने का साहस दिखाया। यही उनके व्यक्तित्व की वह विशेषता है, जो उन्हें समकालीन हिंदू राजाओं में सर्वश्रेष्ठ सिद्ध करती है।

किसी भी राजा के लिए समकालीन समाज की चुनौतियों का सामना करना परम आवश्यक होता है। यदि कोई राजा उन चुनौतियों का सामना कर उनका उत्तर खोजने में सफल होता है तो वह इतिहास नायक बन जाता है। इसके विपरीत जो शासक इन चुनौतियों से मुंह फेरकर भागता है, उसे इतिहास कायर के रूप में देखने लगता है। उसकी निष्क्रियता, निकम्मापन और चुनौतियों के प्रति उदासीनता का भाव उसे कायर बना देता है। जबकि पहले वाले की उपस्थित समस्याओं के प्रति त्वरित निर्णय लेने की प्रवृत्ति उसे इतिहास नायक बना देती है। इतिहास की प्रतियोगिता में वही टिक पाता है जो समाज की चुनौतियों के लिए स्वयं चुनौती बनकर खड़ा हो जाता है।

जिस समय औरंगजेब धड़ाधड़ हिंदुओं के यज्ञोपवीत उतरवा रहा था और उन्हें या तो तलवार के घाट उतार रहा था या फिर इस्लाम में दीक्षित कर रहा था, उस समय कितनी बड़ी संख्या में हिंदुओं का धर्मांतरण किया गया होगा? - यह सहज ही अनुमान लगाया जा सकता है। इस समय हिंदुओं की घर वापसी का कार्यक्रम तैयार करना और उसके लिए अपने राज्य में अलग से एक विभाग स्थापित कर देना संभाजी महाराज की दूरदर्शिता का प्रतीक है। वास्तव में हमें अपने इन इतिहासनायकों को ही भारत रत्न मानना चाहिए। क्योंकि उन्होंने भारत की आत्मा के साथ सहकार स्थापित कर अपनी आंतरिक आध्यात्मिक और दिव्य शक्तियों को मां भारती की सेवा में समर्पित कर दिया था। इस प्रकार की दिव्य शक्तियों से भरपूर संभाजी महाराज के इतिहास की एक घटना है, जब हरसूल गाँव के 'कुलकर्णी' नामक एक ब्राह्मण को मुगलों ने जबरन मुसलमान बना लिया

था। इस ब्राह्मण ने उस समय तो इस्लाम को स्वीकार कर लिया, परंतु उनकी आत्मा उन्हें फिर से वैदिक हिंदू धर्म में लौटने की प्रेरणा दे रही थी। इसके लिए वह उचित समय की प्रतीक्षा कर रहे थे। समय आने पर उन्होंने अपनी पीड़ा संभाजी के समक्ष रखी। इससे पूर्व उन्होंने अपने स्तर पर वैदिक हिंदू धर्म में लौटने का प्रयास किया, परंतु वह उसमें सफल नहीं हो पाए। समस्या वही थी कि स्थानीय ब्राह्मणों ने उन्हें हिंदू धर्म में लौटने की अनुमति प्रदान नहीं की।

इसके उपरांत भी उस ब्राह्मण ने हार नहीं मानी और वह निरंतर अपने धर्म में लौटने के लिए प्रयास करते रहे। उन दिनों स्थानीय ब्राह्मण का विरोध मोल लेना बड़ा कष्टप्रद होता था।

यदि कथित ब्राह्मण लोगों का धर्मांतरित हिंदुओं की घर वापसी के प्रति लचीला दृष्टिकोण होता तो हमारा इतिहास कुछ दूसरा ही होता। इन्होंने लोगों की घर वापसी के लिए कई प्रकार के कठोर नियम बना दिए थे। उन कठोर नियमों की परीक्षा को उत्तीर्ण करना हर किसी के वश की बात नहीं थी।

ऐसी परिस्थितियों में आप कल्पना कीजिए कि जब इस प्रकार की धर्म विरोधी धर्मसत्ता लोगों की घर वापसी के मार्ग में अवरोध उत्पन्न करते हुए उनके गले की फांस बन चुकी थी, तब संभाजी महाराज जैसे लोगों का धर्मांतरण संबंधी इन कठोर नियमों की ओर तनिक भी न देखना लोगों के लिए कितना सुखद रहा होगा? इस प्रकार संभाजी महाराज को धर्म सुधारक भी मानना चाहिए। उन्हें समाज सुधारक के रूप में भी देखा जाना चाहिए और सनातन धर्म के उद्धारक के रूप में भी देखा जाना चाहिए। उन्हें परमार्थी पुरुषार्थी राजा के रूप में भी देखा जाना चाहिए। उन्हें समाज हितचिंतक के रूप में भी देखा जाना चाहिए और उन्हें वेद धर्म रक्षक के रूप में भी देखा जाना चाहिए।

अंत में, जिस कुलकर्णी ब्राह्मण को उस समय की निर्मम समाज सत्ता और धर्म सत्ता हिंदू समाज में सम्मिलित होने से रोक रही थी, उस ब्राह्मण ने संभाजी महाराज से भेंट की। इस ब्राह्मण ने धर्मानुरागी संभाजी महाराज को अपनी सारी व्यथा कथा सुनाई। इसके साथ ही उन्हें इस बात से भी अवगत कराया कि वह अपने मूल वैदिक धर्म में लौटने के लिए आतुर है। परंतु निर्मम समाज सत्ता और धर्म सत्ता उसे हिंदू धर्म में लौटने नहीं दे रही है।

संभाजी महाराज ने उस कुलकर्णी ब्राह्मण की वेद धर्म के प्रति निष्ठा को देखा। अपने मूल वैदिक धर्म में लौटने की उसकी अंत:प्रेरणा शक्ति को पहचाना। उसकी मनोदशा और मनोव्यथा को परखा। जब उन्हें इस बात का विश्वास हो गया कि वह वास्तव में ही अपने मूल वैदिक धर्म में लौटना चाहता है तो उन्होंने उस ब्राह्मण को फिर से वैदिक धर्मी बनाने

में तनिक भी विलंब नहीं किया। उन्होंने उस ब्राह्मण को इस बात का विश्वास दिलाया कि वह शीघ्र ही उसके फिर से वैदिक धर्मी बनने का मार्ग प्रशस्त करेंगे। परन्तु इसके लिए वह कुछ विशेष तैयारी करने के लिए थोड़ा समय लेना चाहेंगे। संभाजी महाराज के इस निर्णय को सुनकर वह कुलकर्णी ब्राह्मण अत्यंत प्रसन्न हुआ और वह प्रसन्न मन से वहां से अपने घर लौट गया। अब उसे यह विश्वास हो गया था कि वह शीघ्र ही अपने वैदिक धर्म में लौट जाएगा।

संभाजी महाराज ने इस प्रकार की कार्यक्रमों को आयोजित करने के लिए एक विशेष विभाग का गठन किया था। अतः संभाजी महाराज ने इस कुलकर्णी ब्राह्मण के घर वापसी के कार्यक्रम के लिए विशेष कार्यक्रम की तैयारी करने का निर्देश अपने संबंधित विभाग को दिया। एक भव्य समारोह का आयोजन किया गया। जिसमें उन्होंने उस ब्राह्मण को फिर से वैदिक धर्मी बनवाया। इस प्रकार के कार्यक्रम का आयोजन मात्र इसलिए किया गया था कि ऐसा करने से अन्य लोगों को भी प्रेरणा मिलना स्वाभाविक था। जो लोग इस्लाम के पक्ष में बैठे होकर भी अपने घर लौटना चाहते थे, उनके लिए इस प्रकार के कार्यक्रम बहुत ही ऊर्जाप्रद होते थे। आगे चलकर यही हुआ जब अनेक लोगों ने इस ब्राह्मण का अनुकरण करते हुए संभाजी महाराज के माध्यम से फिर से वैदिक धर्मी बनने का लाभ उठाया।

इस प्रकार के अनेक कार्यक्रमों को आयोजित कर संभाजी महाराज ने यह स्थापित किया कि वह वैदिक धर्म के सेवक और रक्षक हैं। उनके इस प्रकार के कार्यक्रमों का समकालीन समाज पर बहुत सकारात्मक प्रभाव पड़ा। इस प्रकार के कार्यक्रमों से जहां हिंदू से मुसलमान बन गए लोगों को फिर से अपने घर में लौटने का अवसर उपलब्ध हुआ, वहीं जो नकारात्मक और विध्वंसक शक्तियां सनातन को मिटाने के कार्य में लगी हुई थीं, उनके कार्यों पर भी विपरीत प्रभाव पड़ा।

अध्याय - १०

बुरहानपुर और संभाजी

मध्य प्रदेश का बुरहानपुर नामक शहर आजकल एक जिला है। यह ताप्ती नदी के किनारे बसा है। मुगल काल में इस शहर का विशेष महत्व था। उस समय इस नगर को राजधानी का सम्मान प्राप्त था। बुरहानपुर की स्थापना खान देश के फारूकी वंश के पहले स्वतंत्र शासक नासिर खान द्वारा १३९९ ईस्वी में की गई थी। सबसे पहले मुगल सम्राट अकबर द्वारा इस शहर को अपने नियंत्रण में १६०१ ईस्वी में लिया गया था। उस समय इसे विशेष महत्व देते हुए मुगलों के दक्षिण भारत के साम्राज्य के मुख्यालय अथवा राजधानी के रूप में विकसित किया गया था। इस प्रकार इतिहास में पहली बार मुगल शासक अकबर ने इस शहर को विशेष महत्व दिया। बाद में औरंगजेब ने इस शहर का यह दर्जा समाप्त कर राजधानी को औरंगाबाद स्थानांतरित कर दिया था। इस शहर के विशेष महत्व को देखते हुए ही मराठों और मुगलों के बीच संघर्ष हुए। बुरहानपुर की विशेष हैसियत से यह स्पष्ट था कि वहां पर मुगलों का विशेष कोष रखा जाता था। जिस पर मराठा शासकों की दृष्टि रहती थी।

बुरहानपुर के विषय में

यही कारण था कि उन्होंने जनहितकारी नीतियों को लागू करने के दृष्टिकोण से प्रेरित होकर इस शहर को कई बार लूटा। बुरहानपुर के पास स्थित असीरगढ़ किला "दक्कन की कुंजी" के रूप में जाना जाता था। शाहजहाँ की बेगम मुमताज़ महल का निधन यहीं हुआ था और शाहजहाँ स्वयं भी बुरहानपुर में लंबे समय तक प्रवास पर रहा था। इतिहास का यह भी एक रोमांचकारी तथ्य है कि शाहजहां ने बुरहानपुर की तहसील के बदले में ही सवाई राजा जयसिंह से आगरा का तेजोमहालय मंदिर प्राप्त कर लिया था। जिसे आजकल ताजमहल के रूप में जाना जाता है। इस तथ्य का विधिवत उल्लेख 'शाहजहांनामा' में भी है।

सबूत स्वयं ही दे दिए, कौन ताज का भूप?
छुपा सके न सत्य को, तथ्य छुपाए खूब॥

छत्रपति संभाजी राजे ने अपने शासन के पहले वर्ष में ही अपनी प्रजा की दयनीय और निर्धनता की अवस्था में सुधार करने के लिए बुरहानपुर पर हमला किया। जिस समय वह राज्य सिंहासन पर बैठे थे, उस समय उनकी प्रजा की स्थिति दुर्दशा को प्राप्त हो चुकी थी। राज्य में निर्धनता से लोग दुखी थे और जहां निर्धनता होती है, वहां पर खाद्यान्न की कमी हो जाना स्वाभाविक है। अतः निर्धनता और खाद्यान्न की कमी को दूर करने के लिए उन्होंने विशेष प्रयास करने आरंभ किए। इसके लिए उन्होंने १६८० में औरंगजेब के खानदेश सुभा की राजधानी बुरहानपुर पर हमला किया।

कुशल युद्ध संचालन

इस हमला में उन्होंने जिस प्रकार युद्ध का संचालन किया, वह उनकी रणनीतिक बौद्धिकता का परिचायक है। छत्रपति बनने के बाद उनके द्वारा किसी शहर पर किया गया यह पहला आक्रमण था। इस प्रकार इस युद्ध को उन्हें हर स्थिति में जीतना ही था, अन्यथा पहले युद्ध की पराजय उन्हें एक पराजित मानसिकता का व्यक्ति बनाने में थोड़ी सी भी देर नहीं लगाती। पहली बाजी का हार जाना पूरे खेल को हार जाने के समान होता है। इसलिए युद्ध नीति के प्रति पूर्णतया सावधान होकर उन्होंने युद्ध का संचालन किया।

इसी बात से अनुमान लगाया जा सकता है कि उन्होंने छत्रपति बनने के बाद अपना यह पहला हमला कितनी सूझबूझ और समझदारी के साथ किया होगा? इस युद्ध में २०,००० मराठा वीर सैनिकों के साथ उन्होंने युद्ध के लिए प्रस्थान किया था। सुसज्जित वीर सैनिकों ने जाकर बुरहानपुर को घेर लिया था। मुगलों की राजधानी का गौरव प्राप्त किए बुरहानपुर पर हमला करना संभाजी के साहस और पराक्रम को प्रकट करता है। उन्हें भली प्रकार ज्ञात था कि यदि बुरहानपुर को परास्त किया जाता है तो इसका अभिप्राय होगा सीधे मुगल हुकूमत से शत्रुता मोल लेना। यद्यपि उनकी शत्रुता मुगल शासकों से पूर्व से ही चल रही थी, परंतु इस युद्ध के पश्चात इस शत्रुता का और अधिक बढ़ जाना स्वाभाविक था।

मराठा सैनिकों ने “हर हर महादेव” का नारा गुंजाते हुए बुरहानपुर पर आक्रमण किया और वहां पर तैनात मुगल सेना को परास्त करने में सफलता प्राप्त की। उन्होंने खानदेश में औरंगजेब की राजधानी को भी लूट लिया था।

मिली सफलता युद्ध में, महादेव का घोष।
खानदेश अपना किया, लूट लिया सब कोष॥

इस लूट में वीर मराठा सैनिकों को अतुल संपत्ति हाथ लगी। स्पष्ट था कि संभाजी महाराज का बुरहानपुर पर आक्रमण करने का उनका उद्देश्य और मनोरथ पूर्ण हो गया था। बुरहानपुर की ईंट से ईंट बजाना सीधे औरंगजेब की छाती में कील ठोकने के समान था। औरंगजेब इससे पूर्व में घटित हुई ऐसी कई घटनाओं से बुरी तरह घायल हुआ पड़ा था, जिससे उसका सम्मान नीलाम हो गया था। उदाहरण के रूप में शिवाजी का आगरा के किले से सफलतापूर्वक भाग जाना, उसके बाद स्वयं संभाजी का उसके जाल से निकल जाना, इसके साथ-साथ मुगलों के अनेक किलों को पहले शिवाजी महाराज द्वारा छीन लेना और फिर उनके पश्चात अब संभाजी के द्वारा बुरहानपुर को हस्तगत कर लेना।

औरंगजेब की नींद उड़ गई थी

औरंगजेब के बुरहानपुर पर संभाजी द्वारा किए गए इस सफल आक्रमण के परिणाम ने औरंगजेब की रात की नींद उड़ा दी थी। उसे पहले आक्रमण से ही यह पता चल गया था कि इस आक्रमण के रूप में उसके गाल पर जो तमाचा पड़ा है, वह किसी शिवाजी के 'छावा' का ही हो सकता है। इस तमाचे की आवाज को लोगों ने दूर-दूर तक सुना था। यह स्थिति मुगल बादशाह औरंगजेब के लिए और भी अधिक लज्जाजनक हो चुकी थी।

इस आक्रमण के माध्यम से संभाजी महाराज ने औरंगजेब को अपनी गौरवपूर्ण उपस्थिति का आभास कराया। साथ ही उन्होंने मुगल बादशाह औरंगजेब को यह भी बता दिया कि शिवाजी महाराज द्वारा जारी किए गए विजय अभियानों की इस श्रृंखला को वह और भी आगे बढ़ाएंगे। अब औरंगजेब को यह समझ लेना चाहिए कि इन विजय अभियानों का अंतिम उद्देश्य मुगल हुकूमत को देश से उखाड़ फेंकना है। क्योंकि शिवाजी महाराज का इन विजय अभियानों को जारी करने का एकमात्र उद्देश्य यही था। अब औरंगजेब को यह समझ लेना चाहिए कि शिवाजी महाराज के इस सपने के साथ कोई समझौता नहीं किया जाएगा।

मची भयंकर लूट

बुरहानपुर की लूट का यह अभियान ३१ जनवरी, १६८१ ई० से २ फ़रवरी १६८१ ई० तक चला था। यह मध्य प्रदेश के धनी शहर बुरहानपुर की लूट को संदर्भित करता है, जिसे मराठा शासक छत्रपति संभाजी महाराज ने लूटा था। छत्रपति संभाजी महाराज और सेरसेनापति सरलाशंकर हंबीरराव मोहिते की कमान में मराठा सेना ने शहर पर हमला किया और तीन दिनों तक लूटपाट की। मराठों को भारी लूट मिली और वे मुग़ल सेना से बचकर रायगढ़ लौट आए। इस लूट के बाद मराठों ने औरंगाबाद को भी लूटा। इस घटना के कारण मुग़ल बादशाह औरंगज़ेब ने अपना अभियान दक्कन की ओर मोड़ दिया, जिसके

कारण संभाजी महाराज को पकड़कर फांसी पर चढ़ा दिया गया।

*(**संदर्भ :** रिचर्ड्स, जॉन एफ. (१९९३). मुगल साम्राज्य. कैम्ब्रिज यूनिवर्सिटी प्रेस. पृ. २१७-२२३. आईएसबीएन ९७८-०-५२१-५६६०३-२)*

इस उद्धरण से स्पष्ट है कि औरंगजेब इस युद्ध में मिली अपनी पराजय को पचा नहीं पाया था। उसके लिए यह बात बहुत अधिक चिंता का विषय हो गई थी कि जिस शिवाजी से अभी पिछले वर्ष ही पिंड छुटा था, उसी का उत्तराधिकारी संभाजी उससे भी आगे जाकर हाथ मार रहा था। जिस प्रकार शिवाजी महाराज औरंगजेब के लिए एक अबूझ पहेली बने रहे थे, वैसी ही अबूझ पहेली उसके लिए संभाजी बन चुके थे। औरंगजेब अपने जीवन में कभी शिवाजी की काट नहीं ढूंढ पाया था। शिवाजी और उनके पुत्र संभाजी अर्थात दोनों पिता पुत्र उसके लिए एक जैसे ही सिद्ध हुए। बुरहानपुर जैसा क्षेत्र हाथ से निकलना और उस क्षेत्र में संभाजी के द्वारा अकूत संपदा को लूटना औरंगजेब के लिए बहुत ही पीड़ादायक बन चुका था। बुरहानपुर के सिक्के का एक दूसरा पहलू भी था और वह था यहां के स्थानीय हिंदू का होना। औरंगजेब जैसे अत्याचारी शासक के साथ उस समय देश का हिंदू समाज रहकर कतई भी प्रसन्न नहीं था। यहां के हिंदू समाज के लोगों ने हिंदू वीर मराठों का हृदय से स्वागत किया था।

इंडिया टुडे के तथ्य

संसार का यह सत्य है कि यदि आप पर-संपत्ति को लूटकर अपनी तिजोरियां भर रहे हो तो आपकी तिजोरियां भी एक दिन लूटी ही जाएंगी। मुगलों ने जितनी देर भी भारत पर शासन किया उतनी देर वह भारत की संपत्ति को लूटने में लगे रहे। देश को बर्बाद करने में उन्होंने किसी प्रकार की कमी नहीं छोड़ी। 'इंडिया टुडे' में बताया गया है कि नादिर शाह ने १८ वीं शताब्दी में दिल्ली पर आक्रमण किया और कोहिनूर हीरा और बहुत सारा धन लूट लिया, 'इंडिया टुडे' में ही यह भी बताया गया है कि इस लूट का अनुमान है आज के लगभग १०.५ लाख करोड़ रुपये के बराबर की धनराशि मुगलों ने लूटी थी। जो लोग यह कहते हैं कि मुगलों ने देश को लूटा तो यहीं पर उस धन को जनकल्याण के लिए लगा दिया, वह सरासर झूठ बोलते हैं। लूटना अलग है और जन कल्याण के लिए कोष से खर्च करना अलग चीज है।

जनकल्याण के कार्यों पर खर्च करने के लिए वह प्रजा से कर लेते थे। इसमें जजिया कर बहुत अधिक पीड़ादायक होता था। जजिया कर को भी आप लूट में ही सम्मिलित कर सकते हैं। जनता से लिया गया हुआ कर और जजिया कर दोनों को भी यदि मुगल ईमानदारी से देश के विकास कार्यों पर लगाते तो भी देश विकास की गति में बहुत आगे जा सकता था। परंतु उन्होंने इस धन को भी प्रजाहितकारी कार्यों में नहीं लगाया। इसके

अतिरिक्त जिन किलों या मंदिरों को वे लूटते थे, उनसे जो अकूत संपदा उन्हें मिलती थी, वह जनता से लिए गए सामान्य कर और जजिया कर से अलग होती थी। मुगलों के प्रति नरम दृष्टिकोण रखने वाले इतिहास लेखक इस लूट का हिसाब देना नहीं चाहते।

हंसने को हम हंस दिए पर दिल में मलाल था।
अपनों से ही शिकवा अपनों का ही ख्याल था।।

इस प्रकार के लेखकों की मानसिकता पर इतना ही कहा जा सकता है :-

अपने ही अपने हो न सके, हर मोड़ पर हमको घाव दिया।
मीठे शहद को मुंह से दूर किया, और कड़वे जहर से प्यार किया।।

हमारे देशभक्त हिंदू राजा जिनमें संभाजी महाराज का नाम भी सम्मिलित है, इस बात को भली प्रकार जानते थे कि मुगल किस प्रकार हमारे धन को लूट कर अपने खजाने में भर रहे हैं। यही कारण था कि वह अपने ही धन को वापस लेने के लिए मुगलों के ऊपर हमला करते थे। उनके खजाने को लूटते थे। इसे लूट नहीं कहा जा सकता। क्योंकि यह लूटे हुए aधन को वापस लेने का एक सात्विक वीरता भरा कार्य था।

इस हमला के बारे में इतिहासकारों की मान्यता है कि हंबीरराव मोहिते १५००० घुड़सवार सेना के साथ बुरहानपुर के पास के जंगलों में पहुँच गए। काकर खान ने नागरिक बलों को इकट्ठा किया और आधी रात को हंबीरराव पर हमला करने का फैसला किया। जैसे ही वह शहर के द्वार से बाहर आया, संभाजी ने खुद ४००० घुड़सवार सेना के साथ पुरानी खाइयों से हमला किया। संभाजी की सेना ने खराब तैयारी वाली मुगल सेना को खदेड़ दिया। फिर संभाजी ने २००-३०० सैनिकों को मुख्य शहर के द्वार पर छोड़ दिया और शहर के सबसे अमीर उपनगर बहादुरपुरा के लिए रवाना हो गए। संभाजी ने सबसे अमीर व्यापारियों के घरों को लूटना शुरू कर दिया, जो उन्हें उनके जासूसों ने दिखाए थे। हंबीरराव की सेना जल्द ही संभाजी में शामिल हो गई और संयुक्त मराठा सेना ने शहर को लूटना शुरू कर दिया। फिर हंबीरराव ने यह सुनिश्चित करने के लिए शहर के प्रवेश द्वारों को सील कर दिया कि हमले की बात न फैले। मराठों ने लगातार तीन दिनों तक शहर को लूटा। मराठों ने लगभग २ करोड़ रुपये की लूट अर्जित की।

*(**संदर्भ** : बहेकर, एसए (१९९१)। शहीद संभाजी. जलगाँव: कसाब प्रकाशन। पी. ३५३.*

भास्करन, मेधा देशमुख (2021-07-05)। संभाजी का जीवन और मृत्यु। पेंगुइन रैंडम हाउस इंडिया प्राइवेट लिमिटेड। आईएसबीएन 978-93-5492-029-5.

जोशी, पंडित शंकर (1980)। छत्रपति संभाजी, 1657-1689 ई. एस. चंद. पी. 128.)

अध्याय - ११

संभाजी का 'भारत बचाओ अभियान'

मनुस्मृति का बड़ा प्रसिद्ध श्लोक है कि :-

एतद्देश प्रसूतस्य शकासाद् अग्रजन्मन:,
स्वं-स्वं चरित्रं शिक्षरेन् पृथ्वियां सर्व मानव:।

भावार्थ- *जो विद्वान लोग भारत में पैदा हुए उन विद्वान ब्राहमणों ने अपने-अपने चरित्र से पृथ्वी के समस्त मानव- प्राणियों को शिक्षा दी। अर्थात भारत से शिक्षा प्राप्त करने के लिए संसार के कोने-कोने से लोग आते थे और अपने-अपने चरित्र को ऊंचा बनाकर यहां से लौटते थे।*

उस समय हमारे देश को आर्यावर्त के नाम से जाना जाता था।

महर्षि मनु की 'मनुस्मृति' के अनुसार आर्यावर्त के प्रदेश या जनपद -

(१) ब्रह्मावर्त - मनुस्मृति में ब्रह्मावर्त प्रदेश को सर्वोच्च महत्त्व का प्रदेश माना है। वहाँ के निवासियों का आदर्श आचरण "सदाचार" है। सदाचार की शिक्षा का यह एकमात्र केन्द्र है (२।१६-१८,२०)। भौगोलिक दृष्टि से यह एक लघु प्रदेश था, जो सरस्वती और दृषदवती देवनदियों के मध्यवर्ती भूखण्ड पर स्थित था। महाभारत में भी इसे 'धर्मक्षेत्र' कहा है।

वैदिक एवं लौकिक संस्कृत वाङ्मय में प्राप्त उल्लेखों के अनुसार, सरस्वती नदी, हिमालय पर्वतश्रेणी में शिवालिक पहाड़ियों से उद्भूत होकर शिमला पटियाला (वर्तमान पंजाब प्रान्त) तथा सिरसा (वर्तमान हरियाणा प्रान्त) के क्षेत्रों से प्रवाहित होकर ब्रह्मावर्त की पश्चिमोत्तरीय सीमाओं का निर्माण करती थी। इसकी भौगोलिक स्थिति बदलती रही है। वैदिक साहित्य के अनुसार यह पश्चिम समुद्र में गिरती थी, जबकि अवान्तर साहित्य के अनुसार यह राजपूताना (वर्तमान पश्चिमी राजस्थान) की मरुभूमि में विलुप्त हो गयी थी। यही स्थान "विनशन" नाम से प्रसिद्ध हुआ *(तैत्ति० सं० ७.२.१.४; शत० ब्रा० १.४.१.१४; ऐत० ब्रा० १९.१.२; कौषी० ब्रा० १२.२.३; महा० वन० ८२.१११, शल्य० ३७.१)।*

हिमालय पर्वतश्रेणी में शिवालिक पहाड़ियों से ही उद्भूत दृषद्वती नदी, ब्रह्मावर्त की पूर्वी और दक्षिणी सीमाओं का निर्माण करती हुई यमुना के समानान्तर प्रवाहित होकर कुरुक्षेत्र के दक्षिण की ओर से होती हुई सरस्वती नदी में मिलती थी *(महा० वन० ५.२; ८३.४; २०४, २०५)*। दोनों ही नदियों के तट ऋषियों, मुनियों, विद्वानों के निवास एवं आश्रमों से सुशोभित थे। इनके तटों पर यज्ञों का अनुष्ठान किया जाता था। इसी कारण मनु ने इनको "देवनदी" कहा है। सम्प्रति, दोनों ही नदियों की पहचान को लेकर भूगोलवेत्ताओं में मतभेद है। कुछ घग्घर को सरस्वती, चितंग या रक्षी को दृषद्वती मानते हैं। अभी इन पर सुनिश्चित शोध की आवश्यकता है।...

(३) मध्यदेश - उत्तर में हिमालय पर्वत, दक्षिण में विंध्यपर्वत,

पूर्व में प्रयाग प्रदेश (आधुनिक इलाहाबाद) और पश्चिम में विनशन स्थान (वर्तमान पश्चिमी राजस्थान की मरुभूमि में सरस्वती नदी के लुप्त होने का स्थल) इनका मध्यवर्ती भूभाग "मध्यदेश" कहलाता था *(मनु० २/२१)*। यहाँ प्रयाग से नगर और जनपद दोनों का ग्रहण किया गया है, जिसमें काशी भी सम्मिलित थी।

(ग) अन्य जनपद-

मनु० १०।४३-४४ श्लोकों में बारह जातियों का नामोल्लेख है, जो देशाधारित या देश विशेष की संज्ञाएँ भी हैं। इनसे इन जनपदों के अस्तित्व का संकेत मिलता है। यद्यपि हमारे शोधकार्य के अनुसार ये श्लोक भी प्रक्षिप्त हैं, तथापि सम्पूर्णता के लिए मानचित्र में इनको प्रदर्शित कर दिया गया है। वे हैं-

१) पौण्ड्रक - बंगाल के दीनाजपुर, मालदह, राजशाही और बोगरा तथा रंगपुर (बाग्ला देश) के पश्चिमी क्षेत्र। राजधानी पुण्ड्रवर्धनपुर, आधुनिक "महास्थान" (जिला बोगरा)।
२) औड्र - आधुनिक उड़ीसा का पुरी- भुवनेश्वर का क्षेत्र और पूर्वी उत्तरी क्षेत्र। उत्तर में जाजपुर तक था।
३) किरात - ब्रह्मपुत्र की पूर्वी घाटी का क्षेत्र।
४) द्रविड - दक्षिण में कावेरी नदी के आसपास का क्षेत्र। वर्तमान तमिलनाडु प्रदेश।
५) पल्हव - वर्तमान ईरान (फारस) का पूर्वी क्षेत्र।
६) पारद - वर्तमान बलूचिस्तान (पाकिस्तान) में हिंगुला नदी प्रदेश और हिंगुलाज प्रदेशीय क्षेत्र।
७) शक - शकों का मूलस्थान मध्य एशिया था। इनका निवास सायर और आक्सस (वक्षु) नदियों (वर्तमान रुस में) के समीपस्थ प्रदेश में माना जाता है। चीन की यूची जाति द्वारा खदेड़े जाने के बाद इन्होंने पश्चिमी सीमान्त प्रदेशों में अपने प्रदेश बसाये

और शनैः शनैः भारत के भीतरी प्रदेशों पर विजय प्राप्त की।

८) यवन - मूलतः यवन यूनान के निवासी थे। भारत से

इनके सम्बन्ध अत्यन्त प्राचीन काल में थे। वहाँ से आकर कुछ यवन (यूनानी) आक्सस (वक्षु) नदी और हिन्दू कुश पर्वत के मध्यप्रदेश में बस गये थे। इस कारण उस क्षेत्र को "यवन देश" कहा गया है। बलख (अफगानिस्तान) इनकी राजधानी का क्षेत्र रहा है।

९) कम्बोज - दक्षिण-पश्चिम कश्मीर, वर्तमान "पामीर" और "बदख्शां" का क्षेत्र (अफगानिस्तान)।

१०) दर-उत्तर-पश्चिम कश्मीर का गिलगित, हुंजा प्रदेश।

११) खश - गढ़वाल और उसका उत्तरवर्ती क्षेत्र।

१२) चीन- वर्तमान चीन देश।

इनके अतिरिक्त भी दशम अध्याय में बहुत-सी ऐसी जातियों का उल्लेख है, जिनके नाम पर परवर्ती काल में जनपदों का नाम पड़ा। जैसे-अन्ध्र, अम्बष्ठ, मगध आदि। वहाँ इन जातियों को देशाधारित न मानकर "वर्णसंकर" सन्तान होने के कारण उस-उस नाम से विहित किया गया है। इस कारण इस मानचित्र में उन जातियों या जनपदों का उल्लेख नहीं किया गया है।

डॉ सुरेंद्र कुमार जी ने विशुद्ध मनुस्मृति में यद्यपि इन श्लोकों को प्रक्षिप्त माना है, परंतु अन्य विद्वानों ने इन श्लोकों के आधार पर आर्यावर्तकालीन भारत को इसी प्रकार उल्लेखित किया है। कुछ भी हो परंतु इतना तो निश्चित है कि हमारे आर्य पूर्वज संपूर्ण भूमंडल पर शासन करते रहे थे। उनका शासन संसार को अनुशासन में रखने के लिए था। जबकि इस्लाम और ईसाइयत को मानने वाले लोगों का शासन संसार के अनुशासन को भंग करने वाला था। इस आधारभूत अंतर को समझने की आवश्यकता है। क्योंकि यह अंतर हमारे संभाजी जैसे इतिहासनायकों के संघर्ष की वास्तविकता को हमारे समक्ष स्पष्ट करने में सक्षम हो सकता है।

विशुद्ध आर्य हिंदू राजनीति को समझना अपने अतीत को समझना होता है। यदि सावरकर जी ने आगे चलकर निष्कर्ष निकाला कि राजनीति का हिंदूकरण और हिंदुओं का सैनिकीकरण करना बहुत आवश्यक है तो उन्होंने यह निष्कर्ष शिवाजी महाराज और संभाजी महाराज की नीति-रणनीति को देखकर ही निकाला था। उस काल में यदि हिंदू स्वाभिमान के साथ जी रहा था या फिर अपने अस्तित्व के लिए शिवाजी और संभाजी के नेतृत्व में संघर्ष कर रहा था तो उसका एक ही कारण था कि उस काल के इन वीर योद्धाओं ने राजनीति का हिंदूकरण और हिंदुओं का सैनिकीकरण करने पर बल दिया था।

अब प्रश्न यह आता है कि संभाजी जैसे हिंदू वीर योद्धा अपने इस प्रकार के संघर्ष को या 'भारत बचाओ अभियान' को क्यों चला रहे थे? इसका उत्तर केवल यह है कि उन लोगों ने भारत की प्राचीन हिंदू राजनीति, राजनीतिक दर्शन, राजाओं का चिंतन, राजाओं की कार्य शैली आदि को बड़ी गंभीरता से पढ़ा था। आज भी आप अपने प्राचीन वैदिक राजनीतिक चिंतन को पढ़िए, वैदिक संस्कृति के मर्म को समझिए तो जैसे-जैसे आप पर वैदिक संस्कारों और संस्कृति का प्रभाव पड़ता जाएगा, वैसे-वैसे ही आप वर्तमान के भारत की दुर्दशा के प्रति चिंतित होने लगेंगे। तब आपका एक नया चिंतन मुखरित होगा कि पहले अपने भारत को बचाया जाए। बस, इसीलिए हम कह रहे हैं कि शिवाजी और संभाजी जैसे लोग अब से सैकड़ों वर्ष पहले 'भारत बचाओ अभियान' में लगे हुए थे। यद्यपि उनके इस 'भारत बचाओ अभियान' को इतिहास में सही स्थान और सम्मान नहीं दिया गया।

जैसा कि अनेक प्रमाणों से यह सिद्ध हो चुका है कि संभाजी अपने पिता की ही भांति भारत के प्राचीन राजनीतिक चिंतन और राजनीतिक दर्शन के साथ समन्वित हो चुके थे। तब यह बात निश्चित रूप से मानी जा सकती है कि उनके मन मस्तिष्क में यह बात भी निश्चय ही कौंधती रही होगी कि हमें अपने प्राचीन वैभव को लौटाना है अर्थात प्राचीन आर्यावर्त की सीमाओं को खोजना और उन्हें अपने यथार्थ स्वरूप में स्थापित करना है। संभाजी महाराज के इस प्रकार के चिंतन से यह बात भी स्पष्ट हो जाती है कि उन्होंने यह भी विचार कर लिया होगा कि अपने इस सपने को साकार करने में सबसे बड़ी बाधा इस्लाम को मानने वाले लोगों द्वारा स्थापित की गई हुकूमत है। जिसे उखाड़ना समय की आवश्यकता है। इसलिए संभाजी जैसे लोगों के मुगलों से संघर्ष को सही स्वरूप में समझने की आवश्यकता है। उनका यथार्थ चिंतन और व्यक्तित्व इतिहास से ओझल है। जिस दिन तत्कालीन भारतीय समाज की वास्तविक दुर्दशा का चित्रण हो जाएगा और लोगों को पता चल जाएगा कि उस दुर्दशा से भारत को बाहर निकालने के लिए संभाजी किस योजना पर काम कर रहे थे?- उसी दिन हम अपने इस इतिहासनायक का सही मूल्यांकन कर पाएंगे।

छत्रपति संभाजी एक विचारधारा से बंधे हुए थे। उस विचारधारा को तोड़ने का संकल्प लेने वाली इस्लाम नाम की दूसरी विचारधारा से उनका संघर्ष था। इस दूसरी विचारधारा का एकमात्र उद्देश्य भारत को अपनी जड़ों से काट देना था।

जब हम इस सच्चाई को समझ जाएंगे तो हमें पता चलेगा कि छत्रपति संभाजी महाराज किस प्रकार भारत को अपनी जड़ों की ओर लौट जाने के लिए संघर्ष कर रहे थे?

संभाजी के लिए संपूर्ण हिंदू समाज अपना था। इसके अतिरिक्त जो लोग हिंदू से मुसलमान बना लिए गए थे, उनके प्रति भी उनके हृदय में सद्भाव था। करुणा थी। मैत्री का

भाव था और जो लोग हिन्दू से मुसलमान बनाए जा रहे थे, उन्हें रोकने के लिए उनके पास आत्मबल था। वह तेरा-मेरा से ऊपर उठकर देश के लिए कार्य कर रहे थे। उनका चिंतन स्पष्ट था :-

अयं निजः परोवेती गणना लघुचेतसाम्।

उदारचरितानां तु वसुधैव कुटुम्बकम् ॥ -- (महोपनिषद्, अध्याय ६, मंत्र ७१)

अर्थ- "यह (मेरा) बन्धु है और यह नहीं है, इस तरह की गणना छोटे चित्त (सञ्कुचित मन) वाले लोग करते हैं। उदार हृदय वाले लोगों के लिए तो (सम्पूर्ण) धरती ही परिवार है।"

"लाल किले की दर्द भरी दास्तां" के पृष्ठ संख्या १३४ पर लिखा गया है कि औरंगजेब हिंदू मंदिरों से कितनी गृह करता था इसका अनुमान औरंगजेब द्वारा रोहिल्ला खान को लिखे गए एक पत्र से भलीभांति होती है।

इस पत्र में वह लिखता है कि "महाराष्ट्र के बुतखाने पत्थर और लोहे के बने हुए होते हैं। जिन्हें हमारी सेनाएं मेरे उस रास्ते से होकर निकलने से पहले पूरी तरह नहीं तोड़ पाती हैं। इस कारण यह मुझे दिखाई देते हैं। इसलिए जब मैं वहां से होकर निकल जाऊं तब मंदिर के ध्वंसावशेषों को और अधिक बेलदार लगाकर उन्हें फुर्सत से पूरी तरह तोड़ा जाए। इस कार्य में ऐसा दरोगा लगाया जाए जो पूरी तरह से कट्टर हो और ऐसे बुतखाने को तोड़ने के बाद उनकी नींवें भी उखाड़ फेंकें।"

इस कथन से पता चलता है कि संभाजी महाराज जब औरंगजेब से लड़ रहे थे तो उस समय वह औरंगजेब की हिंदू विरोधी नीतियों, मानसिकता और हिंदू विरोधी निर्णयों के विरुद्ध अपने आप को समर्पित कर रहे थे। संभाजी वास्तव में हिंदू समाज की उस सामान्य इच्छा का प्रतिबिंब बन चुके थे, जिसमें जन-जन और बच्चा- बच्चा अपने आर्यावर्तकालीन या हिंदू राजाओं के समय के सुखचैन की कामना कर रहा था। उसके लिए वह व्याकुल था, तड़प रहा था। हिंदू की उस व्याकुलता या तड़प को संभाजी भली प्रकार समझ रहे थे। इस प्रकार उनके संघर्ष को हिंदू की तड़प और व्याकुलता के संदर्भ में देखना चाहिए।

भारत में इस्लाम का आगमन वैदिक धर्म को मिटाने के लिए हुआ। उन लोगों को मिटाने के लिए हुआ जो अपने आप को वैदिक धर्मी कहते थे। हिंदुओं के कत्लेआम का उद्देश्य स्पष्ट करते हुए "हिंदुओं का हश्र" के लेखक विजय मनोहर तिवारी जी अपनी इस पुस्तक के पृष्ठ संख्या ८३ पर लिखते हैं :- "बरनी की रिपोर्ट है। इराक की तरफ से भाग कर यहां आए उन लोगों को यह देखकर हैरत हुई कि हिंदुओं में शिर्क और कुफ्र (मूर्ति पूजा) जड़ पकड़े हुए हैं। हिंदू न तो किताब वाले हैं (मतलब कुरान को नहीं मानते)और

न ही जिमी (दूसरे दर्जे के नागरिक हैं) अगर वह अपने सिर पर तलवार या सेना पाते हैं तो खिराज (जरिया गैर मुस्लिम यानी हिंदुओं से वसूला जाने वाला टैक्स) अदा कर देते हैं। अन्यथा विरोध करते हैं।"

लेखक इस रिपोर्ट की व्याख्या करते हुए बड़ी पते की बात कहते हैं:- "गौर कीजिए! एक पराए मुल्क में अपनी जान बचाने के लिए आए बगदाद के इन तथाकथित भगोड़े, डरपोक और लालची आलिमों को यहां आकर यहां के मूल निवासी बहुसंख्यक हिंदुओं की पूजा करने के अपने तौर तरीके बेहद नागवार गुजर रहे हैं। वह खुद को यहां इज्जत से स्थापित करने और अपनी कारोबारी तरक्की करने की बजाय यहीं रहने वालों को बेदखल करने में और उन्हें जड़मूल से नष्ट करने में ही इकट्ठे होकर अपना दिमाग लगाने लगे। उन्हें दिल्ली में आते ही यह खटकना शुरू हो गया कि इस्लाम की हुकूमत में दूसरे मजहब के लोग कैसे अपनी पूजा पद्धतियों को जारी रख सकते हैं।"

इस कथन से स्पष्ट होता है कि औरंगजेब से बहुत पहले ही इस्लाम के लोगों ने भारत के मौलिक वैदिक स्वरूप को मिटाना आरंभ कर दिया था। संभाजी महाराज का समकालीन औरंगज़ेब बरनी की इस रिपोर्ट के अनुसार ही भारत पर हुकूमत करना चाहता था। वह इस्लाम का बहुत बड़ा सेवक अपने आप को मानता था। इसलिए वह चाहता था कि मूर्ति पूजक हिंदू या तो किताब को मानें या दूसरे दर्जे का नागरिक होना स्वीकार करें और जजिया देते रहें। इस व्यवस्था का विरोध करने का उन्हें कोई अधिकार नहीं है। संभाजी इस व्यवस्था के विरोध में खड़े थे।

औरंगजेब की हुकूमत की इस प्रकार की अत्याचारी नीतियों के विरुद्ध खड़े हुए छत्रपति संभाजी महाराज के उस हाथ को हमें हिंदुत्व के ध्वजवाहक के रूप में नमन करना चाहिए।

अध्याय - १२

कवि कलश की वंदनीय देशभक्ति

'छत्रपति शिवाजी' नामक अपनी पुस्तक की प्रस्तावना में लाला लाजपत राय जी लिखते हैं कि "आर्य जाति की पुरातनकालीन उन्नति के ज्ञान के लिए हमें संस्कृत विद्या का अध्ययन करना होगा। किंतु प्रश्न होता है कि जब तक संस्कृत ग्रन्थों की सहायता लेकर भारत का इतिहास लिखा जाए, तब तक हमें क्या करना है? यह प्रश्न हमें चिंताग्रस्त कर देता है। सच्चाई यह है कि आज इस देश के हिंदू बालकों को जो इतिहास पढ़ाया जाता है, वह अविश्वसनीय तथा पक्षपात युक्त है। आर्य जाति के इतिहास के अध्ययन में अनेक कठिनाइयां उत्पन्न की गई हैं। संस्कृत भाषा में अनेक परिवर्तन हो गए हैं। संस्कृत के अनेक ग्रंथ नष्ट हो गए हैं और यही कारण है कि इतिहास के लेखकों द्वारा भी अनेक भूलें हुई हैं। जब संस्कृत के अध्ययन करने वालों के द्वारा भी भूलों का होना संभव है तो उन लोगों का तो कहना ही क्या जो इस भाषा को अशिक्षित लोगों की भाषा मानते हैं तथा जिनकी धारणा है कि आर्य जाति ने उन्नति के पथ पर चलना कभी सीखा ही नहीं था।"

लाला लाजपत राय जी भारतीय इतिहास नायकों के संदर्भ में जो कुछ उस समय लिख रहे थे उससे भी भयंकर स्थिति इस समय बनी हुई है। संस्कृत को मृत भाषा मानकर चलने वाले लोगों की संख्या बढ़ी तो है, घटी नहीं है। यही कारण है कि हम अपने इतिहासनायकों के बारे में वास्तविक तथ्यों को संकलित करने में या तो असफल रहे हैं या हमने उतना प्रयास नहीं किया, जितना करना चाहिए था। यह कितना दुर्भाग्यपूर्ण तथ्य है कि हमारे जिस इतिहासनायक संभाजी महाराज ने अपने जीवन काल में १२० युद्ध लड़े और प्रत्येक युद्ध को जीता, हम हैं कि उसके उस प्रेरणास्पद इतिहास को जीवंत बनाए रखने में असफल हो गए। अपने इतिहास को अपने ही विषय में हमने स्वयं ही मौन कर लिया या कहिए कि मौन रहने के लिए अभिशप्त कर दिया: -

जिस जाति का इतिहास हो जाता हो मौन,
संभाल सकेगा पुण्य धरा पर उसे बताओ कौन?

विश्वासघात करने वाले नहीं कभी होते अपने,
अपने होते कौन जगत में और पराए होते कौन?

हमने अपने कवि कलश के बारे में भी इतिहास को सच नहीं बोलने दिया। यद्यपि उसके बारे में कहा जा सकता है कि :-

जन गण की पीड़ा का उत्तर स्वयं ही बनता हो रण में,
मानवता का सेवक बनने का संकल्प धारता हो मन में।
मातृभूमि के लिए समर्पित रहता हो जो हर पल में,
जीवन धन्य उसी का होता वही मनुष्य होता जग में।।

संभाजी महाराज के जीवन में कवि कलश का बहुत महत्व है। कलश का जन्म उत्तर प्रदेश के उन्नाव जिले में हुआ था। वह जन्म से ब्रह्मभट्ट ब्राह्मण थे। उन्होंने हिंदू वीर योद्धा संभाजी महाराज को प्रशासनिक और रणनीतिक क्षेत्र में प्रशंसनीय सहयोग प्रदान किया था। वह एक योग्य प्रशासक थे। उनके राजनीतिक अनुभव और प्रशासनिक क्षमताओं का लाभ जनता को भरपूर मात्रा में मिला था। इसके अतिरिक्त कवि कलश एक अच्छे राष्ट्रभक्त वर योद्धा भी थे। कई युद्धों में उन्होंने मुगल सेना के छक्के छुड़ाए थे। रणक्षेत्र में उनकी वीरता और उनका रणकौशल देखते ही बनते थे। कई विजय अभियानों में वह छत्रपति संभाजी महाराज के साथ कंधे से कंधा मिलाकर रहे। संभाजी महाराज को प्रत्येक युद्ध के पश्चात विजय श्री प्राप्त हुई। इस विजय श्री की प्राप्ति में कवि कलश की बहुत बड़ी भूमिका होती थी।

उनकी देशभक्ति असंदिग्ध रही। उनके भीतर वीरता कूट-कूट कर भरी थी। यही कारण था कि उन्होंने अकल्पनीय और अविश्वसनीय पराक्रम का प्रदर्शन कर कई बार युद्ध के मैदान में शत्रु के दांत खट्टे कर दिए थे।

कवि कलश की वीरता, देती है संदेश।
सबसे पहले पूज्य है मुझको अपना देश।।

१६८० ई० में जब छत्रपति शिवाजी महाराज का देहांत हुआ और उनके पुत्र संभाजी उनके उत्तराधिकारी के रूप में राज्य सिंहासन पर विराजमान हुए तो उसी समय से उन्होंने संभाजी के साथ साए की भांति रहना आरम्भ कर दिया था। १६८४ ई० में रायगढ़ किले के पास एक भीषण युद्ध में उन्होंने शहाबुद्दीन खान को परास्त किया था। शहाबुद्दीन खान के विरुद्ध मिली इस सफलता से उनके सम्मान में वृद्धि हुई। इसी अवसर पर संभाजी महाराज द्वारा उन्हें चंदोगामात्य (कवियों का शिखर) की उपाधि दी गई थी।

संभाजी महाराज के परम सहयोगी

जब १६८९ ई० में छत्रपति संभाजी महाराज विषम परिस्थितियों में फंसे तो उस समय भी कवि कलश उनके साथ थे। कवि कलश ने बड़ी निर्भीकता के साथ छत्रपति संभाजी महाराज का साथ देने का निर्णय लिया था। इस अवसर पर मां भारती के सच्चे सपूत इतिहासनायक राजा संभाजी महाराज को मुगल सेना द्वारा गिरफ्तार कर लिया गया था। यह घटना संगमेश्वर में घटी थी। इस विषम परिस्थिति में फंसे संभाजी महाराज का कवि कलश द्वारा उस समय मनोबल बढ़ाते हुए अपना अमूल्य सहयोग प्रदान किया गया था। संभाजी महाराज और कवि कलश की गिरफ्तारी पर औरंगजेब को असीम प्रसन्नता अनुभव हुई थी। यह वही औरंगजेब था जिसकी आगरा के लालकिले की जेल से संभाजी के पिता शिवाजी सफलतापूर्वक निकल भागे थे और एक बार संभाजी भी उसकी पकड़ में आने से बच गए थे। अब जब उसने देखा कि संभाजी महाराज और कवि कलश दोनों ही गिरफ्तार होकर उसके समक्ष प्रस्तुत कर दिए गए हैं तो वह अपनी आत्मिक प्रसन्नता को छुपा नहीं सका था। क्योंकि यह उसके जीवन की सबसे बड़ी उपलब्धि थी। वास्तव में इन क्षणों को देखने के लिए वह तरस गया था। उसने कितने ही बलशाली लोगों को अपना सेनापति बना - बनाकर संभाजी महाराज और उनसे पूर्व उनके पिता शिवाजी महाराज को गिरफ्तार करने के लिए भेजा था। परन्तु वह हर बार असफल ही रहा था। इसलिए आज इन दोनों वीर योद्धाओं का उसके समक्ष इस अवस्था में उपस्थित हो जाना, किसी चमत्कार से कम नहीं था। उसकी आंखों को इस बात का विश्वास नहीं हो रहा था कि वह अपने सामने जो कुछ देख रहा है, वह सचमुच में सही है।

औरंगजेब को कर दिया था लज्जित

लिखा गया है कि औरंगजेब को संभाजी और कवि कलश के गिरफ्तार किए जाने की इतनी प्रसन्नता हुई कि वह अपने सिंहासन से नीचे उतर आया था। कवि कलश औरंगजेब की इस अकल्पनीय प्रसन्नता को बड़े ध्यान से देख रहे थे। जब उन्होंने देखा कि औरंगज़ेब अपनी गद्दी को छोड़कर सिंहासन से नीचे उतर आया है तो उस अवसर का लाभ उठाते हुए, कवि कलश ने एक तात्कालिक कविता लिखी:-

यवन रावण की सभा संभू बंध्यो बजरंग।
लहू लसत सिन्दूर सम खूब खेल्यो रनरंग।।
ज्यों रबि छबि लखतहि नथित होत बदरंग।
त्यौं तव तेज निहारके तख्त त्यजो डोरंग।।

इस कविता का भावार्थ इस प्रकार है :-

संभाजी (महाराज) को रावण (यानि औरंगजेब) के दरबार में हनुमान की तरह बांध दिया गया है। महाराज महान युद्ध में लड़े गए घावों और रक्त के कारण लाल दिख रहे हैं।

जिस प्रकार सूर्योदय के बाद जुगनू अपनी चमक खो देते हैं, आपका तेज देखकर औरंगजेब भी (अपनी चमक खो बैठा और) अपना सिंहासन त्याग दिया।

इस कविता को सुनकर औरंगजेब को वास्तविकता का बोध हुआ। उसे इस बात का आभास हुआ कि वह कुछ अधिक ही प्रफुल्लित हो गया है। जिसका दूसरा अर्थ निकालकर कवि ने अपने स्वामी संभाजी को इस विषम परिस्थिति में भी उत्साहित करने के लिए इन शब्दों का प्रयोग किया है। कविता के भावों को सुनकर औरंगज़ेब अत्यंत क्रोधित हुआ। उसने आवेश में आकर कवि कलश की जीभ काट लेने का आदेश जारी किया।

वास्तव में इस प्रकार के नीचतापूर्ण आदेश देना किसी भी राजा के लिए शोभनीय नहीं होता। राजा को उदार होना चाहिए। इस प्रकार की अनुदारता राजा के लिए उचित नहीं। निहत्थे लोगों को मरवाना भारत के राज धर्म में नहीं आता। परंतु औरंगजेब से किसी प्रकार की उदारता की अपेक्षा नहीं की जा सकती थी। वह तो आज अपने सारे प्रतिशोध ले लेना चाहता था। उसने आज के लिए ही अनेक प्रकार के वैर कवि कलश और उनके स्वामी संभाजी राजे से पाल रखे थे। जिनका भुगतान वह अपनी कठोरता की पराकाष्ठा पर जाकर करना चाहता था। यही कारण था कि उसने कवि कलश के लिए जिस दंड की घोषणा की थी अभी उसे उस दंड से और भी आगे जाना था।

इतिहासकार लिखता है कि अपनी कठोरता को मूर्तरूप देने के लिए आतुर औरंगजेब ने दोनों हिंदू वीर योद्धाओं को जोकर के कपड़े पहनाए। औरंगजेब ने अपने इन दोनों शत्रुओं के लिए इन कपड़ों का चयन इसलिए किया था कि मारने से पहले इन्हें अधिक से अधिक उत्पीड़ित और अपमानित कर लिया जाए। दूसरे, वह देश के बहुसंख्यक हिंदू समाज को यह संदेश देना चाहता था कि यदि किसी अन्य ने इन दोनों के पदचिह्नों पर चलने का प्रयास किया तो उनके साथ भी ऐसा ही व्यवहार किया जाएगा। इसके अतिरिक्त वह देश और शेष संसार को यह भी बता देना चाहता था कि मुगल बादशाह अपने शत्रुओं के विरुद्ध कितना कठोर हो सकता है? कुल मिलाकर जहां हिंदुओं को कठोरता का संदेश देना उसका उद्देश्य था, वहीं आगे किसी प्रकार का कोई विद्रोह उसके विरुद्ध न होने पाए -यह भी उसके उद्देश्य में सम्मिलित था।

खापों के अनुसार, कवि कलश और छत्रपति संभाजी महाराज ने १६८९ में औरंगजेब द्वारा पकड़े जाने के बाद अकल्पनीय यातनाएं सहन कीं। मुगल सम्राट ने उनकी आत्मा

को तोड़ने के लिए दृढ़ संकल्प किया, उसने संभाजी महाराज और कवि कलश दोनों को अत्यधिक क्रूरता के अधीन किया। पहले उन्हें जंजीरों में बांधकर अपमानित किया गया और फटे कपड़ों में मुगल प्रदेशों में घुमाया गया, जहां उन्हें सार्वजनिक अपमान और गाली दी गई। असहनीय दर्द देने के लिए उनकी दाढ़ी और बाल जबरदस्ती खींचे गए और उनके नाखून उखाड़ लिए गए। उन्हें चुप कराने के लिए उनकी जीभें या तो काट दी गईं या गंभीर रूप से क्षतिग्रस्त कर दी गईं। ४० दिनों तक यातनाएँ जारी रहीं, फिर भी कवि कलश दृढ़ रहे, उन्होंने आत्मसमर्पण करने या संभाजी महाराज को धोखा देने से इनकार कर दिया। आखिरकार, दोनों को बेरहमी से मार डाला गया - लंबे समय तक पीड़ा सहने के बाद उनका सिर काट दिया गया। उनके क्षत-विक्षत शवों को सम्मानजनक अंतिम संस्कार से बचाने के लिए नदी में फेंक दिया गया। भयावह अंत के बावजूद, कवि कलश की अटूट निष्ठा और साहस मराठा इतिहास में बलिदान और भक्ति का प्रतीक बन गया।"

देशहित दिया बलिदान

इस प्रकार वीर योद्धा कवि कलश ने अपनी देशभक्ति और स्वामी भक्ति का परिचय देते हुए मृत्यु का आलिंगन किया। वास्तव में यह किसी साधारण व्यक्ति की मृत्यु नहीं थी, यह एक देव तुल्य देशभक्त, वीर योद्धा का बलिदान था। जो सबके लिए आदर्श बन चुका था। आने वाली पीढ़ियों के लिए उसने एक आदर्श उपस्थित कर दिया था। उन्होंने उत्सर्ग को उत्सव में परिवर्तित कर दिया था। देश के युवा वर्ग को यह संदेश दे दिया था कि जब इस्लाम और तलवार में से किसी एक को चुनने का समय आए तो तलवार को चुन लेना। परंतु अपनी चोटी को नहीं कटवाना। क्योंकि यह शिखा या चोटी ही हमको 'चोटी वाला' अर्थात शिखर वाला अर्थात ऊंचाई पर रहने वाला बनाती है। हमें इस बात का बोध कराती है कि संसार में हम निराले हैं, अनुपम हैं, सर्वोच्च हैं, सर्वोपरि हैं।

शिखा हमारी कह रही, वेद धर्म अनमोल।
नतमस्तक होकर खड़ा जिसके सब भूगोल।।

कवि कलश ने मृत्यु की कोई चिंता नहीं की। अंतिम समय में भी उन्हें चिन्ता थी तो अपने देश की चिंता थी। जीवन के अंतिम क्षणों में मुगल बादशाह औरंगजेब की ओर से उनके सामने अनेक प्रकार के प्रलोभन रखे गए। उन्हें खरीदने और तोड़ने का भरसक प्रयास औरंगजेब की ओर से किया गया। किंतु औरंगजेब का बड़े से बड़ा प्रलोभन भी उन्हें अपने कर्तव्य धर्म से एक इंच भी डिगा नहीं सका। उन्होंने अपने बलिदान से यह सिद्ध किया कि मां भारती से बढ़कर उनके लिए कुछ नहीं है। मृत्यु के क्षणों में भी उनके लिए राष्ट्र प्रथम है।

यह वह दौर था जब निष्ठाएं अत्याचारों के बाजार में अक्सर नीलाम होती देखी जाती थीं। कई लोग चांदी के सिक्कों में बिक जाया करते थे। किसी को पीली धातु का जादू अपने वश में कर लेता था। कोई अपने प्राणों की रक्षा के लिए धर्म परिवर्तन कर इस्लाम में दीक्षित होकर अपने ही भाई हिंदुओं पर अत्याचार करता था। परंतु कलश ने अपने बलिदान से यह सिद्ध किया कि वह नाम के ही कलश नहीं थे अपितु वह उस बलिदानी परंपरा के अमृत कलश थे, जिसकी एक-एक बूंद जब अदृश्य रूप से राष्ट्रीय भावना से ओतप्रोत होकर हमारे युवाओं के ऊपर जाकर गिरी तो उन्हें नया उत्साह और देशभक्ति की नई ऊर्जा से भर गई। उनका तेजस्वी स्वरूप देश के युवाओं का स्वरूप बन गया। उनकी ओजस्विता देश के युवाओं की ओजस्विता बन गई। उनकी वीरता, उनके साहस, उनके शौर्य और उनके पराक्रम को देश के युवाओं ने यथावत स्वीकार कर लिया। साथ ही यह भी संकल्प ले लिया कि अपने इतिहास में एक कवि कलश के पराक्रम और वीरता को पतवार बनाकर वह भी राष्ट्र की उसे प्रकार सेवा करेंगे, जिस प्रकार कवि कलश में की है। उनके भौतिक शरीर को मिटाकर मुगल हुकूमत चाहे तात्कालिक आधार पर शांत हो गई हो, परंतु सच यह था कि उनके बलिदान ने ही भारत की बलिदानी परंपरा को और भी अधिक चेतनित कर दिया। बलिवेदी पर शीश चढ़ाने के लिए अनेक युवा इस बलिदानी योद्धा के बलिदान से प्रेरित होकर युद्ध के मैदान में उतर आए। जिन्होंने संकल्प लिया कि वह मुगल हुकूमत को समाप्त करके ही सुखानुभूति करेंगे।

कवि कलश के शौर्य को आज चाहे छद्म इतिहासकारों ने इतिहास से निकाल कर दूर फेंक दिया गया हो परंतु सच यह है कि भारत का युवा वर्ग उनसे आज भी प्रेरणा प्राप्त करता है।

अध्याय - १३

पुर्तगालियों के साथ संघर्ष

संभाजी और पुर्तगालियों के बारे में कई इतिहासकारों का मत है कि उन्होंने पुर्तगालियों के विरुद्ध कोई विशेष अभियान नहीं चलाया। उनके निशाने पर उस समय केवल मुगल हुकूमत थी। इसके विपरीत कुछ इतिहासकारों का मत है कि उन्होंने पुर्तगालियों के विरुद्ध भी कार्यवाही की। उपलब्ध तथ्यों के आधार पर कहा जा सकता है कि अप्रैल १६८३ से ६ फरवरी, १६८४ तक संभाजी महाराज का पुर्तगालियों के साथ संघर्ष हुआ।

हमारा मानना है कि जिस महान देशभक्त संभाजी महाराज के व्यक्तित्व पर हम यहां चिंतन कर रहे हैं, उनसे यह अपेक्षा नहीं की जा सकती थी कि वह विदेशी पुर्तगालियों के विरुद्ध निरपेक्ष भाव से बैठे रहते। विशेष रूप से तब जबकि उन्होंने मुगलों को विदेशी होने के कारण ही भारत से भगाने का बीड़ा उठाया था। वह इस बात के प्रति संकल्पित रहे कि भारत को बचाने के लिए विदेशी अपसंस्कृति से उसको बचाना नितांत आवश्यक है। जिस प्रकार वह भारतीय संस्कृति से प्रेम करते थे, उसके दृष्टिगत यह माना जा सकता है कि उन्होंने पुर्तगालियों को भी देश छोड़ने के लिए चुनौती दी होगी।

जिस संभाजी महाराज का पूरा जीवन देश और देशभक्ति के लिए समर्पित रहा, जिसने धर्म और संस्कृति की रक्षा के लिए हरसंभव प्रयास किया, उनसे यह अपेक्षा कैसे की जा सकती है कि वह एक और देश विरोधी शक्ति अर्थात पुर्तगालियों के विरुद्ध शांत बैठे रहे हों?

पुर्तगालियों के विरुद्ध अभियान

पुर्तगालियों के विरुद्ध उनका अभियान अप्रैल १६८३ से ६ फरवरी १६८४ तक चला। इस काल में संभाजी महाराज की ओर से येसाजी कांक और कृष्णाजी कंक मुख्य सेनापति के रूप में कार्य करते रहे। पुर्तगाली लोगों ने शिवाजी महाराज के साथ सामान्य संबंध बनाए रखे थे। शिवाजी महाराज को उस समय अपनी दूसरी व्यस्तताएं थीं। इसलिए

उन्होंने रणनीतिक दृष्टिकोण से पुर्तगालियों के साथ तात्कालिक आधार पर किसी प्रकार की शत्रुता स्थापित करना उचित नहीं माना। जब छत्रपति शिवाजी महाराज की मृत्यु हो गई तो उसके पश्चात १६८२ ईस्वी में संभाजी महाराज ने पुर्तगालियों की दृष्टि और दृष्टिकोण को पढ़ना आरंभ किया। जिसके परिणामस्वरुप उन्होंने पुर्तगाली क्षेत्रों के साथ सीमा पर किलेबंदी करनी आरंभ कर दी। इसे देखकर पुर्तगालियों ने अपने आप को तत्कालीन मुगल हुकूमत के साथ जोड़ लिया अर्थात उन्होंने भी यह संकेत दे दिया कि वह संभाजी महाराज को अपना विरोधी मानते हैं। इस प्रकार एक छोटा शत्रु बड़े शत्रु के साथ जा मिला।

गोवा पर हमला

संभाजी महाराज ने पुर्तगालियों के विरुद्ध कार्यवाही करते हुए गोवा पर आक्रमण किया। उन्होंने पुर्तगालियों के कई किलों और बंदरगाहों को अपने नियंत्रण में ले लिया। वहां के कई गांवों को नष्ट कर दिया गया। कहा जाता है कि " संभाजी महाराज की सेना ने दक्षिण कोंकण में सालसेट और बार्डेस को २६ दिनों तक लूटा, गांवों को जला दिया, चर्चों को नष्ट कर दिया, कोंकणी महिलाओं के साथ बलात्कार किया, पुरुषों और महिलाओं को गुलाम के रूप में पकड़ लिया और बाद में उन्हें अरबों और डचों को बेच दिया। संभाजी ने बॉम्बे के पास उत्तरी कोंकण के स्थानों को भी लूटा, उन्होंने उत्तर में चौल, दामोण और बेसिन (वसई) के किलों की घेराबंदी की। मराठा सेनाओं को पहले से ही जुटाया गया था, संभाजी ने पुराने गोवा शहर पर कब्ज़ा करने का इरादा किया था, लेकिन हिंसा बंद हो गई, उनकी सेनाएं शाह आलम प्रथम (मुअज्जम) के नेतृत्व वाली बड़ी मुगल सेना से बचने के लिए, २ जनवरी १६८४ को कोंकण में अधिकांश पुर्तगाली भूमि से पीछे हट गई।"

देसाई लोगों का विद्रोह

इस अवसर पर संभाजी महाराज के साथ गद्दारी करते हुए सावंतवाड़ी के देसाई विद्रोह कर पुर्तगालियों के साथ हो गए, क्योंकि मराठा वर्चस्व के कारण उन्हें अपने राजनीतिक विशेषाधिकार छोड़ने के लिए मजबूर होना पड़ा। पुर्तगालियों के अनुसार यह पहली बार था जब अंग्रेजों ने मराठों को हथियार, तोपखाने और गोला-बारूद मुहैया कराकर गुप्त रूप से शत्रु की सहायता की। उस समय पुर्तगालियों ने गोवा को अपनी राजधानी बनाया हुआ था। वास्तव में संभाजी महाराज के लिए इस विदेशी शक्ति के आधिपत्य से इस क्षेत्र को मुक्त कराना आवश्यक हो गया था। वह चाहते थे कि विदेशी शक्तियों का देश से सफाया हो। संभाजी महाराज की सोच थी कि विदेशी शक्तियों के हाथों में गए हुए दुर्गों का आधिपत्य अपने हाथों में होना चाहिए। इसके अतिरिक्त सामरिक महत्व के इन दुर्गों का निरीक्षण

किया जाना भी आवश्यक है। क्योंकि इनमें छुपकर विदेशी शत्रु कभी भी एक नई चुनौती खड़ी कर सकते हैं। संभाजी महाराज ने पुर्तगालियों को घेरने के लिए उनके शत्रुओं के साथ भी अपने मित्रता पूर्ण संबंध स्थापित करने पर बल दिया।

पारसिक पर किया कब्जा

पुर्तगालियों ने अपनी सीमाओं पर पहुंची मराठा सेनाओं के जमावड़े को देखकर अपनी तैयारी करनी आरंभ कर दी थी। उन्होंने १६८३ में किलों के निर्माण को रोकने का प्रयास किया। इसी वर्ष जनवरी के महीने में उन्होंने पारसिक पर अपना नियंत्रण स्थापित कर दिया। इसी समय औरंगजेब ने पुर्तगालियों को उकसाते हुए वायसराय के नाम एक पत्र लिखा। जिसमें कहा गया कि पुर्तगाली मराठों पर हमला करें।

संभाजी महाराज को गिरफ्तार करने के लिए आतुर होकर भी पुर्तगाली वायसराय ने औरंगजेब के इस उकसावे में न आकर उससे तात्कालिक आधार पर मराठों से किसी प्रकार के युद्ध की संभावना से इनकार किया।

कोंकण पर आक्रमण

१६८३ के अप्रैल और मई माह में मराठों ने उत्तर में पुर्तगाली कोंकण पर आक्रमण किया। इस आक्रमण में उन्होंने कई गांवों को लूट लिया। संभाजी के पेशवा नीलोपंत पिंगले ने कई गाँवों सहित पुर्तगाली क्षेत्र के ४० मील को लूटा और उस पर अपना नियंत्रण स्थापित कर लिया। ब्राह्मण पेशवा नीलोपंत पिंगले ने चौल पर अपना नियंत्रण स्थापित किये रखा। इस समय नीलोपंत की सेना में २००० सवार और ६००० पैदल सैनिक थे। इस दौरान कई स्थानों पर मराठा सैनिकों ने छापामारी की। कई रास्तों में चर्च को लूट लिया। गोवा को लेकर संभाजी के द्वारा पहली बार इस प्रकार की रणनीति का प्रयोग किया जा रहा था।

महिलाओं के साथ अपमानजनकव्यवहार

पादरी फ्रांसिस्को डी सूजा के एक विवरण के अनुसार, "मराठों ने लूटपाट की, चर्चों को नष्ट किया और ईसाई महिलाओं के साथ बलात्कार किया। लूटपाट पूरी करने के बाद, वे अपने साथ कई पुरुषों, महिलाओं और बच्चों को ले गए, जिन्हें उन्होंने बाद में अरबों और डचों को बेच दिया।" जदुनाथ सरकार ने उल्लेख किया है कि "मराठा आक्रमणों के दौरान महिलाओं के साथ सामूहिक बलात्कार करने के लिए कुख्यात थे, जिसमें संभाजी के नेतृत्व में गोवा पर आक्रमण भी शामिल था। वह घटना के समकालीन विवरण को उद्धृत करके इस पर विस्तार से बताते हैं। ये दुश्मन इतने बर्बर थे कि जब कोई महिला उन्हें बहुत सुंदर (शाब्दिक रूप से, सबसे अच्छी) लगती थी, तो उनमें से पाँच या छह लोग

उस महिला के साथ अकेले में सोकर उसका बलात्कार करते थे। आज तक भारत में कहीं और ऐसी बर्बरता नहीं देखी गई, यहाँ तक कि काफियों (नीग्रो) में भी नहीं। इस कारण से, मडगांव की कई महिलाओं ने खुद को तालाबों में फेंक दिया, जहाँ वे डूबकर मर गई। कुछ अन्य जिन्होंने बहादुरी से दुश्मन सैनिकों के कुछ अश्लील इरादों का विरोध किया, उन्हें तलवार के वार से मार दिया गया, और कुछ अन्य के स्तन काट दिए गए। जवाब में पुर्तगालियों ने गोवा में मराठा दूत येसाजी गंभीर को गिरफ्तार कर लिया। मराठा व्यापारी जहाज़ों को भी गिरफ्तार कर लिया गया।"

हमारा मानना है कि इस प्रकार के विवरण में कुछ अतिशयोक्ति का प्रयोग किया गया है, परन्तु यहां यह बात भी उल्लेखनीय है कि अंग्रेज और पुर्तगाली भारतीय लोगों पर इससे भी अधिक भयंकर अत्याचार करते रहे थे। उनके साथ उनके जैसा व्यवहार करना बहुत सीमा तक उचित भी कहा जा सकता है।

इतिहास का यह भी एक तथ्य है कि १४९८ के मई माह में जब वास्कोडिगामा पुर्तगाल से चलकर भारत पहुंचा था तो उसने भी भारत में अपने प्रवास के दौरान रूह कंपा देने वाले अत्याचार किए थे। उसके उन सभी अत्याचारों को इतिहास से निकाल दिया गया है। जबकि अपने संभाजी के द्वारा मातृभूमि की रक्षा के लिए किए जाने वाले कथित अत्याचारों को बढ़ा चढ़ाकर प्रस्तुत किया जाता है। लगभग २०० वर्ष पहले वास्कोडिगामा ने जिन अत्याचारों की श्रृंखला को आरंभ किया था, वह संभाजी के शासन काल तक यथावत चली आ रही थी। इस कालखंड में कितने लोगों को वास्कोडिगामा और उसके उत्तराधिकारियों की अत्याचार पूर्ण नीतियों का शिकार बनना पड़ गया होगा?... इस तथ्य पर भी हमें कभी विचार करना चाहिए। इस दृष्टिकोण से यदि देखा जाए तो संभाजी ने पुर्तगालियों के साथ जो कुछ किया, वह ठीक था। जिस क्षेत्र में पिछले २०० वर्ष से पुर्तगालियों के द्वारा अत्याचार किये जा रहे थे और जिसे एक प्रकार से पुर्तगालियों के हवाले कर कर शेष भारत चैन की नींद सो गया था, उसके राक्षसी प्रवृत्ति के शासकों के विरुद्ध सैनिक अभियान के माध्यम से संभाजी ने कठोर कार्यवाही कर उन्हें आभास कराया कि गोवा भारत का ही एक अंग है। इसे अपनी बपौती समझने की भूल पुर्तगाली न करें।

संभाजी महाराज द्वारा जब पुर्तगालियों का सही उपचार किया जा रहा था तो पुर्तगाली वायसराय फ्रांसिस्को डी टावोरा ने शहर के नागरिकों और पादरियों को मोरमुगाओ किले में एकत्र किया। पुर्तगालियों ने संभाजी के अधीन पोंडा किले पर अक्टूबर १६८३ में हमला किया। इस हमले में पुर्तगालियों ने किले को भारी क्षति पहुंचाई। यहां पर पुर्तगालियों ने संभाजी की सेना को दबाव में लेने का प्रयास किया। जिससे कि वह दूसरे स्थानों पर की गई घेराबंदी को उठाने पर मजबूर हो सके।

महान सेनापति का बलिदान

इस हमला में अधिकांश कोकण देसाई लोगों ने पुर्तगालियों के साथ मैत्रीपूर्ण संबंध बनाए रखकर संभाजी महाराज के साथ गद्दारी की। इस अभियान में आगे बढ़ती हुई पुर्तगाली सेना को अनुभवी मराठा सेनापति येसाजी कंक और उनके बेटे कृष्णजी ने ६०० मावलों की सेना के साथ पोंडा में रोकने का प्रयास किया। कृष्णजी कंक ने अपनी वीरता और देशभक्ति का उल्लेखनीय प्रदर्शन किया। जिसके चलते वह युद्ध क्षेत्र में गंभीर रूप से घायल हो गए थे। कुछ समय पश्चात उनकी मृत्यु हो गई किस प्रकार इस युद्ध में संभाजी महाराज का एक अनुभवी सेनापति मां भारती की गोद में सदा सदा के लिए सो गया। पुर्तगाली सेना भारी बमबारी करते हुए दुर्ग की दीवारों को तोड़ने में सफल हो गई। यद्यपि उस समय भारी वर्षा हो रही थी, जिसने पुर्तगाली गतिविधियों को बाधित भी किया था। जहां इस दुर्ग पर पुर्तगाली सैनिक अपनी मजबूती बना रहे थे, वहीं दूसरे स्थान पर वह पीछे हटते जा रहे थे। तब संभाजी ने इस दुर्ग पर तैनात अपने सैनिकों का मनोबल बढ़ाने और इस स्थान पर अपने आप को मजबूत करने के दृष्टिकोण से वहां स्वयं उपस्थित होना उचित माना। वह राजापुर से चलकर यहां अपने ८००घुड़सवार और ६०० पैदल सैनिकों के साथ पहुंचे। यहां संभाजी की सेना ने पुर्तगालियों पर एक पहाड़ी से हमला किया। इस युद्ध में पुर्तगाली वायसराय गंभीर रूप से घायलहो गया। १२ नवंबर को अधिकांश पुर्तगाली सेना गोवा पहुंच गई। पुर्तगालियों ने एक संगठित वापसी की और उपकरणों की हानि के बिना सुरक्षित वापस लौट आए। इस युद्ध में संभाजी को निर्णायक विजय प्राप्त हुई स्वयं पुर्तगालियों ने भी उनकी जीत की प्रशंसा की।

पुर्तगालियों ने संभाजी को एक युद्धप्रिय राजकुमार के रूप में महिमामंडित किया।

२४ नवंबर, १६८३ की रात को संभाजी की पूरी सेना ने सैंटो एस्टेवाओ द्वीप पर स्थित किले और गांव पर हमला किया। इस द्वीप पर संभाजी की सेना का नियंत्रण स्थापित हो गया। इस समय संभाजी की सेवा ने पैरिश चर्च को लूटने का भी काम किया। इस द्वीप पर अपना कब्जा बनाए रखने के लिए पुर्तगालियों ने भरसक प्रयास किया, परंतु वह असफल रहे। मराठा शक्ति को देखते हुए वायसराय की बटालियन पीछे हट गई। सैंटो एस्टेवाओ के पतन के पश्चात पुर्तगालियों ने गोवा शहर के बाहरी क्षेत्रों में चावल के खेतों की मेड़ें तोड़ दीं। इसका परिणाम यह हुआ कि खेतों में नदी का पानी भर गया और नदी की चौड़ाई बढ़ गई। इतिहासकारों का मत है कि "संभाजी ने गोवा पर हमला करने का इरादा किया था, लेकिन चावल के खेतों में बाढ़ के साथ-साथ बढ़ती हुई ज्वार ने उन्हें रोक दिया। बाद में पुर्तगाली नौसैनिक हमले की संभावना के कारण मराठों ने पीछे हटना आरंभ कर दिया।

वायसराय डोम फ्रांसिस्को डी टावोरा ने मुगल बादशाह औरंगजेब को पत्र लिखकर गोवा पर हमले की सूचना दी और उनसे मराठों के विरुद्ध आगे बढ़ने का आग्रह किया। संभाजी और वायसराय दोनों को खबर मिली कि मुगल राजकुमार मुअज्जम ने एक लाख सैनिकों की शक्तिशाली सेना के साथ मराठा क्षेत्र में प्रवेश किया है। मुगलों ने पुर्तगालियों के साथ संभाजी के युद्ध का लाभ उठाया। संभाजी ने मुअज्जम को रिश्वत देने का प्रयास किया जिससे कि वह मुगल सेना के गोवा पहुंचने से पहले पुर्तगालियों के विरुद्ध अपनी सेना का उपयोग कर सके। इस विफलता के साथ, संभाजी ने पुर्तगाली क्षेत्र पर धावा बोलने और खराब तरीके से सुरक्षित गांवों पर हमला करने की तैयारी की।"

युद्ध समाप्ति की घोषणा

इस समय औरंगज़ेब की ओर से पहुंचा शहजादा मुअज्जम उन क्षेत्रों को लूट रहा था जो मराठा शक्ति के आधिपत्य में आ गए थे। जब मुअज्जम की सेना रामघाट पहुंची तो संभाजी ने रणनीतिक निर्णय लेते हुए २ जनवरी, १६८४ को अपनी सेना रायगढ़ बुला ली। इसके बाद संभाजी की सेवा ने धीरे-धीरे पीछे हटना आरंभ किया अंत में ६ फरवरी, १६८४ को युद्ध समाप्ति की घोषणा हो गई।

समकालीन स्रोत गोवा को बचाने का श्रेय फ्रांसिस जेवियर को देते हैं "पुर्तगाली वायसराय ने संत के हाथों में जेवियर के लिए अनुरोध रखा था कि वे गोवा का शासन अपने हाथ में लें और उसे मराठा सेना से बचाएँ, साथ ही अपनी लाठी भी। इसके बाद जेवियर ने मुगल सेना को मराठों को धमकाने के लिए भेजा, जिसके परिणामस्वरूप गोवा बच गया।"

"चूंकि वह दो मोर्चों पर युद्ध लड़ने में असमर्थ थे, इसलिए संभाजी ने पुर्तगालियों से शांति संधि के लिए कहा। उन्होंने राजकुमार अकबर और कवि कलश को पुर्तगालियों से बातचीत करने के लिए भेजा। लंबी बातचीत के बाद, २५ जनवरी से ४ फरवरी के बीच पोंडा के मर्दनगढ़ में एक अंतिम संधि को मंजूरी दी गई।"

इतिहास के स्रोतों से स्पष्ट होता है कि यह संधि अधिक देर तक स्थाई नहीं रही थी। वास्तव में संधि के बाद भी सभी पक्ष शक्ति संचय में लग गए थे। मराठों ने कुछ समय उपरांत ही पुर्तगाली क्षेत्र पर फिर से छापामार रणनीति के अंतर्गत हमला करने आरंभ कर दिए। पुर्तगाली वायसराय ने ८ फरवरी १६८५ को मराठा शक्ति विरुद्ध कोंकण देसाई के साथ गठबंधन कर गुप्त संधि की। मराठों ने सैंटो एस्टेवाओ द्वीप पर फिर अपना कब्जा कर लिया।

अध्याय - १४

ब्रिटिश ईस्ट इंडिया कंपनी और संभाजी राजे

ईस्ट इंडिया कंपनी, बदमाशों का टोल।
लूटा भारत देश को लूटा धन अनमोल।।

सन १६१२ ईस्वी में ब्रिटिश ईस्ट इंडिया कंपनी की स्थापना हुई थी। जिसने व्यापार करने के दृष्टिकोण से प्रेरित होकर भारत की ओर प्रस्थान किया। उस समय भारत में डच और पुर्तगाली पूर्व से ही अपना डेरा डाले बैठे थे। इस प्रकार ब्रिटिश ईस्ट इंडिया कंपनी को भारत में व्यापारिक क्षेत्र में पहले से ही अपने कई यूरोपियन प्रतिस्पर्धी मिले। स्पष्ट है कि इन विदेशी प्रतिस्पर्धियों के हित परस्पर टकरा रहे थे। ब्रिटिश ईस्ट इंडिया कंपनी भारत में किसी भी प्रकार के राजनीतिक, आर्थिक या सामाजिक सुधार करने के लिए नहीं आई थी, उसका एकमात्र उद्देश्य था कि भारत को लूटा जाए और जितना अधिक से अधिक हो सके, उतना मुनाफा कमाया जाए।

जब इन विदेशी लोगों में भारत पर शासन करने की एक राजसिक प्रतिस्पर्धा ने जन्म लिया तो उसमें ब्रिटेन का पलड़ा भारी रहा। यद्यपि डच, फ्रांसीसी और पुर्तगालियों ने भी भारत में अपना भाग्य आजमाने का प्रयास किया था। उनका भी प्रयास था कि किसी प्रकार भारत पर उनका अधिकार हो जाए। इससे पहले भारत पर मुगल शासन कर रहे थे, परंतु मुगलों की अपेक्षा अंग्रेज कहीं अधिक कूटनीतिज्ञ थे। जहां तक दोनों की बर्बरता का प्रश्न है तो उसमें कोई सा भी एक दूसरे से कम नहीं था। दोनों ही भारत को अपने लिए परदेश मानते थे। भारतवर्ष की प्राचीन वैदिक परंपरा से दोनों को ही घृणा थी। भारत के राष्ट्रवाद को दोनों कुचलना चाहते थे। दोनों की सोच थी कि भारत को भारत के गौरवशाली अतीत से काट दिया जाए।

लूट रहे थे जंगली, बनकर मेरा देश।
त्राहिमाम सर्वत्र थी, कटुता कलह क्लेश।।

जहां तक भारत की आर्थिक समृद्धि का प्रश्न है तो यह मुगलों की देन नहीं थी। जैसा कि हमें बार-बार बताया जाता है कि भारत की जीडीपी मुगलों के शासनकाल में समस्त संसार की कुल जीडीपी की २५ से ३०% थी। वास्तविकता यह थी कि भारत के हिंदू राजवंशों के कारण ही भारत आर्थिक समृद्धि के शिखर पर था। तनिक कल्पना कीजिए कि इससे सैकड़ों वर्ष पूर्व जब मोहम्मद बिन कासिम, गजनी और गौरी के आक्रमण भारत पर हो रहे थे तो उस समय भी यहां सोने के भंडार थे। सच कहें तो उस समय ही भारत वास्तव में 'सोने की चिड़िया' था। मुगलों ने उस 'सोने की चिड़िया' भारत का दोहन ही किया था। जब बादशाह अकबर की मृत्यु हुई तो उस समय तक भी भारत अपने पुराने वैभव को बनाए हुए था। यह ध्यान रखने की बात है कि मुगलों के शासनकाल में भारत की आर्थिक समृद्धि चाहे कितनी ही ऊंचाई पर क्यों न रही हो, परंतु यह उसके सूर्य के ढलान का समय था।

बड़ी बात यह थी कि शिवाजी महाराज और संभाजी राजे आर्थिक रूप से समृद्ध भारत के सूर्य के ढलान को रोकना चाहते थे। जबकि मुगल बुड्ढे होते भारत को और भी अधिक जर्जर कर देना चाहते थे। क्योंकि वे जानते थे कि भारत जितना ही अधिक जर्जर होगा, उतनी ही शीघ्रता से इसका इस्लामीकरण करने में सफलता प्राप्त होगी। उनकी सोच थी कि भारत की आर्थिक समृद्धि यथावत बनी रहे और यहां के मूल निवासी अर्थात वैदिक धर्मी हिंदू अपनी स्वाधीनता और आर्थिक समृद्धि का पूरा लाभ उठाने में सक्षम हों। अपनी इसी सोच को क्रियान्वित करने के लिए छत्रपति शिवाजी महाराज ने भारत में ' हिंदवी स्वराज्य' स्थापित करने की कल्पना की थी। उनके इस संकल्प और अभियान के निहित अर्थों पर हमें विचार करना चाहिए। तभी हम समझ पाएंगे कि छत्रपति शिवाजी महाराज और उनके पुत्र संभाजी राजे भारतीय इतिहास की गौरवशाली परंपरा के अनमोल हीरे क्यों माने जाते हैं?

अकबर के खजाने का धन

संभाजी राजे यदि अपने समय में पुर्तगालियों और मुगलों से संघर्ष कर रहे थे तो उसका एक ही कारण था कि वह भारत की आर्थिक समृद्धि, राजनीतिक स्थिरता और धार्मिक परंपराओं की पुनःस्थापना के लिए संघर्ष कर रहे थे।

संभाजी की सोच थी, भारत हो सरताज।
विश्व गुरु मेरा देश हो, खत्म मुगलिया राज।।

ख़ाफ़ी ख़ान निज़ामुल-मुल्क की किताब 'मुंतख़बुल-बाब' के अनुसार जब अकबर का देहांत हुआ था तो उस समय भी भारत अपनी आर्थिक समृद्धि के शिखर पर था। यह लेखक हमें बताता है कि- "अकबर ने पाँच हज़ार हाथी, बारह हज़ार घोड़े, एक हज़ार

चीते, दस करोड़ रुपये, बड़ी अशर्फ़ियों में सौ तोले से लेकर पाँच सौ तोले तक की हज़ार अशर्फ़ियाँ, दो सौ बहत्तर मन कच्चा सोना, तीन सौ सत्तर मन चाँदी, एक मन जवाहरात जिसकी क़मीत तीन करोड़ रुपये थी, अपने पीछे छोड़ा था।"

ऐसा नहीं था कि अकबर ने अपने पास रखी इस अकूत संपदा को स्वयं पैदा किया था या इसे अपने पूर्वजों के देश से लेकर यहां आया था। वास्तव में यह भारत के विभिन्न राजवंशों के खजाने से लूटी गई संपदा थी। इसमें उन लोगों के घरों की लूट का धन भी सम्मिलित था, जिन्हें विभिन्न विजय अभियानों के समय अकबर ने लूटने का आदेश अपनी सेना को दिया था। जब भारतवर्ष में फ्रांसीसी, डच, पुर्तगाली और अंग्रेज एक व्यापारी के रूप में आए तो उनकी दृष्टि भी भारत की इसी अकूत संपदा पर टिकी गई थी। उनकी योजना भी यही थी कि जैसे भी हो भारत वर्ष को लूटा जाए। वास्तव में फ्रांसीसी आदि यूरोपियन लुटेरों ने भारतवर्ष के बारे में यह सुन रखा था कि पिछले कई सौ वर्ष से इस देश को मुसलमान लूट रहे हैं, इसके उपरांत भी उसकी संपदा है जो समाप्त होने का नाम नहीं ले रही है। इसलिए बहती गंगा में जितनी डुबकी लगा ली जाएं, उतना अच्छा है।

बहती गंगा में करो, मल मल सब स्नान।
लूट सको सो लूट लो, जो चाहो कल्याण।।

भारत के संदर्भ में विदेशियों के इस प्रकार के दृष्टिकोण को संभाजी राजे उनकी भारत के प्रति शत्रु भावना के साथ जोड़कर देखते थे। हमारे संभाजी राजे जैसे अनेक हिंदू राजाओं की सोच थी कि भारत की संपदा भारत के लोगों के लिए है। उस पर विदेशियों का कोई अधिकार नहीं है। प्रत्येक विदेशी शासन से हमारे वैदिक धर्मी हिंदू राजाओं के संघर्ष का सबसे प्रमुख और मौलिक कारण यही था। जिसे वर्तमान में प्रचलित इतिहास में व्याख्यायित नहीं किया जाता।

जहांगीर और अंग्रेज यात्री

अकबर के पश्चात जब उसका लड़का जहांगीर बादशाह बना तो उसके शासनकाल में ही हॉकिन्स भारत आया था। विश्व विख्यात इतिहासकार विलियम डेलरिम्पल के अनुसार, "हॉकिंस को जल्द ही यह आभास हो गया कि चालीस लाख मुग़लों की सेना के साथ वैसा युद्ध नहीं किया जा सकता जैसा कि उस समय यूरोप में हो रहा था।

इसलिए यहाँ उसे मुग़ल बादशाह की अनुमति के साथ-साथ सहयोग की भी आवश्यकता थी। हॉकिंस एक वर्ष के भीतर मुग़ल राजधानी आगरा पहुँचा। कम पढ़े-लिखे हॉकिंस को जहाँगीर से व्यापार की अनुमति प्राप्त करने में सफलता नहीं मिली।

उसके बाद संसद के सदस्य और राजदूत सर थॉमस रो को शाही दूत के रूप में भेजा

गया। सर थॉमस रो १६१२ में मुग़ल राजधानी आगरा पहुँचा। उसने राजा को बहुमूल्य उपहार भेंट किये, जिसमें शिकारी कुत्ते और उनकी पसंदीदा शराब भी शामिल थी।

ब्रिटेन के साथ संबंध बनाना जहाँगीर की प्राथमिकता में नहीं था। थॉमस रो के अनुसार, जब भी बात होती थी, तो बादशाह उससे व्यापार के बजाय घोड़ों, कलाकृतियों और शराब के विषय में चर्चा करने लगता।

तीन वर्ष तक निरन्तर अनुनय-विनय के बाद सर थॉमस रो को इसमें सफलता मिली। जहाँगीर ने ईस्ट इंडिया कंपनी के साथ एक व्यापारिक समझौते पर हस्ताक्षर किये।

समझौते के तहत, कंपनी और ब्रिटेन के सभी व्यापारियों को उपमहाद्वीप के प्रत्येक बंदरगाह और ख़रीदने तथा बेचने के लिए स्थानों के प्रयोग की अनुमति दी गई। बदले में यूरोपीय उत्पादों को भारत को देने का वादा किया गया था, परन्तु तब वहाँ बनता ही क्या था?

ये निर्धारित किया गया था कि कंपनी के जहाज़ राजमहल के लिए जो भी प्राचीन वस्तुएँ और उपहार लाएँगे उन्हें सहर्ष स्वीकार किया जाएगा।

कंपनी के व्यापारी मुग़लों की रज़ामंदी से भारत से सूत, नील, पोटैशियम नाइट्रेट और चाय ख़रीदते, विदेशों में उन्हें महंगे दामों में बेचते और ख़ूब मुनाफ़ा कमाते।

इस उद्धरण से स्पष्ट है कि कंपनी भारत से केवल और केवल मुनाफा कमाने के लिए यहां आई थी। संभाजी राजे और उनके पिता छत्रपति शिवाजी महाराज किसी भी विदेशी को भारत की आर्थिक समृद्धि पर एकाधिकार स्थापित करते देखना नहीं चाहते थे। उनका स्पष्ट एजेंडा था कि भारत भारतवासियों के लिए है और भारत की आर्थिक समृद्धि पर भारतवासियों का ही अधिकार है।

ईस्ट इंडिया कंपनी के बारे में

विकिपीडिया के अनुसार "ईस्ट इंडिया कंपनी का गठन हिंद महासागर क्षेत्र में व्यापार करने के लिए किया गया था, शुरुआत में ईस्ट इंडीज (भारतीय उपमहाद्वीप और दक्षिण पूर्व एशिया) के साथ, और बाद में पूर्वी एशिया के साथ। कंपनी ने भारतीय उपमहाद्वीप के बड़े हिस्से और दक्षिण पूर्व एशिया और हांगकांग के उपनिवेशित हिस्सों पर कब्ज़ा कर लिया। अपने चरम पर, कंपनी विभिन्न मापों से दुनिया की सबसे बड़ी निगम थी। ई.आई.सी. के पास कंपनी की तीन प्रेसीडेंसी सेनाओं के रूप में अपनी सशस्त्र सेनाएं थीं, जिनकी कुल संख्या लगभग २६०००० सैनिक थी, जो उस समय ब्रिटिश सेना के आकार से दोगुनी थी। कंपनी के संचालन ने व्यापार के वैश्विक संतुलन पर गहरा प्रभाव डाला, रोमन काल से

देखी जाने वाली पश्चिमी सराफा की पूर्व की ओर निकासी की प्रवृत्ति को लगभग अकेले ही उलट दिया।"

सन १६०० में गठित की गई यह कंपनी १८७४ में समाप्त कर दी गई थी।

संभाजी कर रहे थे बड़ा काम

छत्रपति संभाजी महाराज के समय में इस कंपनी ने भारत में एक बड़ी व्यापारिक कंपनी के रूप में अपनी प्रतिष्ठा प्राप्त कर ली थी। देश के कुछ व्यापारिक क्षेत्रों में यह बड़ा मुनाफा कमा रही थी। इसके साथ ही जहां इसका दांव लग रहा था, वहां भारत की राजनीति में भी अपने कदम बढ़ाने लगी थी। ईस्ट इंडिया कंपनी की इस प्रकार की प्रवृत्ति को खोखला करने के लिए क्षेत्रीय शक्ति के रूप में संभाजी बड़ा काम कर रहे थे। इस समय बहुत संभल कर सावधानी से अपनी भूमिका का निर्धारण करना आवश्यक था। थोड़े से प्रमाद से ही विदेशी शक्ति रिक्त स्थान का लाभ उठा सकती थी।

संसार का यह सर्वमान्य नियम है कि जब दो बड़ी शक्तियां लड़ती हैं तो एक तीसरी शक्ति जो अपने आप को तटस्थ शक्ति के रूप में दिखाती है, उन दोनों की दुर्बलता का लाभ उठाने के लिए दृष्टि गड़ाए बैठी रहती है। उनमें से जैसे ही कोई सी एक शक्ति कमजोर होती है तुरंत वह उसका स्थान ग्रहण कर लेती है।

कंपनी के पास उस समय अपनी इतनी शक्ति नहीं थी कि वह मुगलों से सीधा लड़ सकती और न ही वह संभाजी महाराज जैसी शक्ति का सामना कर सकती थी। वह उस समय अपने आप को तटस्थ दिखाकर हिंदुस्तान की राजनीति की बड़ी सूक्ष्मता से समीक्षा कर रही थी। इसे दूसरे शब्दों में कह सकते हैं कि वह सावधानी के साथ हिंदुस्तान की राजनीति का तमाशा देख रही थी।

संभाजी राजे इस बात को भली प्रकार जानते थे कि वह जिस विदेशी मुगल सत्ता के साथ इस समय संघर्ष कर रहे हैं, यदि उसके साथ किए जाने वाले संघर्ष में थोड़ा सा भी कहीं असावधानी का पुट आ गया तो इसका लाभ सीधे पुर्तगाली और अंग्रेज उठा सकते हैं। वह जानते थे कि इस समय एक को सत्ता से हटाना जितना आवश्यक है, उतना ही दूसरा इसका विकल्प न बन जाए, इस बात पर सावधान रहना भी आवश्यक है। इसके उपरांत भी ईस्ट इंडिया कंपनी मुगलों और मराठों की परस्पर की संघर्ष की अवस्था का कहीं न कहीं लाभ लेने में सफल हो रही थी। यह अलग बात है कि संभाजी राजे के रहते उसे यह लाभ बहुत कम मात्रा में ही प्राप्त हो रहा था। ईस्ट इंडिया कंपनी के उस समय के बड़े अधिकारी इस बात के प्रति सचेत और सावधान थे कि इस समय मराठों का साथ लेना उनके लिए

लाभकारी होगा। बड़ी शक्ति को सत्ता शीर्ष से हटाने के लिए छोटी शक्ति का साथ देना कूटनीति का आदर्श नियम होता है।

ईस्ट इंडिया कंपनी की नीति

अंग्रेज कूटनीति में पूर्णतया पारंगत थे। इसलिए उन्होंने मराठा मुगल संघर्ष के बीच कूटनीति का सहारा लेते हुए मराठा शक्ति को अपना समर्थन देना उचित माना। जो अभी शक्ति, सत्ता और सामर्थ्य में पीछे हैं, परंतु उनके हौंसले बुलंद हैं, उन्हें सत्ता शीर्ष पर बैठे लोगों के प्रति विद्रोही बना दो - यह दूसरों के घरों में जाकर अपना वर्चस्व स्थापित करने के लिए सबसे अच्छा उपाय होता है। अंग्रेजों ने भारत में इसी उपाय को अपनाकर आगे बढ़ना आरंभ किया। कालांतर में उनका यह उपाय ही उनकी राजनीति और कूटनीति का स्वभाव बन गया। जिसे भारतीय इतिहास में "फूट डालो और राज करो" की नीति के नाम से जाना जाता है। 'ईस्ट इंडिया कंपनी' ने मराठों और मुगलों के बीच के संघर्ष का लाभ उठाने का प्रयास किया। इसी दृष्टिकोण से उसने मराठा शासकों के साथ अपने संबंध स्थापित किये। इसके उपरांत भी संभाजी इस बात के प्रति सावधान रहे कि मुगलों के स्थान पर नए लुटेरे के रूप में आई ब्रिटिश ईस्ट इंडिया कंपनी भारत को लूटने की स्थिति में न आ जाए? उन्होंने ब्रिटिश ईस्ट इंडिया कंपनी को अपनी सीमाओं में ही रहने के लिए विवश कर दिया था। उनके रहते ब्रिटिश ईस्ट इंडिया कंपनी भारत में अपना विस्तार नहीं कर पाई थी। इसे ऐसे भी कह सकते हैं कि संभाजी राजे ने ऐसी परिस्थितियों निर्मित कर दी थीं कि ब्रिटिश ईस्ट इंडिया कंपनी उनके शासनकाल में भारत में अपने पैर नहीं जमा पाई। संभाजी राजे के रहते यह विदेशी कंपनी अपनी व्यापारिक गतिविधियों तक ही सीमित रही।

संभाजी ने कंपनी से अपने संबंध बहुत सावधानी पूर्वक निर्धारित किए थे। उन्हें मुगलों से लड़ने के लिए उस समय आधुनिकतम हथियारों की आवश्यकता थी, जो उन्हें कंपनी से प्राप्त हो रहे थे। इसलिए उन्होंने कंपनी के साथ अपने संबंध मित्रतापूर्ण सावधानी भरे रखने का निर्णय लिया था। कंपनी से हथियारों की आपूर्ति के संबंध में उनका एक समझौता भी हुआ था।

अध्याय - १५
मराठा - मैसूर संबंध

संभाजी राजे के शासनकाल में मराठा मैसूर संबंध कैसे रहे?- यह जानना भी आवश्यक है। संभाजी राजे के शासनकाल में मराठा-मैसूर युद्ध १६८२ में हुआ। यह वह काल था जब दक्षिण पर अपना वर्चस्व स्थापित करने के लिए मराठा और मैसूर दोनों अपने-अपने ढंग से प्रयास कर रहे थे। मराठा मैसूर युद्ध के समय मराठा सेना का नेतृत्व स्वयं संभाजी ने और मैसूर सेना का नेतृत्व चिक्कादेवराज ने किया था।

मराठा और मैसूर का, चलता रहा घमसान।
एक का उत्कर्ष ही, था दूजे का अवसान।।

संभाजी के बारे में हम पूर्व में ही यह स्पष्ट कर चुके हैं कि उन्होंने अपने जीवनकाल में जो भी युद्ध लड़ा, उसमें वह सफल हुए थे। विजय श्री सदा उनके साथ रही। इस युद्ध में भी पलड़ा उनका ही भारी रहा था। उन्होंने मैसूर की सेना को पराजित करने में सफलता प्राप्त की थी। युद्ध के उपरांत श्रीरंगपट्टनम की संधि हुई। जिसमें चिक्कादेवराज ने संभाजी को हर्जाने के रूप में एक करोड़ होन का भुगतान किया था। इस प्रकार संभाजी महाराज ने मैसूर पर अपना वर्चस्व स्थापित कर उसे देश के दूसरे भागों में बढ़ने से रोकने में सफलता प्राप्त की। इसका परिणाम यह भी हुआ कि मैसूर एक क्षेत्रीय शक्ति बनकर रह गया। राष्ट्रीय इतिहास को प्रभावित करने के लिए अब उसके पास कुछ शेष नहीं था।

अबसे पूर्व संभाजी महाराज के पिता शिवाजी और उनके भी पिता शाह जी कर्नाटक राज्यों में अपने वर्चस्व की लड़ाई लड़ते रहे थे। उस समय उन दोनों को ही सफलता भी मिली थी, परंतु शाह जी को नवाब आदिलशाह ने उनकी जीत से प्रसन्न होकर बैंगलोर की जागीर प्रदान कर दी थी। जबकि शिवाजी महाराज दो वर्ष तक इस क्षेत्र में अपना विजय अभियान चलाते रहे थे। उनका यह अभियान १६७६ से १६७८ तक चला था। इस प्रकार शिवाजी इन क्षेत्रों में मराठा राज्य स्थापित करने में सफल हो गए थे। अब उसे और अधिक मजबूती देने के लिए संभाजी महाराज ने अपने आप को समर्पित कर दिया था।

संभाजी राजे के बारे में हमें यह बात ध्यान रखनी चाहिए कि उनका दृष्टिकोण और उद्देश्य अपने पिता शिवाजी से अलग हटकर साम्राज्यवादी था। उन्होंने मराठा शक्ति को विस्तारवादी बनाया। उनके विस्तारवादी दृष्टिकोण के आड़े मैसूर राज्य के इरादे आ रहे थे। मैसूर राज्य भी कर्नाटक के क्षेत्रों पर अपनी दावेदारी ठोक रहा था। एक ही क्षेत्र के दोनों अलग-अलग दावेदार थे। जिससे दोनों के मध्य शत्रुता और भी अधिक बढ़ रही थी। १६८१ ईस्वी में संभाजी राजे ने श्रीरंगपट्टनम पर हमला किया। यद्यपि इस आरंभिक हमले में उन्हें आशानुकूल सफलता नहीं मिली। परन्तु इसके उपरांत भी उनके सेनापति सरदार हरजी राजे ने मैसूर के सेनापति कुमारैया को परास्त करने में सफलता प्राप्त की। दोनों सेनाओं के बीच वर्चस्व की लड़ाई थी। जिस कारण जमकर संघर्ष हुआ। संभाजी राजे की रणनीति में किसी प्रकार की चूक नहीं थी। जिसके चलते निर्णायक जीत न मिलने पर भी मराठा शक्ति मैसूर पर हावी थी।

संभाजी राजे के बढ़ते वर्चस्व को समाप्त करने के लिए चिक्कादेवराय ने दूसरी रणनीति पर काम करना आरंभ किया। उसने संभाजी राजे को नीचा दिखाने के लिए अपने आप को हिंदुत्व के परम शत्रु औरंगजेब के साथ मिला लिया। औरंगजेब ने तीन मराठा जनरलों दादाजी काकड़े, जैताजी काटकर और संताजी निंबालकर को मार डाला। मैसूर राज्य की इस प्रकार की धृष्टता को देखकर संभाजी अत्यंत क्रोधित हुए। अपने विश्वास पात्र लोगों की इस प्रकार की गई हत्या उन्हें भीतर तक हिला गई। उन्होंने भी अपने नए रणनीतिक मित्रों का साथ लिया और मैसूर राज्य को कड़ा संदेश देने के साथ-साथ कठोर दंड देने का निर्णय लिया। अपनी योजना को सिरे चढ़ाने के लिए उन्होंने जून १६८२ में कुतुबशाही राजवंश और हुक्केरी के नायकों के साथ मैसूर राज्य पर संयुक्त सेना के माध्यम से हमला किया।

हुक्केरी के नायकों के साथ

चिक्कादेव राय ने १५००० तीरंदाजों की सेना के साथ युद्ध में भाग लेने के लिए प्रस्थान किया। कुछ कालोपरांत बनवर में युद्ध आरंभ हो गया। चिक्कादेवराय को शीघ्र ही अपनी शक्ति, सामर्थ्य और सीमाओं का ज्ञान होने लगा। मराठा शक्ति के सामने उसके साथी दुर्बल सिद्ध होते जा रहे थे। संभाजी की सेना का मनोबल बढ़ा हुआ था। चिक्कादेवराय ने अपने सैनिकों को एकत्र करने का प्रयास किया और उन्हें इस बात के लिए प्रेरित किया कि वे सब एक साथ आकर शत्रु सेना पर तीरों की बौछार करनी आरंभ करें। इस बार चिक्कादेवराय का तीर सही निशाने पर लगा। इससे संभाजी महाराज की सेना पर शत्रु सेना पर भारी पड़ती दिखाई देने लगी। संभाजी महाराज के सैनिकों को शत्रु सेना से इस प्रकार की चुनौती की अपेक्षा नहीं थी। इसलिए एक बार तो मराठा सैनिक भौंचक्के से रह गए। इस

समय संभाजी को सैनिकों की हानि हो रही थी। तेजी से उनके सैनिक बलिदान हो रहे थे। मराठा कमांडर अपनी आसन्न पराजय को रोकने के लिए प्रयास कर रहे थे। परंतु उन्हें कोई सफलता नहीं मिल रही थी। मराठा सैनिकों पर मैसूर की सेना का इस प्रकार भारी पड़ना सचमुच आशाओं के विपरीत था।

हुक्केरी में हार के, पहुंच गए नजदीक।
सेना सहित पीछे हटे निर्णय लिया सटीक।।

इस प्रकार की विपरीत परिस्थितियों में संभाजी महाराज ने पीछे हटने का निर्णय लिया। समय और परिस्थितियों को देखकर वे तंजावूर की ओर पीछे हट गए।

इस प्रकार संभाजी महाराज ने इस स्थान पर मिलने वाली पराजय को असमंजस में डाल दिया। वास्तव में किसी भी कूटनीति में प्रवीण राजनीतिज्ञ के लिए यह भी एक रणनीति ही होती है कि वह अपनी पराजय को भी पराजय में परिवर्तित न होने दे। इसी बात के दृष्टिगत संभाजी महाराज ने इस बात की घोषणा नहीं होने दी कि इस युद्ध में उनकी पराजय हो गई है। वह नई शक्ति का संचय करने के लिए अपनी सेना के साथ दूर निकल गए। दूर एकांत में जाकर उन्होंने चिंतन मंथन किया और अपनी सेना को नई शक्ति और ऊर्जा प्रदान की। उन्होंने २० दिनों तक तंजावूर में विश्राम किया। अपनी सेना को सुदृढ़ किया और उसे आगे बढ़ने का आदेश दिया। यहां उनके चाचा एकोजी प्रथम भी उनकी सेना के साथ आकर सम्मिलित हो गए। उनके आने से सेना के मनोबल पर भी सकारात्मक प्रभाव पड़ा।

किया शत्रु को पराजित

अब संभाजी के सामने एक ही विकल्प था कि वह किसी भी प्रकार से शत्रु सेना को उस स्थान से अलग हटाएं जहां उसने अभी-अभी मराठा सैनिकों को कड़वे अनुभवों का मजा चखाया था। मैसूर की सेना मराठा शक्ति के लिए नासूर न बन जाए? - इसे रोकना समय की आवश्यकता थी, अन्यथा वह भव्य भवन भरभराकर गिर सकता था, जिसे बड़े यत्न के साथ संभाजी के पिता शिवाजी महाराज ने खड़ा किया था। इस प्रकार एक साथ कई चुनौतियों को संभाजी ने स्वीकार किया। उसे समय संभाजी के मन में परिवार के सम्मान की बात भी थी, युद्ध में अपनी पराजय ना हो- इसलिए अपने सम्मान की बात भी उनके मस्तिष्क में थी, साथ ही शत्रुओं का मनोबल भी ना बढ़ जाए और इसका सीधा लाभ मुगल बादशाह औरंगजेब को न मिल जाए - इस बात का चिंतन भी उनके मस्तिष्क में चल रहा था। विकट चुनौती का सम्मत करने के लिए उनके मस्तिष्क में कई योजनाओं पर एक साथ चिंतन चल रहा था। ऐसी विषम परिस्थिति में संभाजी राजे ने निर्णय लिया कि

मैसूर की सेना को उसके गढ़ से हटाकर मदुरै के पास के समतल मैदान में ले जाया जाए। अपने इस विचार को सिरे चढ़ाने के लिए उन्होंने तिरुचिरापल्ली शहर पर आक्रमण किया और उसे जाकर घेर लिया।

मैसूर के नासूर बन, छा गए चारों ओर।
सम्मान बचाया देश का, उदित हुई नवभोर।।

मैसूर के लिए इस बार के संभाजी एक बड़ी चुनौती बनकर उभरे थे। वह अपने ऊपर पराजय का कोई धाबी नहीं लगने देना चाहते थे। इसलिए पूरी तैयारी और उत्साह के साथ उन्होंने अपनी सेना के नेतृत्व को संभाला और उसे नये मोर्चे पर ले जाकर खड़ा कर दिया। मदुरै के जिस किले पर जाकर उन्होंने आक्रमण किया, वहां पर मैसूर राज्य का एक चोक्कनाथ नायक रहता था। यह नायक बहुत ही दुर्बल था जो की मैसूर साम्राज्य का जागीरदार था। संभाजी महाराज की शक्तिशाली सेना का सामना करना उसके वश की बात नहीं थी। उसके लिए इससे बड़ी सांत्वना की कोई बात नहीं हो सकती थी कि जिस समय संभाजी महाराज ने इस किले पर आक्रमण किया, उस समय किले के भीतर मैसूर राज्य की मजबूत सेना टिकी हुई थी। जिसे पराजित करना हर किसी के वश की बात नहीं थी।

इधर संभाजी महाराज ने भी शत्रु को पराजित करने की पूरी तैयारी कर ली थी। वह युद्ध के बीच पले और बड़े हुए थे। उन्हें युद्ध करने में आनंद की अनुभूति होती थी। वह एक शूरवीर थे। इसलिए शौर्य का प्रदर्शन करना अपना जन्मसिद्ध अधिकार मानते थे। संकट चाहे कितना ही बड़ा हो और चुनौती चाहे कितनी ही विशाल हो - दोनों मिलकर भी इरादों को बदल नहीं पाते थे। अब से पूर्व उन्होंने अपने आप को कई बार 'छावा' सिद्ध किया था। आज फिर जब वह मैसूर की सेना का सामना करने के लिए आगे बढ़ रहे थे तो समझिए कि एक नई परीक्षा के लिए वह प्रस्थान कर रहे थे। निश्चय ही इस परीक्षा में भी उन्हें अपने आप को एक बार पुनः 'छावा' सिद्ध करना था।

स्थानीय लोगों की उत्कृष्ट देशभक्ति

परीक्षा की तैयारी करते हुए संभाजी महाराज ने २० दिन में ही वह कर दिखाया, जिसके लिए कई योद्धाओं को २० महीने का समय लग जाता है। उन्होंने इन २० दिनों में अपने लोगों के माध्यम से गहन जनसंपर्क किया। जो लोग जिस प्रकार से भी उनका सहयोग कर सकते थे, उनका सहयोग करने के लिए आवाहन किया और उनसे राष्ट्रहित में सामने आकर देश सेना करने की अपील की। उन्होंने आसपास के गांवों के सभी मोचियों को बुलाकर अपनी सेना के प्रत्येक सैनिक के लिए चमड़े की तीर रोधक जैकेट बनवाने का आदेश दिया। मोचियों ने भी अपने राजा के आदेश का निरादर नहीं किया। उन्होंने भी

यथाशीघ्र ऐसी तीर रोधक जैकेट संभाजी महाराज को बनाकर दे दीं। अपने सैनिकों के लिए इस प्रकार की जैकेट को और भी अधिक उपयोगी बनाने के लिए संभाजी महाराज ने इन पर तेल की एक परत चढ़वा दी थी। इसका लाभ यह होना था कि जब तीर इस जैकेट में आकर लगता तो वह जैकेट में फंसता नहीं।

उन्होंने लोगों से अपील की कि वह अपने-अपने हाथियों को देश सेवा के लिए उन्हें उपलब्ध कराएं। लोगों ने उनकी इस अपील को भी गंभीरता से लिया। जिसके कारण उन्हें बड़ी संख्या में युद्ध के लिए हाथी उपलब्ध हो गये। संभाजी महाराज ने आसपास के गांवों के सभी नागरिकों को अपनी सेना के साथ एकत्र होने का आदेश दिया। उनके द्वारा इस प्रकार की योजना को जब मूर्तरूप दिया गया तो मराठा सेना के ३०० सैनिक हमले के समय जलते हुए तीर चलाने के लिए तैयार थे।

इन चमड़े की जैकेटों पर तेल की एक परत चढ़ाई गई थी ताकि जैकेट में तीर फंसने से बच सकें। संभाजी ने आस-पास के इलाकों से प्रचुर मात्रा में उपलब्ध युद्ध हाथियों को भी इकट्ठा किया। उन्होंने आस-पास के गांवों के सभी नाविकों को अपनी सेना के साथ इकट्ठा होने का आदेश दिया। मराठा सेना के ३०० तीरंदाज हमले के दौरान जलते हुए तीर चलाने के लिए तैयार थे। इस प्रकार इस बार संभाजी महाराज के पास एक सुसज्जित सेना थी। बड़ी बात यह थी कि इस सेना को इस प्रकार से युद्ध के लिए तैयार किया गया था कि अभी २० या २२ दिन पहले जो युद्ध हुआ था, उसकी कालिमा को इसके हृदय से पूर्णतया निकाल दिया गया था।

किया शत्रु को पराजित

छत्रपति संभाजी महाराज की यह योजना बहुत महत्वपूर्ण थी। अब उन्होंने अपनी इसी योजना के अनुसार आगे बढ़ने का निर्णय भी ले लिया था। तिरुचिरापल्ली कावेरी नदी के विपरीत तट पर है। एक दिन प्रात:काल में मराठा सेना ने आसपास के गांवों से एकत्र की गई नावों का उपयोग करके नदी पार की। लोगों में उत्साह था, शत्रु को मार भगाने की उमंग थी, देशभक्ति उनकी बाजुओं में फड़क रही थी। इस बार संभाजी महाराज पुराने हिसाब को चुकता कर देना चाहते थे। अभी कुछ समय पहले जिस प्रकार मैसूर की सेना ने संभाजी की सेना को उत्पीड़ित किया था और उसे अपने अनेक सैनिकों के बलिदान देने के लिए विवश किया था, अब संभाजी राजे सारी घटनाओं का प्रतिशोध ले लेना चाहते थे। मैसूर के सैनिकों ने जब देखा कि मराठा फौज ने उन पर अचानक हमला कर दिया है तो वह गहन आश्चर्य में पड़ गए। वास्तव में वे यह भ्रांति पाल चुके थे कि अब मराठा सैनिकों से उनका कभी सामना नहीं होगा, क्योंकि वह मराठा सेना को निर्णायक रूप से पराजित कर चुके

हैं? परंतु इतनी शीघ्रता से संभाजी महाराज अपने सैनिकों का मनोबल पुनर्स्थापित करने में सफल हो जाएंगे और इतनी शक्ति के साथ वह मैसूर पर आक्रमण बोलेंगे? - ऐसा कभी मैसूर के राजा और सेनापतियों ने सोचा भी नहीं था।

इस बार मराठा सैनिकों ने मैसूर के सैनिकों पर सीधे तीरों की बौछार करनी आरंभ कर दी। संभाजी महाराज के सैनिकों को चमड़े की जैकेट ने बहुत प्रभावी सुरक्षा प्रदान की। उन पर जब मैसूर के तीरंदाजों के तीर आते तो वह उतने कारगर नहीं हो पा रहे थे, जितने पूर्व के युद्ध में हुए थे। विश्व इतिहास में ऐसे बहुत कम उदाहरण मिलते हैं जब कोई पराजित सेना इतनी शीघ्रता से विजयी होने के संकल्प के साथ लौटकर युद्ध के मैदान में आ गई हो? और आने के पश्चात शत्रु के छक्के छुड़ा रही हो। परन्तु यह भारत है, जहां सब कुछ संभव है। इस बार के युद्ध में संभाजी ने अपनी युद्ध नीति से यह सिद्ध कर दिया था कि यदि 'संभाजी हैं तो सब कुछ संभव है।

हाथियों ने भी अपना काम करके दिखाया। उन्होंने मुख्य द्वारों को तोड़ दिया और तिरुचिरापल्ली की सड़कों पर भीषण युद्ध आरंभ करने में सहायता प्रदान की। सूर्यास्त होने से पहले मराठा सैनिकों ने मैसूर के इस शहर पर अपना नियंत्रण स्थापित कर लिया। किले पर चोक्कनाथ नायक की मृत्यु हो गई। १० दिनों के बाद दस हजार की सेना के साथ संभाजी ने किले की घेराबंदी कर दी। संभाजी महाराज की सफल रणनीति ने अपने सफल परिणाम मराठा सेना के हाथों में प्रदान किये। जिधर मैसूर राज्य का गोला बारूद एकत्र हुआ रखा था, उधर की ओर मराठा धनुर्धारियों ने तीरों की वर्षा करनी आरंभ की। जिसके कारण गोला बारूद में एक बड़ा भारी विस्फोट हुआ। परिणामस्वरूप किले की दीवारों को ढहाने में मराठों को सफलता प्राप्त हुई। इस प्रकार तिरुचिरापल्ली पर मराठों का अधिकार स्थापित हो गया। तत्पश्चात उन्होंने तिरुचिरापल्ली को लूट लिया। संभाजी एक और अग्नि परीक्षा में सफल हो गए थे।

इस युद्ध ने चिक्कादेवराय की शक्ति की पोल खोल दी। उसकी गहरी पराजय मिली। इसके पश्चात उसके कुछ सहयोगी उसका साथ छोड़कर संभाजी से जा मिले। संभाजी महाराज का कई दुर्गों पर अधिकार स्थापित हो गया। श्रीरंगपट्टनम की संधि के आधार पर इस युद्ध का अंत हो गया।

नोट : मराठा मैसूर संबंधों के बारे में हमें बेंद्रे वीएस (.१९६७) मोलोजीराजे शाह जी महाराज, कोल्हापुर पार्श्व प्रकाशन, बी. मुदाचारी (१९६९) १७ वीं शताब्दी में मैसूर मराठा संबंध, मैसूर प्रसारंगा मैसूर विश्वविद्यालय और बी.मुदाचारिया १९६७, मैसूर मुगल संबंध (१६८६- ८७) भारतीय इतिहास कांग्रेस की कार्यवाही, से जानकारी मिलती है।

❍

अध्याय - १६

मुगलविहीन भारत के स्वप्नद्रष्टा संभाजी

संभाजी महाराज मां भारती के ऐसे सच्चे सपूत थे जो चौबीसों घंटे देश के लिए जीते थे और देश के लिए काम करते रहने में ही अपना सौभाग्य समझते थे। उन्होंने समकालीन राजनीति को बड़ी गहराई से समझा और अपने व्यक्तित्व और कृतित्व के माध्यम से उसे बहुत ही गहराई से प्रभावित भी किया। उनके व्यक्तित्व ने समकालीन समाज के युवा वर्ग को प्रभावित किया। उसे देश सेवा के लिए समर्पित होने का पाठ पढ़ाया। उनके भीतर नई सोच और नई ऊर्जा का संचार किया। संभाजी महाराज ने अपने समकालीन राजाओं को यह सोचने के लिए प्रेरित किया कि उन्हें भी देश के लिए कुछ करना चाहिए। इतना ही नहीं, संभाजी महाराज ने अपने शत्रुओं को भी जन सेवा करने के लिए प्रेरित किया। यह अलग बात है कि उन्होंने इसके उपरांत भी जनसेवा को अपना लक्ष्य न बनाकर जन विनाश को ही लक्ष्य बनाए रखा।

इतिहास का महानायक कौन?

इतिहास का महानायक वही बनता है जो समकालीन समाज और इतिहास पर अपना अमिट प्रभाव डालने में सफल होता है। जिसके कारण जन क्रांति को नई दिशा मिलती है। जन विश्वास को नया संबल मिलता है और जन अपेक्षाओं को नया भरोसा मिलता है, नए पंख मिलते हैं। महानायक वही होता है जिसके रहने से लोगों को सुरक्षा का आभास होता है। जिसकी उपस्थिति से सभा को एक नई आभा मिलती है। जिसके नाम लेने मात्र से शत्रु को पसीना आ जाता है। जिसके कारण राष्ट्र अपने आप को सुरक्षित अनुभव करता है। जिसके कारण संस्कृति स्वयं को गौरवान्वित अनुभव करती है और जिसके कारण धर्म निसंकोच होकर अपना काम करता है।

महानायक होता वही करे काम उत्कृष्ट।
भक्षण मानव का करे होता वही निकृष्ट।।

दिव्य गुणों से युक्त इतिहास के महानायक संभाजी महाराज ने मुगलों को भारत से पूर्णतया उखाड़ फेंकने की योजना पर काम करना आरंभ किया। उनकी इस प्रकार की योजना को देखने से पता चलता है कि वह संस्कृति नाशक मुगलों को लेकर कितने गंभीर थे? वह जानते थे कि इन लोगों के भारतवर्ष में रहने तक हम कभी भी धर्म की रक्षा करने में सफल नहीं हो पाएंगे। देश में स्थाई शांति तभी आएगी जब विपरीत विचारधारा के कट्टरपंथी लोगों का सफाया कर दिया जाएगा। जब तक कट्टरपंथी सोच समाज में काम करती रहेगी, तब तक जनसाधारण चैन की नींद नहीं सो सकता। उनकी योजना थी कि मां भारती को सम्मान तभी मिल सकता है, जब हमारे धर्म और संस्कृति के विनाश में लगी हुई शक्तियों का विनाश कर दिया जाएगा। जब तक राक्षसी वृत्तियों को प्रोत्साहित करने वाले और नरसंहार कर मानवता का खून करने वाले लोग जीवित हैं, तब तक अपना देश उन्नति नहीं कर सकता। मानवता की रक्षा के लिए खून बहाना पड़ेगा - यह तो चलेगा, परंतु खून बहाने के लिए मानवता का खून बहाया जाए - यह अब बंद होना चाहिए।

यह एक चिंतन था। एक दर्शन था। एक सोच थी। एक फिलॉसफी थी। जिसके लिए संभाजी काम कर रहे थे।

विषबीजों के बीजनाश की योजना

युवावस्था में ऐसा चिंतन और ऐसी फिलासफी इतिहास में कम लोगों के भीतर ही देखने को मिलती है, परन्तु हम फिर कहेंगे कि यह भारत है - जहां के युवा क्रांति करते हैं। क्रांति का इतिहास लिखते हैं। क्रांति के गीत गाते हैं और क्रांति के लिए ही जीते - मरते हैं। उनका उठना-बैठना, जीना-मरना, सोना-जागना - सब कुछ क्रांति के लिए समर्पित होता है। उनकी क्रांति में मानवता की सेवा निहित होती है। उनके चिंतन में क्रांति का अभिप्राय मानवता का खून बहाना नहीं होता अपितु मानवता का श्रृंगार करना होता है और मानवता का श्रृंगार सदा सृजनात्मक शक्तियों के माध्यम से ही होता है। विध्वंसक शक्तियों का विनाश करना उनका सर्वोपरि कर्तव्य होता है। इस दृष्टिकोण से अपने इतिहास नायक संभाजी को हमें क्रांति दूत के रूप में सम्मान देना चाहिए। जिन्होंने मां भारती की सच्ची सेवा करने के लिए समकालीन समाज को नई दिशा और नई ऊर्जा देने का कार्य किया था। यदि उनके संकल्पों के आधार पर भारत का निर्माण किया जाता तो उसी समय पुर्तगाली, डच, फ्रांसीसी, अंग्रेज और मुगल सारे विदेशी भारत छोड़कर भाग गए होते। ये सारे के सारे मां भारती के लिए विषबीज थे। यदि संभाजी राजे की क्रांति योजना पर काम किया गया होता तो इन सारे विषबीजों का बीजनाश उसी समय हो गया होता।

नाग दफन होते सभी, मिटता सबका वंश।
संभाजी देते मिटा, घातक विषधर दंश।।

जिन लोगों ने कालांतर में इन विषबीजों को दूध पिला-पिलाकर बड़ा किया, उनकी मूर्खताओं के कारण आज हम इन विषबीजों के अनेक नए संस्करणों को मां भारती के प्रांगण में उगते देख रहे हैं। यदि संभाजी राजे की योजना पर हम काम करते तो आज सारे देश को इन विषबीजों से मुक्त हुआ देखते।

इस दृष्टिकोण से इतिहास का परिशीलन एवं अनुशीलन करने से पता चलता है कि हमने अपने महानायक संभाजी राजे की क्रांति योजना को दफन कर विचारों के क्षेत्र में कितना बड़ा गबन किया है? यह दफन-गबन के घपले-घोटाले हमारे देश की उन्नति और प्रगति में बाधक रहे हैं।

संगमेश्वर में बुलाई थी एक गुप्त बैठक

कहते हैं कि संभाजी राजे ने अपनी इस योजना को क्रियान्वित करने के लिए संगमेश्वर में एक गुप्त बैठक बुलाई थी। जिसमें उपस्थित जन गण के सामने उन्होंने अपनी योजना को विस्तार से समझाने का प्रयास किया था। इतिहास के इस छुपे हुए पृष्ठ पर हमें फिर से नए विमर्श को गढ़ने की आवश्यकता है। इतिहास की ओर से पीठ फेरकर बैठे युवा वर्ग को यह समझाने की आवश्यकता है कि अपना इतिहास निराशा का इतिहास नहीं है। इसमें अनेक स्थलों पर ऐसे गौरवशाली रहस्य छुपे हुए हैं, जिनको पढ़कर, समझकर और सुनकर आज भी हमारी बाजुओं में फड़कन पैदा हो सकती है। जिससे पता चल सकता है कि अतीत में भी ऐसे अनेक महानायक हुए हैं, जिन्होंने देश, धर्म और संस्कृति की रक्षा के लिए अपना सर्वस्व समर्पित करते हुए अपना बौद्धिक चिंतन भी इस बिंदु पर केंद्रित किया कि जैसे भी हो देश आगे बढ़ना चाहिए। उन्होंने अपने काल में ऐसे अनेक प्रयत्न किये जिनसे शत्रुओं का विनाश किया जाना संभव था। आज के युवाओं को बताने की आवश्यकता है कि हमारा इतिहास हाथ पर हाथ धरकर बैठे गए लोगों का इतिहास नहीं है। यह उठकर चलने और चलकर दौड़ने वाले लोगों का इतिहास है। जिन्होंने दौड़ते दौड़ते ऊंची छलांगें लगाई और आने वाली पीढियों के लिए नये कीर्तिमान स्थापित करके संसार से चले गए। उन कीर्तिमानों को आज जनता के सामने प्रकट करने की आवश्यकता है और जब इस प्रकार के कीर्तिमानों को प्रकट करने की बारी आएगी तो उसमें संभाजी राजे का नाम सबसे ऊपर होगा।

संभा ने संभव किया, सपना एक महान।
एक लक्ष्य सबका बने, बढ़े देश की शान।।

यजुर्वेद के आधार पर प्राचीन काल से ही भारत के लोगों की यह मान्यता रही है कि अपना शरीर एक राष्ट्र है। रुधिर, मांस, हड्डियाँ, कई कोश, अवयव, इन्द्रियाँ आदि का समुच्चय ही शरीर कहलाता है और एक तत्त्व है प्राण, जो शरीर को जीवन प्रदान करता है। इस शरीर की राष्ट्रदेह से तुलना की गई है। (यजुर्वेद २५.८) शरीर की इन्द्रियों को भोग चाहिएं तभी वे कार्य करती हैं। कार्य करती हैं - तभी वे थक भी जाती हैं। ऐसा प्राण (आत्मा) का नहीं है। प्राण शरीर के रक्षण के लिए सदा विचरण करता है। विचरण में वह कभी थकता नहीं, वैसे उसे विश्राम की आवश्यकता भी नहीं है। वैसा ही राष्ट्र का है। राष्ट्र के कई अंग हैं- मनुष्य, परिवार, ग्राम, प्रान्त और राष्ट्र। इसके साथ जुड़े हुए गृहप्रमुख, समूहप्रमुख, ग्रामप्रमुख, प्रान्तप्रमुख, राष्ट्रप्रमुख भी आये। उनका अपने-अपने स्तर का शासन प्रचलित हुआ। विभिन्न स्तरों पर कर्मचारी, अधिकारी, मन्त्री, मन्त्री मण्डल, सभापति, राजप्रमुख, राष्ट्रप्रमुख भी जुड़ गये। यह राष्ट्र का पूर्ण स्वरूप है। यजुर्वेद 'राष्ट्र एक देह है' इस संकल्पना को और अधिक स्पष्ट करता है। 'यत् पिण्डे तद् ब्रह्मण्डे'- जो पिण्ड में है, वही ब्रह्माण्ड में है।

इस प्रकार के उत्कृष्ट चिंतन के कारण हमारे लोग राष्ट्र के प्रति अपना गहन समर्पण भाव रखते थे। जितना उन्हें अपने शरीर से प्रेम होता था, उतना ही वह अपने राष्ट्र से प्रेम करते थे। यह प्रेम उनके धर्म की पराकाष्ठा थी। धर्म की इसी पराकाष्ठा की छत्रछाया के नीचे भारत के अतीत के गौरवशाली लोग एक दूसरे के साथ ' वसुधैव कुटुंबकम' की पवित्र भावना के साथ समन्वित होकर रहा करते थे। संभाजी महाराज पिंड और ब्रह्मांड के इसी सुंदर समन्वय को राष्ट्र का प्रणव गीत बना देने के लिए प्रयासरत रहे।

उनकी गायत्री राष्ट्र माता थी। राष्ट्र ही उनका सर्वोपरि देव था। प्रणव जप उनका राष्ट्रबोध था। राष्ट्रमाता, राष्ट्र और राष्ट्रगीत ही उनकी वह त्रिवेणी थी, जिसमें डुबकी लगाकर वह अपने आप को पवित्र अनुभव करते थे। ऐसे दिव्य राष्ट्र पुरुषों पर आप कितना अनुसंधान कर सकते हैं और आपको कितना अनुसंधान करना चाहिए? आपके लिए शोध के कितने व्यापक क्षेत्र हो सकते हैं? उनके व्यक्तित्व और कृतित्व पर शोध करते-करते आप कैसे-कैसे नए आयामों को छूते चले जाएंगे?- इस पर आज विचार करने की आवश्यकता है।

यदि हमने अपने इतिहास नायक संभाजी पर कोई शोध नहीं किया है तो समझिए हमने हाथ में आए हुए एक अनमोल हीरे को नदी में बहा दिया है।

राष्ट्र का नेता कैसा हो?

राष्ट्र का नेता कैसा हो? जब हम वैदिक दृष्टिकोण से इस प्रश्न का उत्तर खोजते हैं तो पता चलता है कि राष्ट्र के नेता उस राष्ट्र के प्राण स्वरूप होते हैं। जैसे हमारे शरीर में प्राणों का महत्व है, वैसे ही राष्ट्र में नेता का महत्व होता है। उत्तम नेता के कारण ही राष्ट्र जागृत रहता है। यदि नेता में नेतृत्व के गुण नहीं हैं तो राष्ट्र की प्रगति और उन्नति बाधित होती है। यदि नेता में राष्ट्र, राष्ट्रवाद और राष्ट्रीयता के प्रति गहन आस्था है तो राष्ट्र उन्नति और प्रगति को प्राप्त होता है। उत्तम नेता के अभाव में राष्ट्र दिशाहीन हो जाता है। इसलिए हमारी मान्यता है कि संभाजी महाराज को पाकर तत्कालीन भारतीय समाज धन्य हो गया था। क्योंकि उनके कारण राष्ट्र उन्नति और प्रगति को प्राप्त हो रहा था। उस समय के मुगल बादशाह स्वयं दिशाहीन थे। उन दिशाहीनों के कारण राष्ट्र अधोगति को प्राप्त हो रहा था।

ऋग्वेद कहता है- ध्युमिः जायसे (ते)। नेता तेजों से उत्पन्न हो, 'अदाभ्य' न दबने वाला, कोई शत्रु उसे भयभीत कर नहीं पाता, 'पोत्रं तव' राष्ट्र में पवित्रता रखने वाला हो।

ऋग्वेद की शैली में जब हम इन गुणों को अपने इतिहासनायक संभाजी पर घटित करके देखते हैं तो पता चलता है कि वह ऐसे ही दिव्य गुणों से भरे हुए थे। वह तेज से उत्पन्न हुए थे। बड़े से बड़े शत्रु के सामने भी वह दबने वाले नहीं थे। बड़े से बड़ा शत्रु भी उन्हें कभी भयभीत नहीं कर पाया। उन्होंने राष्ट्र में पवित्रता रखने का हर संभव प्रयास किया। पवित्रता रखने की पराकाष्ठा पर पहुंचकर ही उन्होंने देश में व्याप्त सारी गंदगी को समाप्त करने के लिए संगमेश्वर में गोपनीय सभा बुलाकर राजाओं और प्रतिष्ठित लोगों के सामने यह विचार रखा था कि अब मुगलों को समूल नष्ट करने के लिए हम सबको सामूहिक प्रयास करना चाहिए।

राजा के लिए व्यवस्था दी गई है कि वह 'सतां वृषभः इन्द्र' वह सज्जनों की कामनाओं का पूरक हो तथा स्वयं भी ऐश्वर्यवान् हो, 'पुरन्ध्या सचते' उत्तम बुद्धि वाला हो, 'धृतव्रतः वरुण' व्रतों, नियमों को धारण करने वाला हो, 'बाहुभिः वाजी अरुषा रोचते' अपनी भुजाओं से बलवान् हो, तेजस्वी हो, राष्ट्र का संचालक हो।

कहना ना होगा कि संभाजी महाराज के भीतर ये सभी दिव्य विभूतियां विद्यमान थीं।

वेद में राष्ट्र की अनुपम धारणा और भावना को स्पष्ट किया गया है कुछ संकेत हमने ऊपर दिया है। इस पर थोड़ा और विचार करते हैं। यजुर्वेद राष्ट्र की अवधारणा पर विचार करते हुए स्पष्ट करता है कि 'राष्ट्र एक देह है'। इस देह के हम सभी राष्ट्रवासी अवयव हैं। राष्ट्र रुपी देह की रक्षा के लिए हम सभी मिलकर एक दिशा में सात्विक भाव से जोर लगाते रहें। जितने भी उपद्रवकारी, उत्पाती लोग समाज में हों, वे सब हमारे सामूहिक शत्रु होने

चाहिए। इस भाव को मन में बसाकर संभाजी राष्ट्र जागरण का कार्य कररहे थे।

विद्वानों की मान्यता है कि "मनुष्य देह और राष्ट्र देह को एक मानकर यह निर्देश दिया गया कि हम अपनी मातृभूमि को अपना देह मानें। देह के समान ही राष्ट्र की सुरक्षा करें। (यजुर्वेद 25.9)। इस देह में सिर, बाहु, पेट और पांव-ये चार अवयव हैं। उसी तरह राष्ट्र में ज्ञानी, वीर, व्यापारी और सेवा करने वाले कर्मचारी भी हैं। ये चार वर्ण कहलाए गए। ये चार वर्ण गुण-कर्म-स्वभाव-योग्यता के अनुसार हैं।"

वेद उत्तम राष्ट्र की संकल्पना में पृथ्वी को प्रथम स्थान देते हैं। इसी पृथ्वी के प्रति समर्पण और श्रद्धा का भाव रखते हुए हम इसे भारत माता कहते हैं। क्योंकि यह हम सब का पालन पोषण करती है। अपनी भारत माता के प्रति संभाजी का दृष्टिकोण भी ऐसा ही था। इसी दृष्टिकोण के दृष्टिगत वह राष्ट्र निर्माण के पवित्र कार्य में लगे हुए थे। हम उनकी राष्ट्र निर्माण योजना से आज भी ऊर्जा प्राप्त कर सकते हैं।

❍

अध्याय - १७

संभाजी के साथ हुई गद्दारी

छत्रपति संभाजी महाराज ने औरंगजेब के लिए कई प्रकार की चुनौतियां खड़ी की थीं। वर्ष १६८३ में जब औरंगज़ेब सारे दक्षिण पर मुगल पताका फहराने की बड़ी तैयारी कर रहा था और मुगल सेना भेजकर दुर्गों को विजय करने की चेष्टा कर रहा था, तब उसकी इस प्रकार की योजना पर पानी फेरने वाले यदि कोई शूरवीर थे तो वह संभाजी महाराज ही थे। उन्होंने गुरिल्ला युद्ध के माध्यम से मुगलों को उस समय छठी का दूध याद दिला दिया था। औरंगजेब कहने के लिए तो हिंदुस्तान का बादशाह था, लोग उसे शाह आलम की उपाधि से सम्मानित करके बोला करते थे। परंतु सच यह था कि हिंदुस्तान के उस कथित बादशाह ने हिंदुस्तान की राजनीतिक राजधानी दिल्ली को केवल इसलिए त्याग दिया था कि दक्षिण में उसे शिवाजी और संभाजी जैसे हिन्दू वीर योद्धाओं से बड़ी चुनौती मिल रही थी।

संभाजी और मुगलों के बीच जहां-जहां भी युद्ध हुआ, वहीं वहीं संभाजी ने अपनी वीरता और शौर्य का परिचय देते हुए विजय का परचम फहराया। कई मामलों में संभाजी अपने पिता शिवाजी महाराज से भी आगे थे। औरंगज़ेब शिवाजी से तो दु:खी रहा ही था, उनके पश्चात उसे संभाजी के रूप में एक और ऐसी बड़ी सिरदर्दी मिल गई थी, जिसने उसे रात को सोने नहीं दिया और दिन में चैन से रहने नहीं दिया। जिस दक्षिण को जीतकर वह पूरे भारतवर्ष का बादशाह बन जाना चाहता था, उधर उसका दिग्विजयी घोड़ा मां भारती के सच्चे सपूत संभाजी राजे ने पकड़कर गिरफ्तार कर लिया था। उन परिस्थितियों को देखकर केवल यही कहा जा सकता है कि: -

अपनी वीरता की धाक से,
गरजती तलवारों की धार से,
भयभीत शत्रु दल किया,
अपने पराक्रम के वार से।

औरंगजेब जितना ही अपने इस दिग्विजयी घोड़े को छुड़ाने का प्रयास करता था, उतना ही वह दल-दल में फंसता जा रहा था। उससे दिल्ली बहुत दूर हो गई थी। वह दक्षिण को विजय कर दिल्ली लौटना चाहता था। परंतु संभाजी थे कि उसे दिल्ली लौटने का मार्ग ही नहीं दे रहे थे।

गद्दारों को मिला अवसर

वास्तविकता यह थी कि औरंगजेब उस समय दिल्ली का बादशाह होकर भी दिल्ली से दूर था। मराठा सेनाओं के हमलों का ही प्रभाव था कि १६८५ तक मुगल किसी भी मराठा क्षेत्र को प्राप्त नहीं कर पाए। जब संभाजी महाराज सत्तारूढ़ हुए तो उनके शासनकाल में भी मुगलों ने मराठा क्षेत्रों को अपने अधीन करने के लिए कई बार प्रयास किये,परंतु हर बार उन्हें मुंह की खानी पड़ी। १६८७ में भी औरंगजेब ने मराठा क्षेत्र पर अपना आधिपत्य स्थापित करने का प्रयास किया, परंतु वह असफल ही रहा। यद्यपि इस युद्ध में उनके सेनापति और विश्वासपात्र हंबीरराव मोहिते का बलिदान हो गया। उनके इस सेनापति के जाने से निश्चित रूप से उनकी शक्ति को आघात लगा। उन जैसे विश्वसनीय साथी का युद्ध क्षेत्र में होना संभाजी राजे के लिए बहुत बड़े सौभाग्य की बात होती थी। उनका जाना संभाजी को भीतर तक चोटिल कर गया। इस सेनापति की गौरवपूर्ण उपस्थिति के कारण कई लोग थे जो अपनी छल-कपट की योजनाओं को लागू नहीं कर पाते थे। सारी सेना में व्यवस्था बनी रहती थी। अब इस महान सेनापति के जाने के पश्चात कुछ गद्दारों ने अपनी गद्दारियों के ताने-बाने बुनने आरंभ कर दिए थे। उनकी गद्दारियों भरी मानसिकता से संभाजी परिचित नहीं थे। यही कारण था कि षड़यंत्रों का खेल चुपचाप आगे बढ़ता जा रहा था।

गद्दारों की गद्दारी से कोई परिचित नहीं होता,
झूठी गीदड़ भभकी से कोई अचंभित नहीं होता।
आस्तीन के सांपों को हर कोई दूध पिलाता है,
कौनहैकितनाजहरीला,कोईपरिचितनहींहोता।।

संभाजी अपने समय में भारत के विरुद्ध काम कर रहीं तीन शक्तियों का सामना कर रहे थे। जिनमें पुर्तगाली, निजाम और मुगल सम्मिलित थे। हमारे इस इतिहासनायक ने इन तीनों के विरुद्ध सफल सैनिक अभियान चलाया। इनमें से कोई सा भी उनके सामने रणक्षेत्र में टिक नहीं सका था। संगमेश्वर में बैठक करने के पश्चात संभाजी महाराज ३१ जनवरी १६८९ को रायगढ़ के लिए प्रस्थान करने वाले थे। इस अवसर का लाभ उठाते हुए गनोजी शिर्के और कान्होजी शिर्के ने संभाजी को अपने शिकंजे में फंसाकर अपने षड़यंत्र का शिकार बनाने की योजना बनाई।

गनोजी शिर्के और कान्होजी शिर्के

गनोजी शिर्के संभाजी की पत्नी येसुबाई का सगा भाई था। निकट संबंधी होकर भी वह गद्दारी पर उतर आया था। दूसरा गद्दार कान्होजी भी गनोजी का दूर का भाई ही लगता था।

कुछ इतिहासकारों की ऐसी भी मान्यता है कि ये दोनों सगे भाई थे। कहा जाता है कि उनके पिता पिलाजी शिर्के कभी मुगलों के सरदार हुआ करते थे। जिनके राज्य क्षेत्र पर संभाजी महाराज ने अपना आधिपत्य कर लिया था।

बस, यही बात थी जो इन दोनों गद्दारों को पसंद नहीं आ रही थी। मुगल भी इस बात को भली प्रकार जानते थे कि संभाजी महाराज और गनोजी व कान्होजी के बीच इस समय संबंधों में दरार आ चुकी है। उचित अवसर हाथों आया देखकर औरंगजेब ने इन तीनों के बीच पड़ी इस दरार को और चौड़ा करने के उपाय खोजने आरंभ कर दिये। औरंगजेब ने अपने एक मकरब खान नाम के सरदार को गनोजी से भेंट करने के लिए भेजा। इस भेंट में मुगल सरदार को गनोजी शिर्के का मन खोजना था और उसे लालच देकर अपनी ओर मिलाना था। मकरब खान ने संभाजी के इस सरदार के साथ वार्तालाप के दौरान यह तथ्य स्पष्ट किया कि यदि आप हमें संभाजी के विरुद्ध सहायता करेंगे तो हम आपको दक्षिण का आधा राज्य सौंप देंगे।

इस गद्दार के लिए इतना बड़ा लालच बहुत बड़ी बात थी। उसने इस शर्त पर तुरंत हां कर दी। वास्तव में उसकी यह ' हां' उस समय भारत माता के लिए बहुत बड़ा अभिशाप बनने जा रही थी। वह किसी एक व्यक्ति विशेष के विरुद्ध गद्दारी न करके मां भारती के साथ गद्दारी कर रहा था। उसने कोटि-कोटि जनों के नायक संभाजी महाराज को गिरफ्तार करवाने की सहमति देकर समझो संपूर्ण भारत के विनाश के दिनों को निकट लाने की ओर एक कदम बढ़ा दिया था। अब वह स्वयं इस बात का प्रयास करने लगा था कि यदि संभाजी महाराज संगमेश्वर के लिए प्रस्थान करें तो वह अपनी योजना को सिरे चढ़ाये।

पापी रत रहे पाप में, करता रहे दिन-रात।
सज्जन रत रहे पुण्य में, पूंजी उसकी खास॥

पूर्व निर्धारित योजना और कार्यक्रम के अंतर्गत संभाजी महाराज संगमेश्वर के लिए प्रस्थान करते हैं। तब इस गद्दार गनोजी ने उनसे कहा कि इस क्षेत्र के कुछ प्रतिष्ठित लोग एक स्थान विशेष पर आपका सम्मान करना चाहते हैं। यदि आपकी अनुमति हो तो मैं उचित व्यवस्था के लिए उन लोगों को निर्देश दूं। इस कार्यक्रम को संपन्न करने के लिए आपको रास्ते में कुछ समय के लिए रुकना पड़ेगा। गद्दार ने मीठे शब्दों में अपने स्वामी को अपने गद्दारी के जाल में फंसाने की पूरी तैयारी कर ली थी।

गनोजी की इस बात को सुनकर संभाजी महाराज सहमत हो गए। उन्हें नहीं पता था कि आज शत्रु ने उनके विरुद्ध कौन सा जाल बुन दिया है और अब वह जिस जाल में फंसने जा रहे हैं वह उनके जीवन का अंतिम पड़ाव बनने जा रहा है। इतिहास का एक महानायक अनजाने में ही अपने अस्ताचल की ओर चल दिया था। यद्यपि उसके यौवन का सूर्य अभी अपनी ऊंचाई पर पहुंचा ही था। भरी दोपहरी में यौवन का लुटना समाज और राष्ट्र के लिए बड़ा कष्टकर होता है। देश के महानायक संभाजी को यह ज्ञात नहीं था कि उनके यौवन के सूर्य का भरी दोपहरी में तेजी से परन्तु अचानक ढलान होने जा रहा है।

गनोजी की बाँछें खिल गईं

जब संभाजी ने रास्ते में रुकने पर अपनी सहमति दी तो गनोजी की बाँछें खिल गईं। उसे लगा कि शिकार अपने आप ही जाल में फंस चुका है। अब वह इस बात के लिए प्रतीक्षा करने लगा था कि यदि निर्धारित दिवस आए तो वह अपना काम पूर्ण करे। कहने के लिए तो उस समय चारों ओर शांति थी परंतु गनोजी के मन में अशांति छाई हुई थी, क्योंकि वह एक महानीच करने जा रहा था। नीचता के उस कर्म पर उसकी अंतरात्मा उसी का चोट लगी यही कारण था कि वह अपने आप ही कई प्रकार के प्रश्नों से घिर चुका था। कहा भी जाता है कि जब व्यक्ति पाप कृत्य करता है तो उसकी अंतरात्मा उसे अनेक बार कचोटती है। यही मानसिकता उस समय गनोजी की बन चुकी थी।

हर बार की भांति इस बार भी संभाजी महाराज इस गद्दार गनोजी को अपना विश्वासपात्र मानकर उसके साथ बड़ी सहजता के साथ यात्रा पर चल दिए। उन्होंने अपनी सेना की एक टुकड़ी पहले ही रायगढ़ के लिए भेज दी थी। अपने २०० विश्वासपात्र सैनिक अपने साथ रखे। उन्हें विश्वास था कि वह जिन लोगों के साथ जा रहे हैं, उनके साथ रहकर उनके जीवन को कोई खतरा उत्पन्न होने वाला नहीं है। इसलिए अनावश्यक अधिक सैनिक अपने साथ लेकर चलना उन्हें उचित नहीं लग रहा था। अपने ही लोगों पर विश्वास करना भी कई बार अच्छा नहीं लगता। यह राजनीति और कूटनीति का तकाजा भी होता है कि अपनी पत्नी और अपने पुत्र पर भी कभी विश्वास नहीं करना चाहिए।

महामति चाणक्य कहते हैं कि राजा को अपने एकांतवास में रानी से मिलने के लिए जाते समय भी हथियार बांधकर ही जाना चाहिए। इसका कारण केवल यही है कि प्राचीन काल से ही राजनीति में ऐसी अनेक घटनाएं हो चुकी हैं, जिनमें रानी ने भी अपने पति के साथ गद्दारी की है। इसलिए राजा को रानी पर भी बहुत अधिक विश्वास नहीं करना चाहिए। वहां भी उसे सावधान मुद्रा में ही प्रवेश करना चाहिए। संभाजी राजे संभवत: इसी बिंदु पर

चूक कर रहे थे। जहां भारतीय राज्यपरंपरा में राजा के लिए यह अनिवार्य किया गया है कि वह निकट से निकट संबंधी अपने प्रिय व्यक्ति से भी सावधान रहे, वहीं संभाजी अपने कुछ निकट संबंधियों पर कुछ अधिक ही विश्वास कर रहे थे।

गनोजी इस बात को लेकर अब बहुत अधिक प्रसन्नता अनुभव कर रहा था कि उसका शिकार उसके शिकंजे में आ चुका है। उसे अपना लक्ष्य निकट आता हुआ दिखाई दे रहा था। सपनों में तो वह सत्ता प्राप्त कर चुका था, अब उसे सत्ता प्राप्ति के लिए बनाई गई अपनी योजना को क्रियान्वित करना शेष था। वह सपनों में सत्ता का सुख भोग रहा था। इसी को मोटी भाषा में खुशियों के लड्डू फूटना कहा जाता है। बस, अब देरी इस बात की थी कि अपनी सत्ता की भूख की तृप्ति के लिए वह अपने योजना को मूर्तरूप में परिवर्तित होते देखना चाह रहा था। जितनी देरी इस योजना को मूर्त रूप में परिवर्तित होने में हो रही थी, अब वह भी अब उसे बेचैन करने लगी थी।

सरदार मुकर्रबखां को दी सूचना

खुशियों के लड्डू फोड़ते गनोजी ने संभाजी राव के संगमेश्वर प्रस्थान की जानकारी मुगल सेना के सरदार मुकरब खान को पहुंचाई। मुकरब खान संभाजी राजे के बारे में ऐसी सूचना पाने के लिए बहुत दिन से लालायित बैठा था। इसका एक कारण यह था कि संभाजी राजे एक ऐसे शिकार थे, जिसे पकड़ने के लिए तत्कालीन मुगल बादशाह औरंगजेब बुरी तरह तड़प रहा था। मुकरब खान इस बात को लेकर खुशियों के लड्डू फोड़ने लगा कि जैसे ही उसके बादशाह को यह जानकारी मिलेगी कि संभाजी राजे को गिरफ्तार करने में मुकरब खान का विशेष योगदान रहा है तो वह उस पर रहमतों की बारिश कर देगा। इस प्रकार एक गद्दार (गनोजी) को अपने लिए किसी बड़े पुरस्कार की अपेक्षा थी तो दूसरे चाटुकार (मुकरब खान) को अपने लिए कुछ बड़ा हो जाने की उम्मीद थी।

लग रहा था कि समय की उल्टी गिनती आरंभ हो चुकी थी। यद्यपि जिस संभाजी के लिए यह उल्टी गिनती आरंभ हुई थी, वह घटनाक्रम से पूर्णतया अनभिज्ञ था। कुछ समझ नहीं आ रहा था कि जो कुछ भी हो रहा था, वह इतिहास दोहराया जा रहा था या फिर नया इतिहास लिखा जा रहा था? या इतिहास को कलंकित किया जा रहा था? अपने-अपने दृष्टिकोण हो सकते हैं - घटना को समझने के लिए या घटनाक्रम की व्याख्या करने के लिए।

मुकरब खान अपने ५०० सैनिकों के साथ संभाजी पर हमला करने के लिए तैयारी करने लगा। अपने इन मुट्ठी भर सैनिकों के साथ मुकरब खान बड़ी सावधानी से आगे बढ़ने लगा। उसने इतिहास के महानायक संभाजी को अपने आका औरंगजेब के निर्देश

पर जीवित ही गिरफ्तार करने के लिए बहुत ही कूटनीतिक जाल फैला दिया। संभाजी निर्भीकता के साथ रायगढ़ की ओर बढ़ रहे थे उनका वह रास्ता इतना गोपनीय था कि केवल मराठा ही उसके बारे में जानते थे। यह रास्ता बहुत संकीर्ण भी था। जिससे केवल एक ही सैनिक एक समय में निकल सकता था। यह स्थिति मुगलों के लिए बहुत अनुकूल बन चुकी थी। संभाजी राजे के आगे पहुंचते हुए एक-एक सैनिक को या तो वह मारते रहे या फिर गिरफ्तार करते रहे। संभाजी राजे को अभी भी वस्तुस्थिति का बोध नहीं हुआ था। उनके बारे में औरंगजेब ने यह स्पष्ट आदेश दिया था कि संभाजी के अन्य सैनिक चाहे सारे के सारे मार दिए जाएं, परंतु स्वयं संभाजी को जीवित ही गिरफ्तार करके मेरे सामने प्रस्तुत किया जाए। ऐसा करके औरंगज़ेब अपनी प्रसन्नताओं को नया आयाम देना चाहता था। समझो आज उसके जीवन की सबसे बड़ी अभिलाषा पूर्ण होने जा रही थी। क्योंकि वह जिस संभाजी को या उनके पिता छत्रपति शिवाजी महाराज को अब से पहले गिरफ्तार नहीं कर सका, वह अब उसके सामने जीवित रूप में गिरफ्तार करके लाया जा रहा था।

मुकरब खान भी यही चाहता था कि संभाजी राजे जीवित ही गिरफ्तार करके मुगल बादशाह के समक्ष पेश किए जाने चाहिए।

संभाजी की गिरफ्तारी

अंत में १ फरवरी, १६८९ को संभाजी को बेड़ियों में बांधकर तुलापुर किले लाया गया। गद्दारों को अपनी गद्दारी में सफलता मिल चुकी थी। उस दिन इतिहास की बहुत बड़ी घटना घटित हुई थी। इतिहास एक निर्णायक मोड़ पर आ चुका था। बहुत बड़ी घटना को वह अपने कमरे में कैद कर रहा था। एक निर्दोष देशभक्त वीर योद्धा को वह उस दिन तत्कालीन मुगल बादशाहत की अदालत में दोषी बने देख रहा था। वह देख रहा था कि किस प्रकार निर्दोष को दोषी, नायक को खलनायक, देशभक्त को हुकूमत का गद्दार घोषित किया जाता है? और किस प्रकार हजारों कायरों का सैन्य दल मुट्ठी भर २०० सैनिकों के साथ यात्रा कर रहे भारत के शौर्य के प्रतीक संभाजी राव को गिरफ्तार करने में सफल होता है और फिर भी अपनी पीठ अपने आप थप-थपाकर स्वयं को वीर घोषित करता है?

इतिहासकारों की यह भी मानता है कि "गणोजी ने संभाजी के साथ विश्वासघात करते हुए मुगल सरदार मुकर्रबखान को सूचित किया कि संभाजी महाराज संगमेश्वर में हैं। संभाजी राजे ने अपने अभियानों में जिन गुप्त मार्गों का उपयोग किया, वे केवल मराठों को ही ज्ञात थे। गणोजी शिर्के ने मुकर्रबखां को संगमेश्वर के गुप्त मार्ग के बारे में बताया। संभाजी महाराज ने कुछ सरदारों और विश्वस्त मंत्रियों को संगमेश्वर बुलाया था। एक गुप्त बैठक के

बाद गाँव वालों के आग्रह पर वे उनकी बात का सम्मान करते हुए कुछ समय तक प्रतीक्षा करने को तैयार हो गये। उन्होंने सेना को अपने साथ रायगढ़ भेजा और अपने साथ केवल २०० सैनिक, अपने मित्र और सलाहकार कवि कलश और २५ विश्वसनीय सलाहकार रखे। जैसे ही संभाजी महाराज गांव से बाहर निकल रहे थे, १०,००० मुगल सैनिकों ने उन्हें और उनके साथियों को घेर लिया। सभी साथियों और प्रमुखों ने बहादुरी से लड़ाई लड़ी। झड़प गांव में एक भयानक रक्तपात हुआ जहां संभाजी राजा की सेना ने अपनी पूरी ताकत से मुगलों की विशाल सेना का सामना किया, लेकिन अंत में १ फरवरी, १६८९ को मुगलों ने संभाजी ओर उनके मित्र कवि क्लश को धोखे से पकड़ कर बंदी बना लिया गया।"

यदि इतना बड़ा सैन्यदल चोरी से या घात लगाकर मुट्ठी भर सैनिकों को धोखे से मारकर भारत के शूरवीर संभाजी को गिरफ्तार करता है और अपने आप को वीर घोषित करता है तो यह वीरता नहीं कायरता थी? सचमुच यह इतिहास की सबसे बड़ी कायरता का प्रमाण है। सचमुच हम सबके लिए इस समय इतिहास की मान्यताओं, परंपराओं और परिभाषाओं को बदलने का या उनको नया स्वरूप देने का समय आ गया है।

लिखा गया है कि संभाजी के निधन के बाद गनोजी शिर्के ने मुगलों का साथ देते हुए जिंजी पर कब्जा जमाने में उनकी सहायता की थी। उस दौरान उसने छत्रपति राजाराम महाराज और उनके परिवार को जिंजी से सुरक्षित बाहर निकालने में पूरी सहायता की थी। औरंगजेब को जब इसकी जानकारी मिली तो उसने शिर्के को बंदी बना लिया, परन्तु औरंगजेब की मृत्यु के उसे जेल से बाहर कर दिया गया था। कहते हैं कि शिर्के छत्रपति शाहूजी महाराज के समय में मराठा साम्राज्य में सम्मिलित हो गया था।

अध्याय - १८

ऐसे हुआ था छावा का बलिदान

माटी है बलिदान की, प्यारे हिंदुस्तान की।
गीत गाती दुनिया सारी, इसकी अनोखी शान की।।

संभाजी अब औरंगजेब के सामने एक गिरफ्तार वीर के रूप में प्रस्तुत किए जा चुके थे। उन्हें अप्रत्याशित सुरक्षा प्रबंध के बीच गिरफ्तार कर बादशाह के सामने प्रस्तुत किया गया था। अप्रत्याशित सुरक्षा प्रबंध इसलिए कि मुगल दरबार भली प्रकार यह जानता था कि कुछ समय पहले इन्हीं संभाजी के पिता छत्रपति शिवाजी महाराज कैसे उनकी जेल से निकल भागे थे? इसलिए मुगल हुकूमत को इतिहास की पुनरावृत्ति का भय सता रहा था।

वीर सावरकर जी का प्रसंग

इस प्रसंग में क्रांतिवीर सावरकर जी के जीवन का एक प्रसंग स्मरण आ रहा है। बात वर्ष १९४८ की है। जब महात्मा गांधी की हत्या हुई थी तो इस मामले में पुलिस क्रांतिवीर सावरकर जी को गिरफ्तार करने के लिए उनके घर आई थी। उन्हें गिरफ्तार भी कर लिया गया था। लेकर चलने की पूरी तैयारी हो चुकी थी। तभी सावरकर जी ने पुलिस से कहा कि मुझे दो मिनट का समय दिया जाए। यह कहकर सावरकर जी पेशाब करने के लिए शौचालय में चले गए। पुलिस को यह विश्वास नहीं था कि सावरकर जी जो कुछ कह रहे हैं, वह सही है। अतः पुलिस उनके पीछे-पीछे चलती रही और जब वह पेशाब के लिए शौचालय में भीतर चले गए तो भी पुलिस दरवाजे पर पूरी सजगता और सावधानी के साथ खड़ी रही। पुलिस की इस प्रकार की मानसिकता को भांपकर सावरकर जी ने कहा कि "अब मैं वह जवान सावरकर नहीं हूं जो कभी सुरक्षा सैनिकों को चकमा देकर पानी के जहाज से कूद कर भाग गया था?"

इससे पता चलता है कि जब कोई महत्वपूर्ण और गौरवशाली घटना पूर्व में घट चुकी होती है तो पुलिस बल भी अगली बार उस व्यक्ति से कितना सावधान रहने का प्रयास

करता है? जैसे सावरकर जी के बारे में गिरफ्तार करने पहुंचा पुलिस दल यह जानता था कि इस व्यक्ति ने पहले कौन सा इतिहास रच रखा है? वैसे ही आज संभाजी के बारे में औरंगजेब के सभी लोग यह भली प्रकार जानते थे कि स्वयं संभाजी और उनके पिता शिवाजी महाराज ने पूर्व में कैसा इतिहास रच रखा है? छत्रपति संभाजी महाराज के द्वारा वह इतिहास आज दोहरा न दिया जाए, इसलिए पूरी सावधानी दिखाई जा रही थी।

संभाजी से डर रहे, सारे हाकिम लोग।
छावा तो प्रसन्न था, तनिक नहीं था शोक।।

यदि उस दिन भी संभाजी किसी प्रकार बच निकलते तो मुगल बादशाह औरंगजेब के द्वारा जितने भर भी सैनिक उनकी रखवाली के लिए लगाए गए थे, उन सभी का कोल्हू में पेरा जाना निश्चित था। इसलिए कोल्हू में पेरे जाने की लटकती हुई तलवार से भयभीत औरंगजेब के सभी सिपाही भारत के शौर्य के प्रतीक शूरवीर संभाजी की कायरतापूर्ण ढंग से घेरेबंदी किए हुए थे। इसी से पता चल जाता है कि तत्कालीन मुगल बादशाहत हमारे इस इतिहास नायक से कितना डरती थी?

'सर तन से जुदा' का दिखाया भय

संभाजी महाराज को औरंगजेब के सामने पेश किया गया तो औरंगजेब ने उन्हें अपने समक्ष देखकर जीवन में पहली बार राहत की सांस ली। उसने संभाजी महाराज के सामने वैदिक सनातन धर्म त्यागकर इस्लाम स्वीकार करने का प्रस्ताव रखा। उसके द्वारा इस्लाम का वही परंपरागत राग अलापा गया कि या तो इस्लाम स्वीकार करो या फिर तलवार। 'सर तन से जुदा' का भय उनके सामने प्रस्तुत किया गया। जिससे कि वह भयभीत हो सकें। इस प्रकार एक व्यक्ति को पाठ पढ़ाने के लिए उस दिन एक नहीं हजारों जल्लाद हाथों में तलवार लिए खड़े थे। इस सब के उपरांत भी संभाजी महाराज अपने विचार से अलग हटने के लिए तैयार नहीं थे। उन्हें सनातन प्राणों से भी प्यारा था।

सनातन के लिए अपने सिरों का बलिदान करने वाले अपने नाम अनाम बलिदानियों के बारे में हमें एक बात पर विचार करना चाहिए कि जब उनके सामने इस्लाम को मानने वाले लोग ' इस्लाम या तलवार में से किसी एक को चुनने' का विकल्प रखते थे और उसके उपरांत भी हमारे बलिदानी पूर्वज अपने लिए तलवार को चुनते थे तो उनके इस प्रकार के बलिदानी भाव से एक संदेश अवश्य निकलता था कि यदि ऐसा प्रस्ताव रखने वाले लोग अपने मजहब अर्थात इस्लाम से असीम प्रेम करते थे तो सनातन के लिए बलिदान होने वाले हमारे महान पूर्वज भी अपने सनातन से कम प्रेम नहीं करते थे। यदि यह कहा जाए कि हमारे पूर्वज इस्लाम और तलवार में से किसी एक को चुनने का विकल्प देने वाले लोगों

की अपेक्षा अपने धर्म से कई गुणा अधिक प्रेम करते थे तो कोई अतिशयोक्ति न होगी।

धर्म से अनुराग था, धर्म ही बसता श्वास।
धर्म ही उनका पूज्य था, धर्म ही उनकी आस॥

अत्याचारों को सहन करने के उपरांत भी अपने धर्म पर टिके रहना बड़ी बात होती है और धर्म के लिए मर जाना उससे भी बड़ी बात होती है। अपना सर्वस्व धर्म के लिए समर्पित करके जीना तो उससे भी बड़ी बात होती है। क्योंकि ऐसे जीने में हर कदम कोई ना कोई चुनौती सामने आती रहती है। उन चुनौतियों से जूझते रहना सारे जीवन को ही बलिदानी बना देना है। इस तथ्य को यदि हम अपने पूर्वजों पर घटित करके देखें तो बड़ी संख्या में इसी प्रकार की बलिदानी भावना के साथ जीने वाले अपने पूर्वज हमको दिखाई देंगे। हमने उन लोगों के इतिहास को अपना इतिहास मान लिया जो किसी काल विशेष में अपना सनातन धर्म त्याग कर इस्लाम में दीक्षित हो गए। ऐसा करते समय हम यह विचार नहीं करते कि जब उन लोगों ने इस्लाम धर्म स्वीकार किया था तो उससे पहले वह हमारे न होने का संकल्प ले चुके थे। अब जब वह हमारे थे ही नहीं या इस्लाम में जाने से पहले हमारे न होने की प्रतिज्ञा ले चुके थे तो फिर उनके कमजोर इतिहास पर हम चिंतन क्यों करें? हमें चिंतन करना चाहिए संभाजी के इतिहास पर, शिवजी के इतिहास पर। उस बलिदानी इतिहास पर जिसके कारण हम आज जीवित हैं, हमारा सनातन जीवित है? अस्तु।

औरंगजेब ने जब देखा कि संभाजी अपने सनातन के प्रति पूर्ण समर्पित होकर खड़े हैं और सनातन के प्रति उनकी आस्था को डिगाना उसकी तो बात छोड़िए, उसके पूर्वज भी यदि जन्नत से आकर खड़े हो जाएं तो उनके वश की बात भी नहीं है तो उसने अपना वास्तविक स्वरूप दिखाना आरंभ किया। इस प्रकार औरंगजेब ने सनातन के योद्धा संभाजी पर अकल्पनीय अत्याचार करने आरंभ किये।

छावा की धर्म निष्ठा

छावा ने भी संकल्प ले लिया था कि चाहे जैसे अत्याचारों का सामना उसे करना पड़े परंतु वह अपने सनातन धर्म को छोड़ने वाला नहीं है। इस प्रकार संभाजी औरंगजेब के अत्याचारों के लिए मानसिक रूप से तत्पर हो गए। लिखा गया है कि औरंगजेब ने संभाजी राजे को ३८-४० दिनों तक उल्टा लटकाकर निर्दयता से उनकी पिटाई करवाई थी। उसके अमानवीय अत्याचारों को देखकर अत्याचार भी लज्जित हो रहे थे, परंतु हमारे सनातन के धर्मवीर योद्धा संभाजी के मुंह से एक दिन भी सी नहीं निकली। अत्याचारों की श्रृंखला को बढ़ाते हुए औरंगजेब ने संभाजी के नाखून उखड़वा दिए थे। उनकी आंखें फोड़ दी गई थीं, जीभ काट दी गई थी। औरंगजेब स्वयं तो जल्लाद था ही, उसके कर्मचारी उससे भी बड़े

जल्लाद थे। इस प्रकार सर्वत्र जल्लादों का बोलबाला था। उन जल्लादों के बीच एक वीर योद्धा खड़ा था, जो उस समय संपूर्ण सनातन का और मानवीय दिव्य शक्तियों का प्रतीक बन चुका था। संसार भर की जितनी भी दिव्यताएं थीं, वे सब उस समय संभाजी राजे के भीतर समाविष्ट हो गई थीं। जो उस उन्हें ओज और तेज से भर रही थीं।

संभाजी महाराज ने, धारा संयम खूब।
शांत और निश्चल रहे, करके भय को दूर।।

इतिहासकारों की मान्यता है कि "संभाजी राजे और कवि कलश को गिरफ्तार कर सबसे पहले जुल्फिकार खान सेना के साथ कराड-बारामती के रास्ते बहादुरगढ़ लेकर गया था। फिर अंतिम दिनों में उन्हें भीमा, भामा और इंद्रायणी के त्रिवेणी संगम पर स्थित गांव तुलापुर ले जाया गया। वहां औरंगजेब ने उन दोनों के साथ बहुत अमानवीय व्यवहार किया। औरंगजेब ने संभाजी राजे और कवि कलश को जोकरों के कपड़े पहनाकर ऊँटों पर बाँधकर उनका अपमान किया। कुछ लोगों ने पत्थर, कीचड़, गोबर आदि फेंके। शंभुराजे और कवि कलश दोनों ने अपनी आराध्य देवी का नाम "जगदंबा, जगदंबा" जपते हुए यह सब झेला।

इस अपमानित कृत्य के बाद, संभाजी महाराज को औरंगजेब के दरबार में ले जाया गया। वहां औरंगजेब ने अपने जीवित रहने के लिए संभाजी महाराज के सामने तीन शर्तें रखीं।

१. सभी मराठा किलों पर कब्ज़ा करें और मराठा साम्राज्य के छिपे हुए खजाने को उजागर करें
२. उन मुगल गद्दारों के नाम उजागर करें जो मुगल दरबार के अधिकारी थे।
३. इस्लाम कबूल करो।"

झेले अकल्पनीय अत्याचार

अनेक प्रकार के कल्पनातीत अत्याचारों को सहन करने के उपरांत भी संभाजी महाराज ने औरंगजेब के समक्ष घुटने नहीं टेके। वह एक शूरवीर धर्म योद्धा के रूप में अपने सनातन धर्म के लिए जमकर खड़े रहे। मुगल शासकों ने हर दिन एक-एक कर उनके अंग काटने का निर्णय लिया। अब मुगल अपने लिए गए कठोर निर्णय को लागू करने लगे थे। वे उनके अंगों को काटते जा रहे थे और तुलापुर नदी में फेंकते जा रहे थे। धर्म के लिए अत्याचार कर किसी दूसरे को अपने समक्ष नतमस्तक करने के लिए तो अनेक प्रकार के संघर्ष विश्व इतिहास में किए गए, ऐसे अत्याचारों से विश्व का इतिहास भरा पड़ा है। परंतु अवर्णनीय और कल्पनातीत अत्याचारों को सहन करके भी धर्म का त्याग न करना विश्व

इतिहास में मिलना दुर्लभ है।

धन्य भारत हो गया, पा संभा सा लाल।
भारत मां को गर्व था, कर दिया ऊंचा भाल।।

इसलिए हम मानते हैं कि भारत का इतिहास अपने आप में विश्व इतिहास का एक अनुपम दस्तावेज है। जिसमें सर्वत्र क्रांति ही क्रांति मचती हुई दिखाई देती है। जब भारत के ऋषि शांति:! शांति:!! शांति:!!! का जाप करते थे तो मूल रूप में इस शांति की अवस्था को लाने के लिए उनका क्रांतिकारी स्वरूप काम करता था। इस प्रकार भारत शांति से पहले क्रांति का उपासक राष्ट्र है। इसी क्रान्तिप्रेमी राष्ट्र की उपासना हमारे संभाजी राजे ने की थी। जो उस समय शांति के लिए अपने तेजस्वी यौवन का बलिदान दे रहे थे। बलिदान की उस घड़ी में उन्हें तनिक भी इस बात का संकोच या दुःख नहीं था कि एक हंसता खेलता संसार अब उन्हें कभी दिखाई नहीं देगा, वह जो कुछ भी कर रहे थे- सनातन के लिए कर रहे थे सनातन अर्थात शांति के लिए कर रहे थे। यह केवल भारत में ही संभव है, जहां संभाजी रहे जैसे धर्मवीर योद्धाओं के साथ इस प्रकार के अत्याचार किए गए और उन लोगों ने इस प्रकार की अत्याचारों को सहन करते हुए अपना सर्वोच्च बलिदान दे दिया।

अंत में ११ मार्च, १६८९ को हमारे इस धर्मवीर योद्धा संभाजी महाराज को मुगल सत्ताधारियों ने अपनी क्रूरता की भेंट चढ़ा दिया। इस दिन उनका सिर धड़ से अलग कर दिया गया था।

हम भारतीय लोग इस प्रकार के उत्सर्ग को धर्मवीर युवकों के लिए और सारे राष्ट्र के लिए प्रेरणा का स्रोत मानते हैं। इसलिए हम पुण्य तिथियों को कभी शोक दिवस के रूप में नहीं मनाते। हम साधारण मृत्यु का ग्रास बनने वाले लोगों के जीवन से भी उनके मृत्यु दिवस के दिन कुछ ना कुछ सीखने का अवसर खोजते हैं। परंतु जहां संभाजी महाराज जैसे देशभक्त शूरवीर धर्म योद्धा के उत्सर्ग की बात हो तो उनका बलिदान दिवस अर्थात ११ मार्च हम सब के लिए श्रद्धा और सम्मान का दिन बन जाता है। कुछ सीखने का, समझने का, सोचने का और उन्हीं की भांति देश के लिए कुछ कर गुजरने का संकल्प दिवस बन जाता है। उनकी मृत्यु वास्तव में मृत्यु की मृत्यु है। इस प्रकार की मृत्यु का वरण करना हर किसी के बस की बात नहीं होती। मृत्यु की मृत्यु की प्राप्ति करना लौकिक जगत में मोक्ष की प्राप्ति करने से कम नहीं है। स्मरण रहे कि हम उस मोक्ष की बात नहीं कर रहे हैं जो हमारे धर्म शास्त्रों में इस आत्मा के लिए बताया गया है। हम लौकिक जगत की बात कर रहे हैं। जिसमें लोग मरते हैं और मरते ही विस्मृति के गहन अंधकार में कहीं इस प्रकार विलीन हो जाते हैं जैसे कभी हुए ही नहीं थे। इसी संसार में कुछ ऐसे संभाजी राजे भी होते हैं, जिनको संसार

युगों तक स्मरण रखता है। उनकी यह अमर कीर्ति ही मानो उनका मोक्ष बन जाती है। उनकी मृत्यु साधारण मृत्यु प्राप्त करने वाले लाखों करोड़ों लोगों के जीवन की अपेक्षा भी उत्तम है।

मृत्यु को सुगंधित कर दिया

छावा संभाजी ने अपने बलिदान से यह दिखा दिया था कि वह किसी अत्याचारी हुकूमत के समक्ष झुककर अपने देश का अपमान कराना नहीं चाहता। अत्याचारी के अत्याचारों को सहन करना और हंसते-हंसते अपना बलिदान दे देना देश की आने वाली पीढ़ियों को नई ऊर्जा से भरना होता है। उन्हें यह बताना होता है कि अब चाहे मेरा भौतिक शरीर नहीं रहेगा, परंतु मेरा यश रूपी शरीर आपका युग युगों तक मार्गदर्शन करता रहेगा। इसी को कहते हैं मृत्यु को सुगंधित बना देना।

इसी को कहते हैं कौन के लिए मरना और इसी को कहते हैं यशस्वी जीवन जीना। मृत्यु को सुगंधित बना देना हर किसी के लिए संभव नहीं है। कोई संभाजी राजे ही हो सकता है जो मृत्यु को सुगंधित कर अपने यश रूपी शरीर के माध्यम से उसे दूर-दूर तक फैला देता है। जहां-जहां तक उसकी सुगंध जाती है वहीं वहीं तक कुम्हलाए हुए जीवन वैसे ही जीवंत हो उठते हैं, जैसे आषाढ़ के महीने में सूखा अनुभव करने वाली फसल बारिश के होने पर लहलहा उठती है।

ऐसी मृत्यु 'बलिदान' इसलिए होती है कि वह दूसरे लोगों को जीवन दे जाती है। वह इसलिए भी वंदनीय होती है कि उसमें धर्म और संस्कृति को बढ़ाने की एक पीड़ा होती है। वह पीड़ा राष्ट्रवासियों के लिए प्रेरणा का स्रोत बन जाती है। जिसके लिए वह जीने मरने की सौगंध उठा लेते हैं अर्थात उस पीड़ा को अपनी पीड़ा मानकर उसी के साथ सहकार स्थापित कर अपने आप को धर्म और संस्कृति की रक्षा के लिए समर्पित कर देते हैं। जिस देश के पास ऐसे नायक, महानायक, इतिहासनायक होते हैं, वह राष्ट्र कभी मरता नहीं है। वह जीवंत बना रहता है। उसकी जीवंतता दूसरों को भी अंधेरे में प्रकाश की किरण की भांति भासती है। अत्याचारी अपनी मौत के बाद सड़ते हैं। उनकी दुर्गंध इतिहास के हर पृष्ठ की हर एस एक पंक्ति में स्पष्ट झलकती है। लोग उनके बारे में सुनकर भी उन पर थूकते हैं और उनके बारे में पढ़ते हुए भी उन पर थूकते हैं। राष्ट्र को पीड़ा देने वाले लोग, राष्ट्रवासियों को आतंक और अत्याचारों की भट्टी में झोंकने वाले लोग और बर्बरता से शासन करने वाले लोग कभी इतिहास नायक नहीं हो सकते।

बस यही कारण है कि संभाजी राजे आज भी हमारे लिए इतिहास नायक हैं। जबकि औरंगज़ेब जैसा निर्दयी बादशाह अपने आचरण के कारण लोगों के लिए घृणा का पात्र है।

❍

अध्याय - १९

औरंगजेब को थकाने वाले संभाजी

भारत की क्रांतिकारी और गौरवशाली इतिहास परंपरा की एक महत्वपूर्ण कड़ी के रूप में विख्यात संभाजी महाराज भी अपने जीवन में गद्दारों के विश्वासघात का शिकार हुए थे।

उनकी हत्या में सम्मिलित होकर गद्दारों के द्वारा एक ऐसी कली मसल दी गई जो अभी खिलनी शेष थी और जिसके खिल जाने से मां भारती का बहुत भारी कल्याण होने निश्चित था। गद्दारों ने एक ऐसे देशभक्त को समय से पहले हमसे छिनवा दिया, जिसके कारण मां भारती का सम्मान और भी अधिक बढ़ने वाला था। विश्वासघातियों के छल - प्रपंचों के कारण एक महायोद्धा अपनी पूर्ण आभा बिखेरने से पहले ही कहीं अनंत में विलीन हो गया। एक ऐसा महायोद्धा जो प्रत्येक विदेशी को भारत से बाहर खदेड़ने का संकल्प ले चुका था, असमय ही हमसे छीन लिया गया।

मुगल बादशाह औरंगजेब संभाजी की वीरता और देशभक्ति की पवित्र भावना के कारण दिन प्रतिदिन थकता जा रहा था। उसे बुढ़ापा आ रहा था और इधर हमारा छावा संभाजी राजे था, जिसकी जवानी ने अभी अंगड़ाई लेनी आरंभ की थी... औरंगजेब को ललकारते हुए उसका यौवन बोल रहा था :-

"अरे! दम है कितना दमन में,
तेरे देख लिया और देखेंगे...।
जगह है कितनी जेल में तेरे...
देख लिया और देखेंगे।"

संभाजी का जीवन अपने आप में एक आवाहन था, जो देशभक्तों के लिए मंच उपलब्ध करा रहा था। उनका जीवन एक अभियान भी था, जो भारत को मुगलों से मुक्त करने के लिए चल रहा था। उनका जीवन एक चुनौती भी था जो समकालीन राजनीति के सारे प्रदूषण को मिटा देना चाहती थी। उनका जीवन प्रकाश स्तंभ था, जो अपने समय की

युवा पीढ़ी को प्रकाश से भर रहा था और जिसमें इतनी शक्ति निहित थी कि वह आगे आने वाली पीढ़ियों को भी ऊर्जावन्त करता रहेगा।

औरंगजेब सहित उनके सभी शत्रुओं ने अब उन्हें घेरना आरंभ कर दिया था। इसके लिए कुछ ऐसे गद्दारों का चयन किया गया जो अपने ही देश के साथ गद्दारी करने पर उतर सकते थे। जिन पर हम आगे चलकर विचार करेंगे।

अत्याचारी औरंगजेब

अभी यहां हम मुगल बादशाह औरंगजेब के बारे में चर्चा करते हैं। मुगल बादशाह औरंगजेब जीवन भर शिवाजी संभाजी और दूसरे मराठा शासकों से लड़ता रहा। वह जीवन में जितना कुछ करने के लिए आया था, सचमुच में वह उससे बहुत कम कर पाया। यह माना जा सकता है कि उसने लगभग ५० वर्ष तक शासन कर अनेक हिंदुओं पर अत्याचार किये। उनका यज्ञोपवीत उतरवाया। हिन्दुओं के अनेक बार नरसंहार किये। परन्तु इसके उपरांत भी जब वह संसार से गया तो जीवन के अंतिम क्षणों में अत्यंत हताश और निराश था।

"हताश था, निराश था,
अन्तिम समय उदास था,
जो कहता था अपने आपको,
शहंशाह - ए - आलम
संभाजी को लेकर वो
दहशत में कुछ खास था।"

जीवन के अंतिम क्षणों में औरंगजेब की यह हार्दिक इच्छा थी कि उसका देहावसान दिल्ली अर्थात मुगलों की राजधानी में हो। वह जीवन भर एक गिद्ध की भांति हिंदुओं की लाशों पर मंडराता रहा। उन्हें नोंचता रहा। अंतिम समय आने पर उसके हृदय में इस बात का पश्चाताप था कि उसने जो कुछ भी किया वह सब पाप ही किया। मानवता के विरुद्ध अपराध किया। जिससे उसका जीवन निरर्थक ही बीत गया। यहां आकर उसे मानवता की सेवा करनी चाहिए थी, परंतु वह दानवता के शिकंजे में फंस गया और मजहबी चश्मे से संसार को देखता रहा। उसने समझ लिया कि खून से प्यास बुझती नहीं है अपितु और भी अधिक भड़क जाती है। तलवार मनुष्यों के सिर उतारते-उतारते अपनी भूख नहीं मिटा पाती अपितु उसकी भूख और भी अधिक बढ़ जाती है। इतनी अधिक कि उसे मिटाना मनुष्य मात्र के लिए असंभव हो जाता है, परंतु इसके उपरांत भी संसार के नियंता परमेश्वर का संसार शाश्वत चलता रहता है।

अंतिम समय में ईश्वर का बोध

तानाशाह थक जाते हैं। रुक जाते हैं। मिट जाते हैं। परंतु संसार का शहंशाह उनकी नियति पर सहज मुस्कुराहट को बिखेरते हुए उनके पापों का हिसाब करने के लिए सदा विद्यमान रहता है। आज उसे अपने मुसलमानों के उस खुदा का (जो काफिरों पर अत्याचार करने वाले लोगों को जन्नत में इनाम देता है) नहीं, अपितु हिंदुओं के उस ईश्वर का बोध हो रहा था, जो कर्मों का फल अवश्य देता है।

जिस समय औरंगजेब संसार से विदा हो रहा था, उस समय शिवाजी और संभाजी तो नहीं थे, परंतु उनकी स्मृतियां उस पापी बादशाह को रह-रहकर आ रही थीं। उनके जीवन की पवित्रता उसे बार-बार कचोट रही थी। उनकी वीरता और देश भक्ति की कहानी उसके मन मस्तिष्क में एक ऐसी अनुभूति करा रही थीं, जिससे वह स्वयं आज की ईर्ष्या कर रहा था, परंतु उसकी आत्मा कह रही थी कि रास्ता तो वही ठीक था।

शिवाजी और संभाजी को स्मरण करते हुए औरंगज़ेब के बारे में यही कहा जा सकता है :-

उनके चेहरों की भाव भंगिमा,
उनका चरित्र - उनका व्यक्तित्व।
उनके जीवन व्रत और संकल्प,
उनका पावन और प्यारा कृतित्व॥
सभी छेड़ रहे थे - उस मुगल को,
जो नहाता रहा खून के समंदर में।
चुगलियां करते थे उसके मानस में,
बड़ा तूफान लाते थे उसके अंतर में॥

भारत के शूरवीरों की मधुर स्मृतियों के गहरे सागर में डूबे औरंगजेब ने पश्चाताप भरी मानसिकता के वशीभूत होकर बादशाह ने अपनी वसीयत लिखी। जिसे पढ़ने से ज्ञात होता है कि वह अपने जीवन के अंतिम क्षणों में हताश और निराश था। उसे पाप बोध हो चुका था। जिसके कारण उसने अपने आप को अपने अंतिम क्षणों में अपराध बोध से ग्रसित पाया। आज उसे जीवन की क्षणभंगुरता का आभास हो रहा था। उसे लग रहा था कि जिस हुकूमत को कायम करने के लिए उसने छत्रपति शिवाजी और संभाजी महाराज जैसे अनेक वीर हिंदू योद्धाओं के साथ अपमानजनक व्यवहार किया, उन्हें अनेक प्रकार के कष्ट दिये, अनेक लोगों पर अनेक प्रकार के अत्याचार किये, वह सब व्यर्थ ही गया।

औरंगजेब की वसीयत:

"परमेश्वर की स्तुति हो और उसके उन सेवकों को आशीर्वाद मिले जो पवित्र हो गए हैं और उसे संतुष्ट कर दिया है। मेरी आखिरी वसीयत और वसीयतनामा में कुछ [निर्देश छोड़ने के लिए] हैं:

प्रथम- इस पापी की ओर से जो अधर्म में डूबा हुआ है, (औरंगजेब स्वयं अपने लिए पापी और अधर्मी कह रहा है। स्पष्ट है कि उसे जीवन के अंतिम क्षणों में अपने पाप और अधर्म का बोध हो रहा था। उसे लग रहा है कि उसने हिंदुओं के साथ जो कुछ भी किया, वह सारा का सारा अन्याय और अत्याचार ही था। जो हिंदुस्तान का बादशाह रहते हुए उसे कदापि नहीं करना चाहिए था। उसे न्यायपूर्ण शासन करना चाहिए था। जिसमें पक्षपात लेशमात्र भी न हो। वह आगे कहता है कि मेरी ओर से) हसन (उन पर शांति हो) की पवित्र कब्र को (कपड़े की भेंट से) ढक दो, क्योंकि जो लोग पाप के सागर में डूबे हुए हैं, उनके लिए दया और क्षमा के उस द्वार की शरण लेने के अलावा कोई अन्य सुरक्षा नहीं है।

दूसरा- मैंने जो टोपियाँ सिली हैं, उनकी कीमत में से चार रुपए और दो आने महलदार आइया बेग के पास हैं। यह पैसे लेकर इस असहाय प्राणी के कफ़न पर खर्च कर देना। कुरान की नकल करने की मजदूरी में से तीन सौ पाँच रुपए मेरे निजी खर्च के लिए मेरे बटुए में हैं। मेरी मृत्यु के दिन इन्हें फ़कीरों में बाँट देना।

तीसरा- शहजादा अलीजा के प्रतिनिधि से [मेरे अंतिम संस्कार की] शेष आवश्यक सामग्री ले लो; क्योंकि वह मेरे बेटों में सबसे निकट का वारिस है, और उस पर वैध या अवैध [मेरे अंतिम संस्कार में होने वाली क्रियाओं] की जिम्मेदारी है; यह असहाय व्यक्ति (औरंगजेब जीवन भर अनेक प्रकार के अत्याचार करता रहा। उसने इस्लाम के नाम पर अनेक गैर मुसलमानों को मुस्लिम बनाने का अभियान चलाया। उसे लगता था कि उसके जीते जी खुदा धरती पर उतरेगा और उसे अमर कर जाएगा अर्थात ऐसा वरदान दे जाएगा कि वह कभी मरेगा नहीं। परंतु अब जब मौत ने उसे आकर घेर लिया था तो उसे अपने असहाय होने का आभास हो रहा था। वह दक्षिण से देश की राजधानी दिल्ली के लिए चल भी दिया था, परंतु उसे स्वास्थ्य कारणों से लगभग एक वर्ष का काल रास्ते में ही व्यतीत करना पड़ा। आज औरंगजेब को लगा कि जिंदगी कितनी छोटी है? और मनुष्य कितना असहाय होता है? वह चाहकर भी वह नहीं कर पाता, जिसकी उसे अब इच्छा है, अथवा जो उसे अब जीवन के अंतिम चरणों में करना चाहिए।) उनके लिए उत्तरदायी नहीं है, क्योंकि मृतक जीवित लोगों के हाथों में हैं।

चौथा- इस भटके हुए व्यक्ति को नंगे (औरंगजेब अपने आप को भटका हुआ व्यक्ति कह रहा है। जो धर्म के मार्ग से भटका रहा और संसार के विषय भोगों के साथ-साथ मारकाट के जंजाल में अटका रहा। भारत वर्ष में जो लोग आज भी इस्लाम के 'नौजवानों को भटके हुए नौजवान' कहते हैं, तनिक उनके बारे में सोचना चाहिए कि जब औरंगज़ेब की अंतिम गति इतनी दुखद हुई तो इन भटके हुए नौजवानों का क्या होगा?) सिर के साथ सही रास्ते से भटकने की घाटी में दफना दो, क्योंकि प्रत्येक बर्बाद पापी जो नंगे सिर महान सम्राट (यानी भगवान) के सामने ले जाया जाता है, वह निश्चित रूप से दया का पात्र बनता है।

पाँचवाँ- मेरे ताबूत के ऊपरी हिस्से को गाज़ी नामक मोटे सफ़ेद कपड़े से ढँक दें। छतरी लगाने और संगीतकारों के जुलूस और पैगम्बर के जन्मोत्सव (मौलूद) जैसे गैर-विहित नवाचारों से बचें।

छठा- राज्य के शासक (अर्थात मेरे उत्तराधिकारी) के लिए उचित है कि वह उन असहाय सेवकों के साथ दया का व्यवहार करे जो इस निर्लज्ज प्राणी (औरंगजेब) के साथ मिलकर रेगिस्तान और जंगल में भटक रहे हैं। यदि उनसे कोई प्रत्यक्ष दोष भी हो तो उसके बदले में उन्हें क्षमा कर दे और दोष को क्षमा कर दे।

सातवां, आठवां, नौवां- ईरानी, तुरानी और सैयद सरदारों के बारे में उनका मूल्यांकन तथा उनकी खूबियों और कमजोरियों को ध्यान में रखते हुए उनके साथ कैसा व्यवहार किया जाए, इस बारे में उनकी सलाह।

दसवीं बात- जहाँ तक संभव हो राज्य के शासक को इधर-उधर घूमने से बचना चाहिए; उसे एक स्थान पर टिके रहने से बचना चाहिए, क्योंकि ऐसा करने से उसे बाहर से तो आराम मिलता है, लेकिन वास्तव में वह हजारों विपत्तियों और परेशानियों को जन्म देता है। (औरंगजेब कह रहा है कि बादशाह को विलासी होकर केवल महलों में हीं नहीं रहना चाहिए बल्कि उसे अपनी हुकूमत को मजबूत करने के लिए घूमते रहना चाहिए अर्थात प्रत्येक व्यक्ति पर नजर रखनी चाहिए यह अनुभव उसे छत्रपति शिवाजी महाराज द्वारा बातों ही बातों में खड़े किए गए हिंदू भी स्वराज को देखकर हुआ था। जिसके कारण वह जीवन भर दुखी रहा। अपनी गलतियों पर अपने आप को ही कोसता रहा।)

ग्यारहवाँ- अपने बेटों पर कभी भरोसा मत करना, न ही अपने जीवनकाल में उनके साथ अच्छा व्यवहार करना, क्योंकि अगर बादशाह शाहजहाँ ने दारा शिकोह के साथ ऐसा व्यवहार न किया होता, तो उसकी हालत इतनी ख़राब नहीं होती। हमेशा इस कहावत को ध्यान में रखना कि 'राजा का वचन बांझ होता है'।

बारहवाँ- शासन का मुख्य स्तंभ राज्य के समाचारों से भली-भाँति अवगत रहना है। एक क्षण की लापरवाही कई वर्षों तक अपमान का कारण बन जाती है। दुष्ट शिवा का बच निकलना [मेरी] लापरवाही के कारण हुआ, और इसके परिणामस्वरूप मुझे जीवन के अंत तक [मराठों के विरुद्ध] कठोर परिश्रम करना पड़ रहा है। (वसीयत के इस अंश से स्पष्ट हो रहा है कि औरंगजेब छत्रपति शिवाजी महाराज और उनके पुत्र संभाजी राजे को अपने लिए एक महत्वपूर्ण चुनौती समझता रहा। उसे जीवन भर इस बात का मलाल रहा कि छोटी सी असावधानी के कारण शिवाजी उसकी जेल से निकल भागे थे। इसी प्रकार संभाजी भी उसकी गिरफ्त में आने के उपरांत भी जीवित निकाल कर चले गए। वह सोचता रहा कि यदि उन दोनों पिता पुत्रों का समय रहते वह कत्ल करा देता तो जो कष्ट उसने जीवन भर सहे, उनसे वह बच सकता था।)

"यदि आप [सबक] सीखते हैं, तो आपकी बुद्धि पर एक चुंबन। यदि आप इसे अनदेखा करते हैं, तो अफसोस! अफसोस!" (अहकाम-ए-आलमगिरी, अंग्रेजी अनुवाद जेएन सरकार)।

(इंडिया ऑफिस लाइब्रेरी MS.1344,f.49b (सरकार, औरंगजेब, खंड V, 201) में औरंगजेब की एक और वसीयत है।)

इस वसीयत से स्पष्ट है कि औरंग़ज़ेब जिन वैदिक धर्मी हिंदू योद्धाओं के कारण जीवन भर उलझन में फंसा रहा, आज उनका जीवन उसे धन्य अनुभव हो रहा था। जबकि अपने जीवन से उसका मोहभंग हो चुका था। उसने अपने जीवन के सार तत्व को खोज लिया था। उसे यह आभास हो गया था कि जो कुछ भी उसने किया, वह सब मुट्ठी में आए हुए रेत की भांति हाथ से निकल चुका है। वह समझ गया था कि :-

हम फूल चुनने आए थे बागे हयात में,
दामन को खार जार में उलझा के रह गए।

वह खाली हाथों आया था और खाली हाथों ही जा रहा है, यदि कुछ लेकर जा रहा है तो वह अपने पापों का बोझ था। जिसके तले वह स्वयं को दबा हुआ अनुभव कर रहा था। इस पाप बोझ को ले जाते हुए उसके हाथ काँप रहे थे। उसका हृदय भयभीत था। उसकी मनोदशा बहुत ही हताशा भरी थी।

उसने संभाजी महाराज और कवि कलश के साथ जो कुछ भी किया था, उसका किया हुआ वह पाप उसे अपने जीवन के अंतिम समय में बहुत भारी बोझ के तले दबा रहा था। उसकी चीख निकलती थी, परंतु वह किसी को कुछ बता नहीं पाता था।

अपने बेटों को हिदायत दी थी ...

पापी और अत्याचारी लोगों की संसार से जाते समय यही स्थिति होती है। जबकि देशभक्त और धर्म प्रेमी लोग जब संसार से जाते हैं तो उनका जीवन दूसरों के लिए अंतिम क्षणों में भी प्रेरणास्पद बन जाता है। छत्रपति संभाजी महाराज को चाहे जितने भी कष्ट औरंगजेब के द्वारा दिए गए, परन्तु जब वह संसार से विदा हुए तो उनके मुखमंडल पर तेज था। उन्हें किसी प्रकार का पश्चाताप नहीं था। वे उन क्षणों में भी सोच रहे थे कि उन्होंने जो कुछ किया है, वह ईश्वरीय व्यवस्था को बनाए रखने के लिए किया है। इसलिए आत्म संतोष का भाव लेकर संभाजी संसार से गए, जबकि औरंगजेब के साथ ऐसा नहीं था। उसने अपनी इसी वसीयत में अपने बेटों को इस बात की हिदायत दी थी कि संसार में आकर वह लोगों का भला नहीं कर पाया। वह अधर्मी और पापी बनकर जीवन जीता रहा। आज संसार से रुखसत करते हुए मुझे इस बात का अफसोस है कि मैंने लोगों के साथ अनेक प्रकार के अत्याचार किये।

इस वसीयत से और इतिहास के अन्य स्रोतों से यह भली प्रकार सिद्ध है कि औरंगजेब को थकाने का काम जिन वैदिक धर्मी हिंदू योद्धाओं ने किया था, उनमें संभाजी महाराज का नाम सर्वोपरि है।

❍

अध्याय - २०

संभाजी के उत्तराधिकारी और भारतीय इतिहास

छत्रपति शिवाजी महाराज मराठा साम्राज्य के संस्थापक रहे। उन्होंने कठोर परिश्रम और साधना के उपरांत एक ऐसे साम्राज्य की नींव रखी थी जो भारत से प्रत्येक विदेशी आततायी को चुन-चुनकर बाहर भगाने के लिए काम कर सके और भारत माता को पूर्ण स्वाधीनता प्रदान कर सके। यदि हमने वास्तव में शिवाजी को समझ लिया होता तो हम यह भी समझ गए होते कि भारत की स्वाधीनता का आंदोलन शिवाजी के समय में अपने चरम पर था। उस समय के अनेक देशभक्त वीर योद्धा देश के विभिन्न क्षेत्रों में बैठकर छत्रपति शिवाजी के साथ मिलकर देश की स्वाधीनता की लड़ाई लड़ रहे थे। गुरु गोविंद सिंह पंजाब में स्वाधीनता की अलख जगा रहे थे। वहां से निकलकर वह देश के दूसरे क्षेत्रों में भी लोगों को मुगलों के विरुद्ध विद्रोह के लिए उकसा रहे थे। उनकी प्रेरणा से पश्चिम उत्तर प्रदेश, आज का हरियाणा, दिल्ली और देश के दूसरे क्षेत्रों में लोग स्वाधीनता के लिए मैदान में उतर आए थे। गोकुल देव जाट ने १६७० ईस्वी में मथुरा में क्रांति का सूत्रपात भी कर दिया था। स्वाधीनता की इसी अलख को मध्य भारत में बुंदेलखंड के छत्रसाल ने संभाल लिया था। जबकि दक्षिण में स्वयं छत्रपति शिवाजी और संभाजी महाराज ने मुगलों का समूल विनाश करने का संकल्प ले लिया था। इसी कार्य को बंदा बैरागी ने भी आगे बढ़ाने का कार्य उसी काल में किया था। इन सारी कड़ियों को यदि एक साथ जोड़कर देखोगे तो पता चलेगा कि देश स्वाधीनता के लिए उस काल में मचल रहा था। कोई भी क्षेत्र ऐसा नहीं था जो शांत होकर अत्याचारों को झेल रहा हो।

मचलन मचल रही थी सब ओर था क्रंदन।
फड़कती भुजाएं सबकी करते थे राष्ट्रवंदन।।

आराध्य बन गया था स्वराज्य को है पाना।
जीवन को होम करना निजधर्म हमने माना।।

इतिहासकार ओझा शिवाजी के यशस्वी जीवन पर प्रकाश डालते हुए 'राजपूताने का इतिहास' (पृष्ठ ३२२-३२३) पर लिखते हैं- "परंतु इस पद (राजा) का उपभोग वह बहुत काल तक नहीं कर सका, क्योंकि गद्दी पर बैठने के छह वर्ष पीछे ५१ वें वर्ष के आरंभ में ही विक्रमी संवत १७३७ (ई. सन १६८०) में उनका देहांत हो गया। अपनी नीति निपुणता और उत्तम बर्ताव से शिवाजी ने मरहठा मात्र के (एक प्रकार से यह 'मर हटा' शब्द उस समय हर उस हिंदू के लिए प्रयुक्त किया जाता था जो युद्ध क्षेत्र से मरके ही हटता था) अंत:करण में एक प्रकार का जोश और जातीय भाव उत्पन्न कर दिया था, जिसके पीछे उनकी उन्नति का नक्षत्र थोड़ा सा चमका परंतु फिर परस्पर ईर्ष्या, द्वेष, फूट और लूटपाट का बाजार गरम रखने से राष्ट्रीय संगठन की रक्षा करने के बदले उन्होंने उसको विध्वंस कर दिया। जिससे उस उन्नति के नवांकुरित पौधे का शीघ्र ही विनाश हो गया। शिवाजी ने मरने के पूर्व अपने बड़े पुत्र शंभाजी को दुश्चरित्र होने और किसी ब्राह्मण स्त्री पर बलात्कार करने के दण्ड स्वरूप कैद में रख दिया और छोटे पुत्र राजाराम को गद्दी का अधिकारी बना दिया।"

शिवाजी महाराज की हिंदू राष्ट्रवादी सोच और नीतियों की ओर संकेत करते हुए सर यदुनाथ सरकार ने लिखा है- "उन्होंने हिंदुओं को अधिक से अधिक उन्नति करने की शिक्षा दी। शिवाजी ने बताया कि हिंदुत्व का वृक्ष वास्तव में मरा नहीं है। वह फिर बढ़ सकता है और इसमें नई-नई पत्तियां और शाखाएं आ सकती हैं। यह अपना शिर आकाश तक उठा सकता है।"

३ अप्रैल, १६८० को छत्रपति शिवाजी महाराज की मृत्यु के उपरांत उनके पुत्र संभाजी राजे ने उनकी परंपरा को बहुत ही निष्ठा के साथ आगे बढ़ाने का कार्य किया। संभाजी महाराज का शासन-काल क्रांतिकारी गतिविधियों से भरा रहा। विदेशियों के विरुद्ध उन्होंने जन जागरण अभियान चलाया। उन्होंने लोगों को विदेशी शासकों की नीतियों और षड़यंत्रों से सावधान किया। अनेक युद्ध लड़े और अपना जीवन इस बात के लिए समर्पित कर दिया कि जैसे भी हो, भारत माता को विदेशियों से मुक्त कराया जाए। वे एक कुशल रणनीतिकार, निडर योद्धा और एक न्यायप्रिय शासक थे। उनके शासन, सैन्य रणनीति और साहसिक व्यक्तित्व ने उन्हें भारत के सबसे महान योद्धाओं में से एक बनाने का काम किया था। इतिहास बताता है कि संभाजी महाराज बहुत ही वीर और दृढ़ निश्चयी थे। उन्होंने मुगलों के विरुद्ध जितने भर भी युद्ध लड़े सभी में सफलता प्राप्त की। ११ मार्च, १६८९ को उनका बलिदान हुआ। अनेक यातनाओं को सहन करके भी वह मुस्कुराते हुए अपना बलिदान दे

गए। केवल इस संदेश के साथ कि मेरे पश्चात भी बलिदानों की यह परंपरा यथावत चलती रहनी चाहिए और तब तक चलती रहनी चाहिए जब तक कि मां भारती स्वाधीन न हो जाए। उनके हृदय की पवित्र भावना थी कि:-

प्राणों का बलिदान दे, किया देश उपकार।
धर्म बचे मेरे देश का, सबका हो उद्धार।।

संभाजी राजे के बलिदान के उपरान्त उनके छोटे सौतेले भाई राजाराम महाराज ने मराठों का नेतृत्व किया। राजाराम महाराज के नेतृत्व में भी भारत की स्वाधीनता का आंदोलन पूर्ववत जारी रहा। राजाराम महाराज निरंतर मुगलों से युद्ध करते रहे। उन्होंने मुगलों के प्रत्येक आक्रमण का मुंहतोड़ उत्तर दिया।

राजाराम महाराज

संभाजी के बलिदान के पश्चात बादशाही सेना की बांछें खिल गयीं। अब उन्हें लग रहा था कि संभाजी के पश्चात अन्य कोई ऐसा मराठा योद्धा नहीं होगा जो शिवाजी की वीर परंपरा को आगे बढ़ा सकेगा? औरंगज़ेब के सेनापति ऐतकाद खां का मनोबल इस समय बहुत अधिक बढ़ चुका था। उसने दुस्साहस करते हुए रायगढ़ को जीत लिया और अपने नियंत्रण में लेकर इस दुर्ग पर अपनी ध्वजा फहराने में सफल हो गया। उसके इस प्रकार के आचरण से हिंदू संगठन शक्ति को गहरी चोट लगी। इसी समय शिवाजी महाराज का दूसरा पुत्र राजाराम (जो कि संभाजी ने अपने जीवन काल में युवराज के पद पर नियुक्त कर दिया था). राजा बनने में सफल हुआ।उसके भीतर वीरता के गुण थे, जिनके कारण हिंदू समाज को फिर से संभलने और आगे बढ़ने का अवसर मिला।

राजाराम बड़ा वीर था, वीरों की संतान।
साहस में बेजोड़ था, वीर गुणों की खान।।

राजाराम यद्यपि अपने पिता के समान तो पराक्रमी नहीं था, परंतु वह अपने पिता का एक योग्य और साहसी पुत्र अवश्य था। उसने शिवाजी महाराज के सम्मान के अनुकूल कार्य करने का प्रयास किया। इतना ही नही, उसने बादशाही सेना से एक से अधिक युद्ध किये। १६९७ ई. में वह जुल्फिकार से पराजित होकर सतारा की ओर चला गया और उसी को अपनी राजधानी बनाकर वहीं से शासन करने लगा। राजाराम के शासनकाल में मुगलों से कई युद्ध हुए। २ मार्च, १७०० ई० को उनकी सिंहगढ़ किले में मृत्यु हो गई थी।

शिवाजी द्वितीय और ताराबाई

शिवाजी महाराज के साथ-साथ जितने भर भी उनके उत्तराधिकारी राज्य सिंहासन

पर बैठे उन सभी की अवस्था बहुत कम रही। अधिकांश युवावस्था में ही इस संसार से चले गए। तुमने देखा कि शिवाजी महाराज के पुत्र संभाजी महाराज लगभग ३१ वर्ष की अवस्था में बलिदान हुए। उसके पश्चात उनके स्थान पर राज्य सिंहासन पर विराजमान होने वाले राजाराम महाराज भी ३० वर्ष की युवावस्था में ही संसार से चले गए। राजाराम के पश्चात उनके नाबालिग पुत्र शिवाजी द्वितीय ने राजगद्दी संभाली। राजाराम की मृत्यु के समय शिवाजी द्वितीय की अवस्था मात्र ४ वर्ष की थी। इसलिए उनकी माता महारानी ताराबाई उनकी संरक्षिका के रूप में कार्य करने लगी। महारानी ताराबाई छत्रपति शिवाजी महाराज के सर सेनापति हंबीरराव मोहिते की पुत्री थी। जिन्होंने अपनी वीरता शौर्य और देशभक्ति पूर्ण कार्यों से इतिहास में अपनी विशेष और अमिट पहचान छोड़ी थी। मुगलों के आक्रमण के कारण राजाराम को १६८९ में जिंजी के किले में शरण लेने के लिए विवश होना पड़ा था। उस समय ताराबाई भी उनके साथ थी। यहां भी मुगलों और मराठों में लगभग ८ वर्षों तक निरंतर युद्ध चला रहा था। इसी मध्य ताराबाई ने अपने पुत्र शिवाजी द्वितीय को १६९६ में जन्म दिया था। जिंजी का किला १६९७ - १६९८ में मुगलों के हाथ लगा।

ताराबाई भोंसले ने मराठा साम्राज्य को स्थिर रखने का हरसंभव प्रयास किया। उन्होंने औरंगजेब के विरुद्ध संघर्ष जारी रखा। सन १७०० से १७०७ ईस्वी तक औरंगजेब की मुगल सेना के विरुद्ध उन्होंने जिस प्रकार गुरिल्ला युद्ध का नेतृत्व किया उससे मुगलों को भारी हानि उठानी पड़ी थी। इस दौरान उन्होंने सूरत और मालवा को भी मराठा शक्ति के अधीन करने में सफलता प्राप्त की थी। उनकी मृत्यु १७६१ ईस्वी में महाराष्ट्र के सतारा के दुर्ग में हुई थी। शिवाजी द्वितीय का कोई विशेष योगदान मराठा इतिहास में नहीं रहा। १७०७ ईस्वी तक उनकी माता ताराबाई उनकी संरक्षिका के रूप में काम करती रही। उनके चचेरे भाई साहू ने १७०७ ईस्वी में मुगलों से रिहा होने पर ताराबाई भोंसले को अगला छत्रपति बनने की चुनौती प्रस्तुत की थी। इसके बाद ताराबाई ने कोल्हापुर में एक अलग न्यायालय की स्थापना की। शिवाजी तृतीय ने १७१० से १७१४ ईस्वी तक कोल्हापुर के राजा के रूप में कार्य किया। यहां पर भी उनकी सौतेली मां राजसबाई ने उन्हें पद से हटाकर उनके स्थान पर अपने बेटे संभाजी द्वितीय को कोल्हापुर के राज्य सिंहासन पर बैठाने में सफलता प्राप्त की थी। १४ मार्च, १७२६ ईस्वी को चेचक के कारण शिवाजी द्वितीय की मृत्यु हो गई।

छत्रपति साहू जी महाराज

छत्रपति शाहूजी महाराज ने रानी ताराबाई भोंसले और शिवाजी द्वितीय को गिरफ्तार कर अपनी कैद में डाल दिया था। रानी ताराबाई भोसले १७३० ई० तक छत्रपति शाहूजी

महाराज की जेल में रही। इस बीच संभाजी और उनके समर्थक लोगों के द्वारा साहू के राज्य में लूटपाट जारी रही। छत्रपति शाहू जी महाराज ही शिवाजी द्वितीय के बाद अगले शासक के रूप में नियुक्त हुए। शाहू के शासनकाल में ही पेशवा सत्ता में आने में सफल हुए। शाहू ने १७०८ से १७४९ ईस्वी तक शासन किया। उन्होंने सतारा को अपने राज्य की आधिकारिक राजधानी बनाया। छत्रपति शाहूजी महाराज छत्रपति शिवाजी महाराज के पौत्र और सम्भाजी महाराज के पुत्र थे। इतिहास में इनको छत्रपति शाहु महाराज के नाम से भी जाना जाता है। छत्रपति शाहूजी महाराज का जन्म १६८२ ईस्वी में हुआ था।

महान पेशवा बालाजी विश्वनाथ

मराठा शासन काल में प्रधानमंत्री को ही पेशवा के नाम से पुकारा जाता था। राजा की अष्टप्रधान परामर्शदात्री परिषद में इसका स्थान बहुत ही महत्वपूर्ण होता था। मराठों के केंद्रीय राज्य में परिषद के इस प्रमुख व्यक्ति को पेशवा कहा जाने लगा। छत्रपति राजाराम के शासनकाल में पंच प्रतिनिधि का नवनिर्मित पद राजा का प्रतिनिधि होने के नाते पेशवा से ज्येष्ठ ठहराया गया था। पेशवा बालाजी विश्वनाथ सातवें पेशवा थे। उनके शासन काल से यह पद वंश परंपरागत हो गया था। जिस पर छत्रपति शाहू जी महाराज ने भी अपनी सहमति व्यक्त की थी।

बालाजी विश्वनाथ श्रीवर्धन नामक गांव के एक चितपावन ब्राह्मण परिवार में इनका जन्म १६६२ ईस्वी में हुआ था। अपनी प्रतिभा के बल पर मराठा साम्राज्य के उस समय के सबसे प्रमुख पद पर पहुंचने में इन्होंने सफलता प्राप्त की थी। इस पद पर नियुक्ति के पश्चात इन्होंने समकालीन इतिहास को प्रभावित करने में भी अपनी प्रतिभा का परिचय दिया। जिस समय मराठा साम्राज्य के उत्तराधिकारी अपनी दुर्बलता के कारण साम्राज्य विस्तार करने में असफल सिद्ध हो रहे थे, तब पेशवा ने राज्य विस्तार के कार्य को बहुत ही उत्तम ढंग से सफल करके दिखाया। उनके इस प्रकार के महान कार्य के कारण ही उन्हें इतिहास में विशेष सम्मान प्राप्त हुआ। इसके साथ ही मराठा साम्राज्य का प्रभावी नियंत्रण अब से आगे पेशवाओं के हाथों में खिसक गया।

बालाजी विश्वनाथ ने शिवाजी महाराज के सपनों को साकार करते हुए साम्राज्य विस्तार की योजना पर कार्य किया था। उन्होंने भोंसले परिवार के दुर्बल उत्तराधिकारियों को देखते हुए पेशवा पद को वंशानुगत कर दिया था। पेशवा बालाजी विश्वनाथ ने सन १७१९ ईस्वी में सैयद बंधुओं के कहने पर मुगल सम्राट से जो संधि की थी, उसमें पेशवा ने अपना पूर्ण राजनीतिक और कूटनीतिक कौशल दिखाया था। जिसके माध्यम से उन्होंने

मुगलों की राजनीति में हस्तक्षेप करने का अधिकार मराठों के लिए प्राप्त कर लिया था। वास्तव में यह उनकी बहुत बड़ी कूटनीतिक सफलता थी। २ अप्रैल १७२० ईस्वी को मराठा साम्राज्य के इस महान नक्षत्र का देहांत हो गया।

महान पेशवा बाजीराव प्रथम

बालाजी विश्वनाथ की मृत्यु के उपरांत उनके पुत्र बाजीराव प्रथम को मराठा साम्राज्य का अगला वंशानुगत पेशवा नियुक्त किया गया। उन्होंने इस पद पर रहते हुए अपने उत्कृष्ट सैनिक गुणों, नेतृत्व क्षमता और राजनीतिक चातुर्य के कारण इतिहास में विशेष स्थान प्राप्त करने में सफलता प्राप्त की। अपने पिता की भांति ही उनका अपना व्यक्तित्व भी बहुत आकर्षक और विराट था। उनके अपने गुणों के कारण ही उन्हें इतिहास में सम्मानजनक दृष्टि से देखा जाता है। उन्होंने २० वर्ष तक मराठा साम्राज्य के माध्यम से शिवाजी महाराज द्वारा स्थापित किए गए 'हिंदवी स्वराज्य' की सेवा की। उनके विशेष प्रयास और पुरुषार्थ के चलते उत्तर भारत में भी मराठा साम्राज्य को अपना विस्तार करने का न केवल अवसर मिला अपितु उसमें उन्हें सफलता भी प्राप्त हुई। वह २० वर्ष तक पेशवा पद के दायित्व का निर्वाह करते रहे। इस दौरान उन्होंने कहीं भी पराजय का मुंह नहीं देखा। यही कारण है कि उन्हें मराठा इतिहास में अपराजित सेनानायक सम्राट के रूप में सम्मान दिया जाता है। उन्हें इतिहास में बाजीराव बल्लाल तथा थोरले बाजीराव के नाम से भी जाना जाता है। २० वर्ष के सेवा काल में उन्होंने कभी पीछे मुड़कर नहीं देखा। वह निरंतर आगे बढ़ते रहे। अपने पिता बालाजी विश्वनाथ से उन्हें नेतृत्व क्षमता के गुण विरासत में प्राप्त हुए थे। जिनका उन्होंने भरपूर लाभ उठाया। अद्भुत रणनीतिक प्रतिभा का प्रदर्शन कर कई बार शत्रुओं को पराजित किया।

निष्ठापूर्ण सेवा करी, रखी देश की लाज।
भारत मां सम्मान से शीश झुकाती आज।।

जिस समय वह शासन सूत्र अपने हाथों में संभाले हुए थे, उस समय अंग्रेज और पुर्तगाली लोग धर्मांतरण के माध्यम से हिंदू समाज पर अत्याचार कर रहे थे। इनका सामना करना बाजीराव प्रथम के सामने एक बड़ी चुनौती थी। फलस्वरूप उन्होंने इस चुनौती को स्वीकार किया। जिससे वह बहुत ही लोकप्रिय हो गए थे। लोग उन्हें शिवाजी का अवतार कहने लगे थे। उनके रहते न केवल मुसलमान अपितु पुर्तगाली और अंग्रेज भी भारतीय हिंदू महिलाओं पर अत्याचार करने, बच्चों का वध करने और हिंदुओं के देवस्थानों को तोड़ने के कार्य करने से पहले कई बार सोचने लगे थे।

महान पेशवा बाजीराव प्रथम ने मुबारिक खान को सन १७२४ ईस्वी में पराजित किया। कर्नाटक पर १७२४-२६ में आधिपत्य स्थापित किया। पालखेड में महाराष्ट्र के परम शत्रु निजामुलमुल्क को १७२८ ईस्वी में पराजित कर उससे चौथ तथा सरदेशमुखी वसूली। मालवा और बुंदेलखंड पर आक्रमण कर मुगल सेनानायक गिरधर बहादुर तथा दयाबहादुर पर १७२८ ईस्वी में ही विजय प्राप्त की। तदनंतर मोहम्मद खान बंगस को १७२९ ई० में पराजित किया। दभोई में त्र्यंबकराव को नतमस्तक कर सन १७३१ ईस्वी में उसने आंतरिक विरोध का दमन किया। पुर्तगालियों एवं अंग्रेजों को भी विजित किया। दिल्ली का अभियान उनकी सैन्य शक्ति का चरमोत्कर्ष था। जब उन्होंने २८ मार्च १७३७ को दिल्ली को मुगलों से छीनने में सफलता प्राप्त की थी। वास्तव में इतिहास की यह बहुत बड़ी घटना थी। इस महान पेशवा ने छत्रपति शिवाजी महाराज और उनके पुत्र संभाजी महाराज के द्वारा लिए गए मुगलविहीन भारत के संकल्प को पूर्ण करके दिखाया था। इस घटना को वर्तमान इतिहास में छुपा दिया गया है।

२८ अप्रैल, १७४० को मात्र ४० वर्ष की अवस्था में इस महान पेशवा बाजीराव प्रथम का देहांत हो गया था।

पेशवा बालाजी बाजीराव उर्फ़ नाना साहिब

बालाजी बाजीराव का जन्म १७२१ ईस्वी में हुआ था। उन्हें इतिहास में विशेष सम्मान प्राप्त है। वह श्रीमंत बाजीराव के बड़े पुत्र थे। वह अपने पिता की भांति ही सुयोग्य शासक और कुशल कूटनीतिज्ञ के रूप में जाने जाते हैं। बालाजी बाजीराव बहुत ही सुसंस्कृत, मृदुभाषी और लोकप्रिय पेशवा थे। इसके उपरांत भी उनमें दृढ़ निश्चय का अभाव था। बालाजी बाजीराव के समय में सिंधिया और होलकर के संघर्ष को लेकर मराठा संघ के सामने एक विशेष समस्या आई थी। जिससे निपटने में बालाजी बाजीराव असफल रहे। दिल्ली की राजनीति में भी उसने अपेक्षा से अधिक रुचि दिखाई। जिसका परिणाम यह हुआ कि उसे विदेशी आक्रांता अहमद शाह दुर्रानी से शत्रुता मोल लेनी पड़ी। उसके समय में जब अंग्रेजों से गतिरोध उत्पन्न हुआ तो उससे निपटने में भी उसने अक्षमता का प्रदर्शन किया। जिससे मराठा साम्राज्य की प्रतिष्ठा को आघात लगा।

सदाशिव राव भाऊ पेशवा नाना साहिब के चचेरे भाई थे। जिनका नाना साहब और मराठा साम्राज्य दोनों को लाभ मिला। नाना साहेब के शासनकाल में जितनी भर भी सैनिक विजय संपन्न हुईं, उन सबमें सदाशिवराव का विशेष योगदान था। १७६१ में नानासाहेब की मृत्यु हो गई थी। उस समय उनका बड़ा पुत्र माधवराव मात्र १६ वर्ष का था।

माधवराव के बारे में इतिहासकारों की मान्यता है कि उसमें बालाजी विश्वनाथ जैसी दूरदर्शिता, बाजीराव प्रथम जैसी नेतृत्व शक्ति और सलंग्नता एवं अपने पिता के जैसी शासकीय प्रतिभा थी। उसे इन तीन महान पेशवाओं का सम्मिश्रण कहा जा सकता है। उसने जितनी देर भी शासन किया उसे कहीं से भी अपने विरुद्ध जनता की ओर से किसी बड़े विद्रोह जैसी स्थिति का सामना नहीं करना पड़ा। यह पेशवा भी मात्र २७ वर्ष की अवस्था में ही संसार से चला गया।

इसके पश्चात पेशवा नारायण राव, पेशवा रघुनाथ राव उपनाम राघोबा, पेशवा माधवराव द्वितीय, चिमनाजी अप्पा, और बाजीराव द्वितीय पेशवा के पद को सुशोभित करते रहे।

अंतिम पेशवा बाजीराव द्वितीय का जन्म १७७५ में हुआ था। उनका अधिकांश जीवन बंदीगृह में व्यतीत हुआ। ५ नवंबर, १८१८ को मराठा साम्राज्य अंग्रेजों के अधिकार में चला गया और पेशवा बाजीराव द्वितीय को अंग्रेजों ने पेंशन बांधकर बिठूर (कानपुर, उत्तर प्रदेश) भेज दिया। वहीं पर २८ जनवरी, १८५१ में उनकी मृत्यु हो गई थी। इसी बाजीराव द्वितीय के दत्तक पुत्र पेशवा नानासाहेब द्वितीय थे। जो १८५७ की क्रांति के महानायक बने थे।

अध्याय - २१

भारतीय इतिहास को संभाजी की देन

हिन्दू के विषय में स्वातंत्र्य वीर सावरकर ने लिखा है :- "विश्व में हिन्दू ही एक ऐसी महान जाति है, जिसने अनेक भूकंपों के प्रचण्ड आघातों को सहन कर जल प्रलयों में खेलकर भी अपने इतिहास को सुरक्षित रखा है। हमारा यह पावन इतिहास वेदों से प्रारंभ होता है। वेद ही हमारी जाति के महान इतिहास के प्रथम अध्याय हैं। प्रत्येक हिंदू पालने में ही जो लोरियां सुनता है, वे सभी गीता के ही गीत हैं। हममें से कुछ महाराज रामचंद्र को ईश्वर का अवतार मानते हैं, तो कुछ उन्हें एक महापुरूष और वीराग्रणी के रूप में मान्यता देकर उनके सम्मुख नतमस्तक होते हैं। किंतु इतना तो अकाट्य सत्य है कि हम सभी की दृष्टि में भी राम एक सार्वभौम सम्राट थे। हनुमान और भीमसेन प्रत्येक युवक के लिए शक्ति के अखण्ड स्रोत और पराक्रम के प्रखर पुंज हैं। सावित्री एवं दमयंती प्रत्येक हिंदू महिला के लिए अखण्ड पतिव्रत धर्म और निष्कलंक प्रेम के ही पावन आदर्श के रूप में परम वंदनीय हैं। गोकुल के ग्वाल कृष्ण पर राधा (वस्तुत: राधा एक काल्पनिक पात्र हैं) ने जो पावन प्रेम प्रदर्शित किया था उसी की प्रतिध्वनि जहां-जहां प्रतिध्वनित होती सुनाई पड़ती है।

कौरव पांडवों का महायुद्ध कर्ण और अर्जुन तथा भीम और दु:शासन का दुर्धर्ष युद्ध सहस्रों वर्ष पूर्व कुरूक्षेत्र की धरती पर हुआ था किंतु आज भी निर्धन की झोंपड़ी से लेकर धनियों के राजप्रासादों तक हृदय को आंदोलित कर देने वाले गीतों के रूप में उसकी गाथा गायी जाती है। बालवीर अभिमन्यु के बलिदान की गाथा सुनकर समग्र हिंदुस्तान का हिंदू नेत्रों में जल भर लाता है।

मुट्ठी भर बालू के कणों के समान यदि कोई हमें दशों दिशाओं में यत्र-तत्र फेंककर तितर-बितर भी कर दे तब भी केवल रामायण और महाभारत ये दो महान ग्रंथ ही हमें पुन: एकत्रित कर एक जाति के रूप में संगठित कर देने में पूर्णत: समर्थ सिद्ध होंगे।" (*'हिन्दुत्व' पृष्ठ ९३*)

सावरकर जी की इन पंक्तियों के दृष्टिगत कहा जा सकता है कि :-

इतिहास अक्षय स्रोत हमारे बीते कल का क्रीड़ांगण।
सम्राटों का लेखा-जोखा विद्वानों का पुण्य प्रांगण।।
कवियों का है गीत मनोरम वीरों का इसे वसंत कहो।
झरना ऋषियों की वाणी का सत्य रूप में सभी गहो।।

इतिहास बीते हुए कल की घटनाओं का लेखा-जोखा मात्र नहीं है। कल की भूलों से शिक्षा लेकर वर्तमान को सुधारने और भविष्य को उज्ज्वल बनाने की एक सतत प्रक्रिया का नाम है। इस प्रकार ' सनातन' शब्द की सार्थकता इतिहास में झलकती है। क्योंकि सनातन भी वही है, जो पुरातन होकर भी नूतन होता है। नवीनतम होता है। इतिहास अतीत का स्मारक है। इतिहास अतीत के उन कीर्तिमानों का कोष है जिन्हें मानवता की सेवा की पवित्र भावना से प्रेरित होकर हमारे ऋषि पूर्वजों ने अपने विभिन्न प्रकार के अनुसंधानों और बौद्धिक प्रतिभा के प्रदर्शनों के माध्यम से गढ़ने का श्लाघनीय प्रयास किया है। इतिहास मानवता की सेवा करने वाले उन सम्राटों, राजपुरुषों,राज्य-अधिकारियों, नेताओं और राज मनीषियों की वंदनीय बौद्धिक प्रतिभा का वंदन करने का भी एक माध्यम है, जिनके कारण मानवता विकसित हुई। मुखरित हुई और विभिन्न कालों में प्रफुल्लित हुई। परमपिता परमेश्वर की वेद परंपरा को आगे बढ़ाते हुए जिन लोगों ने इस परंपरा के अनुरूप कार्य करते हुए मानवता और प्राणीमात्र का कल्याण करने के लिए अपना जीवन समर्पित किया और संसार में पनपने वाली विभिन्न दानवीय प्रवृत्तियों का विरोध करते हुए उनका समूल विनाश करना अपने जीवन का लक्ष्य बनाया, इतिहास उनका भी एक स्मारक है। इतिहास के विषय में कहा जा सकता है कि -

सनातन का इतिहास शाश्वत सत्य स्वरूप निर्मल धारा।
ऋषियों के अनुसंधानों को विश्व पटल पर विस्तारा ।।
वेद की जीवन प्रणाली का प्रमाण इतिहास बताता है।
जो शिल्पकार थे मानवता के गीत उन्हीं के गाता है।।

इस दृष्टिकोण से हमारे इतिहास का प्रत्येक वह योद्धा हमारे लिए एक पवित्र स्मारक है, जिसने अपने काल में वेद परंपरा के अनुरूप कार्य किया और वैदिक संस्कृति के शत्रुओं का विनाश करने के लिए अपना जीवन समर्पित किया। जब हम अपने इतिहास का इस प्रकार अध्ययन करेंगे तो संभाजी महाराज इतिहास का एक पवित्र और प्रातः स्मरणीय स्मारक स्वयं सिद्ध हो जाएंगे। कदाचित इसी दृष्टिकोण से प्रेरित होकर हमारे पूर्वजों ने इतिहास जैसा पवित्र शब्द खोजा होगा।

"यदि मराठा साम्राज्य की स्थापना से पहले विजयनगर का साम्राज्य हिंदू प्रतिरोध की पवित्र भावना का प्रतिनिधि बनकर भारत की अंतश्चेतना को आगे बढ़ा रहा था तो उसका यह पवित्र कार्य आगे मराठा साम्राज्य ने 'हिंदवी साम्राज्य' की स्थापना करके बढ़ाया था। हिंदवी साम्राज्य के संस्थापक मराठा शासकों का पतन तो हो गया, पर हमारा ध्यान इस ओर कभी नहीं गया कि उनके रहते हुए ऐसी कौन-कौन सी घटनाएँ हुईं जो इस देश के स्वाधीनता आंदोलन को प्रभावित करती रहीं या उसको गतिमान करने में सहायक बनीं ?"

भारत के क्रांतिकारी आंदोलन का शुभारंभ आजादी से पहले के कुछ वर्षों का खेल नहीं था। न ही यह आंदोलन किसी कांग्रेस जैसी संस्था की देन था। यह सनातन की सतत तड़प का परिणाम था। जो उसी दिन आरंभ हो गया था, जिस दिन हमारी स्वाधीनता को हड़पने के लिए किसी भी पहले विदेशी का हाथ भारत की ओर उठा था। जब इतिहास की इस दृष्टिकोण से व्याख्या की जाएगी तो पता चलेगा कि छत्रपति संभाजी महाराज और उनके पिता शिवाजी महाराज भारत के क्रांतिकारी आंदोलन के एक महत्वपूर्ण स्तंभ के रूप में अपने समकालीन इतिहास को प्रभावित कर रहे थे। क्योंकि मराठा साम्राज्य के शासकों ने जहाँ मुगलों के विरुद्ध सशस्त्र विद्रोह किया और भारत को स्वतंत्र करने में महत्वपूर्ण भूमिका निभाई, वहीं इस साम्राज्य के रहते हुए अंग्रेजों के विरुद्ध भी सशस्त्र विद्रोह की यह परंपरा स्वाभाविक रूप से आगे बढ़ गई।

क्रांतिकारियों ने देश सेवा का संकल्प लिया

संभाजी महाराज भारत के स्वाधीनता आंदोलन की क्रांतिकारी विचारधारा के नायकों के पूर्वजों में सम्मिलित हुए। उनके जीवन ने अनेक क्रांतिकारियों को नई प्रेरणा दी। उनके भीतर नई ऊर्जा का संचार किया। आगे चलकर अनेक क्रांतिकारियों ने मां भारती के इस सच्चे सपूत के जीवन से प्रेरणा लेकर देश सेवा का संकल्प लिया। जिस प्रकार उन्होंने अपने जीवन में मुगलविहीन भारत बनाने का सपना देखा था, उसी प्रकार हमारे अनेक क्रांतिकारियों ने आगे चलकर मुगल विहीन भारत अर्थात विदेशी सत्ताधारियों को बाहर निकालकर देश से भगाने का संकल्प किया।

हमें इस संदर्भ में यह बात ध्यान रखनी चाहिए कि इतिहास की प्रत्येक घटना वर्तमान को प्रभावित करती है । इतिहास का गंभीर विद्यार्थी इतिहास की अतीत की घटनाओं से प्रेरणा लेकर वर्तमान को भी इतिहास में परिवर्तित कर देना चाहता है। इतिहास स्वयं भी चाहता है कि वर्तमान भी इतिहास बन जाए, इतिहास का एक अटूट भाग बन जाए। क्योंकि इतिहास की निर्मल धारा तभी आगे बढ़ती है, जब वह अतीत से जुड़कर बहने का प्रयास करती है।

विद्रोह की परंपरा

हमें यह ध्यान रखना चाहिए कि १८५७ की क्रांति के पूर्व भारतवर्ष में बंगाल में सैनिक-विद्रोह, चूआड़ विद्रोह, संन्यासी विद्रोह, संथाल विद्रोह जैसे अनेक सशस्त्र विद्रोहों की लंबी और अनवरत श्रृंखला क्यों चल रही थी ? निश्चित ही इनके पीछे विद्रोह की वह भावना थी जो हमारे देशवासियों को स्वतंत्रता के लिए प्रेरित कर रही थी। इन सारे विद्रोहों की परिणति १८५७ की क्रांति के रूप में हुई। यदि इन विद्रोहों के बारे में भी चिंतन किया जाए तो पता चलता है कि इनको हमारे वह महान योद्धा प्रभावित और प्रेरित करते रहे जो महाराणा प्रताप और शिवाजी या संभाजी के रूप में यत्र-तत्र और पराभव पूर्ण पराधीनता के उस काल में अपना तेजस्वी पराक्रम देश की स्वाधीनता के लिए प्रकट करते रहे थे। प्रथम स्वातन्त्र्य-संघर्ष के असफल हो जाने पर भी हम उसे असफल नहीं मानते, क्योंकि उसकी असफलता में ही उसकी सफलता का राज छिपा था। उसका कारण यही था कि १८५७ की क्रांति के पश्चात भी हमारे देश में क्रांतिकारी आंदोलन निरंतर गति पकड़ता चला गया। इससे स्पष्ट होता है कि हमने अपने देश की स्वतंत्रता के लिए अपने महारथी भाव को या मराठा भाव को या हिंदुत्व की उस पवित्र भावना को मरने नहीं दिया जो हमको स्वतंत्रता की बलिवेदी पर अपना सर्वोत्कृष्ट बलिदान देने के लिए प्रेरित करती रही थी।

सत्तावन में देश को, मिला नया संदेश।
फिरंगी मार भगाइए, एकमात्र उपदेश।।

फलस्वरूप विद्रोह की अग्नि ठण्डी नहीं हुई। शीघ्र ही दस-पन्द्रह वर्षों के उपरांत पंजाब में कूका विद्रोह व महाराष्ट्र में वासुदेव बलवन्त फड़के के छापामार युद्ध आरम्भ हो गए। इन सब पर शिवाजी और संभाजी का चिंतन स्पष्ट अपना प्रभाव दिखा रहा था। संयुक्त प्रान्त में तो पं. गेंदालाल दीक्षित ने शिवाजी जैसे महान क्रांतिकारी स्वतंत्रता सेनानी के महान विचारों से प्रेरित होकर ' शिवाजी समिति' और ' मातृदेवी' नामक संस्था की स्थापना की।

"शिवाजी की इसी परंपरा का निर्वाह करते हुए बंगाल में क्रान्ति की अग्नि सतत जलती रही। सरदार अजीतसिंह ने १८५७ के स्वतंत्रता आन्दोलन की पुनरावृत्ति के प्रयत्न आरम्भ कर दिए। रासबिहारी बोस और शचीन्द्रनाथ सान्याल ने बंगाल, बिहार, दिल्ली, राजपूताना, संयुक्त प्रान्त व पंजाब से लेकर पेशावर तक की सभी छावनियों में प्रवेश कर १९१५ में पुनः विद्रोह की सारी तैयारी कर ली थी। यह अलग बात है कि यह सभी महान क्रांतिकारी अपने प्रयत्न में सफल नहीं हो सके। दुर्दैव से यह प्रयत्न भी असफल हो गया

था। शिवाजी महाराज की महान विचारधारा का अनुसरण करते हुए भारत वर्ष के प्रत्येक कोने में और प्रत्येक प्रांत में क्रांतिकारी जन्म लेते रहे और विदेशी सत्ताधारियों को यहाँ से भगाने के लिए अपना बलिदान देते रहे।"

विद्रोह विरोध का नया स्वरूप

देश, काल व परिस्थिति के अनुसार अब साम्राज्य स्थापित करने तो संभव नहीं थे, परंतु हमारे क्रांतिकारी नेताओं ने अब अपने विद्रोह और विरोध का एक आधुनिक उपाय अपनाया, जिसमें विदेशों में अपनी स्थायी सरकारें बनाना भी सम्मिलित था। इसी मार्ग पर चलते हुए राजा महेन्द्र प्रताप और उनके साथियों ने अफगान प्रदेश में अस्थायी व समानान्तर सरकार स्थापित कर ली। अंग्रेजों के सामने इतना साहस दिखाना अपने आप में बहुत बड़ी बात थी, परंतु इस साहस के पीछे हमारा मानना है कि हमारे इतिहास नायक संभाजी जैसे महापुरुषों का प्रेरक व्यक्तित्व ही कार्य कर रहा था। शिवाजी की परंपरा में विश्वास रखने वाले ऐसे अनेक क्रांतिकारी हुए जिन्होंने विदेशों में रहकर क्रांतिकारी सेना खड़ी की और वहाँ से भारत की क्रांति का संचालन किया। इनमें रासबिहारी बोस का नाम अग्रगण्य है। रासबिहारी बोस ने जापान में आजाद हिन्द फौज के लिए अनुकूल भूमिका बनाई। इसी सेना का नेतृत्व आगे चलकर नेताजी सुभाषचंद्र बोस ने संभाला। इस प्रकार हमारा मानना है कि १६७४ में हिंदवी स्वराज्य का संकल्प लेने वाले शिवाजी की परंपरा वहाँ से चलकर संभाजी और पेशवाओं के माध्यम से नेताजी सुभाषचंद्र बोस तक पहुंची और स्वतंत्रता प्राप्ति के अंतिम क्षणों तक हमारा मार्गदर्शन करती रही।

आजाद हिंद फौज का नेतृत्व स्वीकार कर सुभाष चंद्र बोस ने इसी परंपरा को आगे बढ़ाया। इधर भारत ने भी उनकी आजाद हिंद फौज का भव्यता के साथ स्वागत किया। जब नेताजी सुभाषचंद्र बोस अपनी सेना के साथ भारत भूमि पर पहुँचे तो यहाँ के कण-कण ने उनके अभिनंदन में कविता पाठ किया। इतने रोमांचकारी क्षणों को देखकर अंग्रेजों की आँखें खुल गईं और उन्हें यह आभास हो गया कि भारत वीरों की भूमि है और इस देश में डाली गई वीर परंपरा आज भी जीवित है। जिसका इस समय नेतृत्व सुभाष और उनकी सेना के हाथों में हैं। यही कारण रहा कि अंग्रेजों को भारत को छोड़कर भागना पड़ा। 'भारत छोड़ो आंदोलन' चलाने वाले चाहे इस तथ्य के रहस्य को आज तक न समझ पाए हों, परंतु अंग्रेज उसी समय समझ गए थे कि भारत को अब छोड़ देने में ही लाभ है, क्योंकि अब भारत की सनातन वीर परंपरा जागृत हो चुकी है।

निश्चय ही हमारे महारथी भाव, मराठा भाव या हिंदुत्व की वीर परंपरा ने ही हमको

विदेशी सत्ताधारी लोगों से स्वतंत्र कराया। यदि हमारे पास शिवाजी और संभाजी की वीर परंपरा के लोग न रहे होते, जिन्होंने हिंदू राष्ट्र बनाने का संकल्प अबसे सैकड़ो वर्ष पूर्व लिया था और जिन्होंने प्रत्येक विदेशी को भारत से बाहर कर देर तक भारत को भव्य बनाने की योजना पर काम किया था तो हमारे पास स्वाधीनता आंदोलन की क्रांतिकारी विचारधारा का स्वर्णिम इतिहास कदापि नहीं होता।

तब हम किसी महान विरासत के उत्तराधिकारी भी नहीं होते। वास्तव में संभाजी इस क्रांतिकारी विचारधारा के भव्य भवन की नींव की ईंट बने। उनके ऊर्जावान व्यक्तित्व ने अपना यश रूपी शरीर प्रत्येक क्रांतिकारी देशभक्त के हृदय में प्रवेश करा दिया था। जिससे देश का प्रत्येक नवयुवक उनसे प्रेरणा प्राप्त कर रहा था।

शिवाजीवाद, महारथीवाद या मराठावाद

इस समय शिवाजीवाद या महारथीवाद या मराठावाद या हिंदुत्व हमारे लिए पूजनीय विचार बन गया। जिसने भारत को स्वाधीनता के लिए तड़पने की एक नई सोच से भर दिया। लोगों को संभाजी महाराज जैसे वंदनीय पुरुषों के जीवन से प्रेरणा मिली कि यदि वह देश की स्वाधीनता के लिए संघर्ष करते हुए वनों की खाक छान सकते थे या राजभवनों के विलासिता पूर्ण जीवन को त्यागकर राष्ट्र साधना के कामों में लगे रहकर प्रत्येक पल संघर्ष के लिए अपना जीवन समर्पित कर सकते थे तो हम ऐसा क्यों नहीं कर सकते ? इतिहास वास्तव में इसी प्रकार की प्रेरणादाई सोच की एक ऐसी अमित पूंजी होता है जिसे जितना अधिक खर्च किया जाए वह उतनी ही अधिक बढ़ती है। यही कारण रहा कि भारत के जनसाधारण ने सदा अपने क्रांतिकारियों का साथ दिया। उसे चाहे किसी गांधीवादी आंदोलन ने कितना ही क्यों न इस बात के लिए प्रेरित किया हो कि यदि कोई व्यक्ति आपके एक गाल पर चांटा मारे तो आप दूसरा गाल भी उसके सामने कर दो। परंतु उसने वास्तव में इस प्रकार के विचार की अनदेखी करते हुए सदा अपने क्रांतिकारियों के साथ खड़े रहने में ही देश का भला समझा। गांधीवाद और गांधी जी के चरखे का भारत के जनसाधारण ने सम्मान तो किया परन्तु उसे समग्र क्रांति का प्रतीक कभी नहीं माना। न ही संपूर्ण स्वाधीनता के लिए एकमेव सूत्र के रूप में स्वीकार किया।

"यदि काकोरी काण्ड के अभियुक्त तथा भगतसिंह और उसके साथियों ने जनता का प्रेम व सहानुभूति अर्जित की तो इसके पीछे भी कारण यही था कि जनता भी अत्याचारी विदेशी शासकों का विरोध करना अपना धर्म मानती थी। भगतसिंह ने अपना बलिदान क्रांति के उद्देश्य के प्रचार के लिए ही किया था। महात्मा गांधी के प्रति भी देश की जनता

इसलिए ही आकर्षित हुई थी कि वह भी चाहे अपने शांतिपूर्ण उपायों के माध्यम से ही बता रहे थे, परंतु विदेशी सत्ताधारियों का विरोध करना ही जनता को उनका राष्ट्र धर्म कहकर प्रचारित कर रहे थे। बंगाल की सुप्रसिद्ध क्रांतिकारी श्रीमती कमला दास गुप्ता ने कहा कि क्रांतिकारी की निधि थी 'कम व्यक्ति अधिकतम बलिदान', महात्मा गांधी की निधि थी 'अधिकतम व्यक्ति न्यूनतम बलिदान'। सन् १९४२ के बाद उन्होंने अधिकतम व्यक्ति तथा अधिकतम बलिदान का मंत्र दिया। भारत की स्वतंत्रता प्राप्ति में क्रांतिकारियों की भूमिका महत्त्वपूर्ण है। इस सब की मूल प्रेरणा हमारी बलिदानी भावना रही जो हमारे रक्त में युग-युगों से समाविष्ट थी। मातृभूमि और राष्ट्र के लिए अपने आप को न्यौछावर करना भारत की प्राचीन परंपरा है। इसके पीछे कारण केवल इतिहास में अपना नाम अंकित करा लेना मात्र नहीं है, अपितु इसके पीछे कारण यह है कि यदि राष्ट्र और मातृभूमि सुरक्षित हैं तो सभी देशवासियों के मौलिक अधिकार भी सुरक्षित रहेंगे। उनका धर्म, उनकी संस्कृति और उनकी परंपराएं आदि सभी सुरक्षित रहेंगी। उन सबके लिए बलिदान देना प्रत्येक राष्ट्रवासी का मौलिक धर्म है।

इतिहास लेखकों का यह मंतव्य पूर्णतया सत्य है कि भारतीय क्रांतिकारियों के कार्य सिरफिरे युवकों के अनियोजित कार्य नहीं थे। भारता माता के पैरों में बँधी श्रृंखला तोड़ने के लिए सतत संघर्ष करने वाले देशभक्तों की एक अखण्ड परम्परा थी। देश की रक्षा के लिए कर्तव्य समझकर उन्होंने शस्त्र उठाए थे। क्रान्तिकारियों का उद्देश्य अंग्रेजों का रक्त बहाना नहीं था। वे तो अपने देश का सम्मान लौटाना चाहते थे। अनेक क्रान्तिकारियों के हृदय में क्रांति की ज्वाला थी, तो दूसरी ओर अध्यात्म का आकर्षण भी। हंसते हुए फाँसी के फंदे का चुम्बन करने वाले व मातृभूमि के लिए सरफरोशी की तमन्ना रखने वाले ये देशभक्त युवक भावुक ही नहीं, विचारवान भी थे। उनकी विचारशीलता में उनकी देशभक्ति बोलती थी, उनका देश के प्रति समर्पण बोलता था, उनका देश के प्रति गौरवबोध बोलता था और उनकी राष्ट्रभक्ति, धर्मभक्ति व संस्कृति भक्ति बोलती थी। बात स्पष्ट है कि चाहे आज महाराणा प्रताप नहीं थे, शिवाजी और संभाजी राजे नहीं थे, परंतु उनकी परंपरा तो जीवित थी। किसी भी देश, जाति और समाज को उसके क्रांतिकारी महापुरुषों की विचारधारा युग युगांत तक प्रभावित करती है। भारत में कुल, गोत्र और वंश की परंपरा के पीछे कोई ना कोई महापुरुष इसीलिए खड़ा होता है क्योंकि भारत के लोग अपने किसी न किसी महान पूर्वज के यश की गौरव गाथा को अपने लिए प्रकाश स्तंभ के रूप में साथ लेकर चलते हैं। उसकी जीवन गाथा से वे प्रेरणा लेते हैं और वर्तमान को उसी के अनुरूप ढालने का प्रयास करते हैं। इस दृष्टिकोण से संभाजी महाराज न केवल हमारे क्रांतिकारी स्वाधीनता आंदोलन

के प्रकाश स्तंभ के रूप में पूजने योग्य हैं, अपितु कहा जा सकता है कि वह आगे भी इसी प्रकार पूजनीय बने रहेंगे। वास्तव में परंपरा ही वह मौलिक चेतना होती है जो सांस्कृतिक चेतना का कार्य करती है, राष्ट्र के प्रति प्रचेतना का कार्य करती है और राष्ट्र जागरण का कार्य करती है।

यह हमारे लिए बहुत ही प्रसन्नता का विषय है कि छद्म इतिहासकारों के देशघाती षड़यंत्रों के उपरांत भी क्रान्तिकारियों पर लिखने के अत्यंत सार्थक प्रयत्न हुए हैं। शचीन्द्रनाथ सान्याल, शिव वर्मा, मन्मथनाथ गुप्त व रामकृष्ण खत्री आदि ने पुस्तकें लिखकर हमें अपने स्वतंत्रता संग्राम के क्रांतिकारी आंदोलन के विषय में जानकारी देने का महत्त्वपूर्ण कार्य किया है। इन महान लेखकों के अतिरिक्त कुछ अन्य लेखकों ने भी इस संबंध में हमारा बहुत ही प्रशंसनीय मार्गदर्शन किया है।

मराठा साम्राज्य का हिंदवी दर्शन

मराठा साम्राज्य के समकालीन इतिहास पर यदि हम चिंतन करें तो हमें बहुत कुछ ऐसे गौरवपूर्ण तथ्य उपलब्ध होंगे। जिनसे हमें पता चलेगा कि मराठा साम्राज्य के हिंदवी दर्शन से समकालीन समाज के लोग कितने प्रभावित थे और उस दर्शन ने हमारे तत्कालीन समाज के लोगों को कितना आंदोलित करके रख दिया था ? तभी तो इस देश में उस समय अनेकों आंदोलन हुए। जिन पर आज के निष्पक्ष इतिहासकारों को कलम उठानी ही चाहिए और यह तथ्य स्पष्ट और स्थापित करना चाहिए कि मराठा साम्राज्य के हिंदवी दर्शन ने इस देश को उस समय बहुत कुछ सोचने के लिए विवश किया था। १७५७ ईस्वी में हुए प्लासी के युद्ध को अंग्रेजों ने इस देश में अपना राज्य स्थापित करने का एक स्थाई बिंदु माना। तभी तो वह १८५७ में उसके शताब्दी समारोह को मनाने की तैयारी कर रहे थे। परंतु हमारे महान क्रांतिकारियों को उस समय उनका इस देश में रहकर अपने राज्य की स्थापना का शताब्दी समारोह मनाना अच्छा नहीं लगा था। जिसका परिणाम यह निकला कि १८५७ की क्रांति इस बात के लिए फूट पड़ी कि अंग्रेजों को शताब्दी समारोह मनाने से पूर्व ही यहाँ से बोरिया बिस्तर बाँधने के लिए विवश कर दिया जाए।

१७५७ से लेकर १८५७ तक के विद्रोह

१७५७ से लेकर १८५७ की क्रांति के मध्य के १०० वर्षीय कालखंड में हमारे देश में जिन आंदोलनों ने हमारे देश के लोगों को आंदोलित कर ब्रिटिश सत्ताधारियों के विरुद्ध कार्य करने के लिए प्रेरित किया, उनमें प्रमुख आंदोलनों के नाम इस प्रकार हैं-

१७५७ के बाद आरम्भ हुआ संन्यासी विद्रोह (१७६३ से १८००), मिदनापुर विद्रोह

(१७६६ से १७६७), रगंपुर व जोरहट विद्रोह (१७६९ से १७९९), चिटगाँव का चकमा आदिवासी विद्रोह (१७७६ से १७८९), पहाडया सिरदार विद्रोह (१७७८), रंगपुर किसान विद्रोह (१७८३), रेशम कारिगर विद्रोह (१७७० से १७८०), वीरभूमि विद्रोह (१७८८ से १७८९), मिदनापुर आदिवासी विद्रोह (१७९९), विजयानगरम विद्रोह (१७९४), केरल में कोट्टायम विद्रोह (१७८७ से १८००), त्रावणकोर का बेलूथम्बी विद्रोह (१८०८ से १८०९), वैल्लौर सिपाही विद्रोह (१८०६), कारीगरों का विद्रोह (१७९५ से १८०५), सिलहट विद्रोह (१७८७ से १७९९), खासी विद्रोह (१७८८), भिवानी विद्रोह (१७८९), पलामू विद्रोह (१८०० से १८०२), बुंदेलखण्ड में मुखियाओं का विद्रोह (१८०८ से १८१२), कटक पुरी विद्रोह (१८१८ से १८१८), खानदेश, धार व मालवा भील विद्रोह (१८१७ से १८३१, १८४६ से १८५२), छोटा नागपुर, पलामू चाईबासा कोल विद्रोह (१८२० से १८३७), बंगाल आर्मी बैरकपुर में पलाटून विद्रोह (१८२४), गूजर विद्रोह (१८२४), भिवानी हिसार व रोहतक विद्रोह (१८२४ से १८२६), काल्पी विद्रोह (१८२४), वहाबी आंदोलन (१८३० से १८६१), चौबीस परगंना में तीतू मीर आंदोलन (१८३१), मैसूर में किसान विद्रोह (१८३० से १८३१), विशाखापट्टनम का किसान विद्रोह (१८३० से १८३३), मुंडा विद्रोह (१८३४), कोल विद्रोह (१८३१) संबलपुर का गोंड विद्रोह (१८३३), सूरत का नमक आंदोलन (१८४४), नागपुर विद्रोह (१८४८), नगा आंदोलन (१८४९ से १८७८), हजारा में सय्यद का विद्रोह (१८५३), गुजरात का भील विद्रोह (१८०९ से १८२८), संथाल विद्रोह (१८५५ से १८५६)

इन क्रांतिकारी आंदोलन को हम भारत में अचानक फूट गए विद्रोह नहीं कह सकते। वास्तव में ये आंदोलन भारत के स्वभाव में रचे बसे थे। भारत ने पिछले सैकड़ो वर्षों में ऐसे अनेक आंदोलन किए थे। यह अत्यंत दुर्भाग्यपूर्ण तथ्य है कि आज हमें अपने पूर्वजों के द्वारा किए गए स्वाधीनता आंदोलनों का इतिहास उपलब्ध नहीं है। क्योंकि वह उन आंदोलनों को उस समय कोई नाम नहीं दे पाए। क्योंकि उन्हें नाम की चिंता नहीं थी । उन्हें काम की चिंता थी। दूसरे यदि उन्होंने कुछ किया तो उसे वह इसलिए संचित नहीं कर पाए कि उसमें वह सफल नहीं हो पाए थे। दूसरे जब उन लोगों का और उनके महान कार्यों का इतिहास लिखा गया तो लिखने वाले वह लोग थे जिन्होंने इतिहास को ही मार दिया। परंतु इन सब परिस्थितियों का भी अर्थ यह नहीं हो जाता कि हमने कुछ किया ही नहीं था। हमने बहुत कुछ किया था और उस बहुत कुछ करने में संभाजी महाराज जैसे महानायकों का विशेष योगदान था।

अध्याय - २२

सावरकर, छावा और अबू आज़मी

छावा संभाजी महाराज के भारतीय इतिहास में अप्रतिम योगदान को देखते हुए उन पर 'छावा' फिल्म का निर्माण किया गया है। जिसके कारण उनका पराक्रमी व्यक्तित्व एक बार फिर चर्चा में आया है। इस फिल्म के माध्यम से संभाजी महाराज के बारे में आज की युवा पीढ़ी को बहुत कुछ नई जानकारी मिली है और देश के लोगों को बहुत कुछ सोचने और समझने को भी मिला है। इसके साथ ही कुछ ऐसे छद्म लोगों और कथित विचारकों के चेहरे भी बेनकाब हो गए हैं जो आज भी भारत के क्रांतिकारी इतिहास पुरुषों की अपेक्षा औरंगजेब जैसे क्रूर बादशाह को इस देश की धरोहर के रूप में देखते हैं। उनको छावा संभाजी महाराज का कीर्तिगान होने पर मिर्ची लगी हैं। इसलिए अपनी मान्यताओं की दरकती दीवारों को देखकर उन्होंने मैदान में आकर मोर्चा संभाल लिया है। वे सीधे औरंगजेब को देश की वर्तमान पीढ़ी के नायक के रूप में स्थापित करते हुए देखे जा रहे हैं। उनके दृष्टिकोण में औरंगजेब मुस्लिम भाईचारे का प्रतीक है। उनकी मान्यता है कि चाहे कुछ भी हो जाए परंतु अपने प्रचलित इतिहास की इन मान्यताओं को नकारा नहीं जाना चाहिए कि मुगल और उनमें भी विशेष रूप से औरंगजेब भारतीय समाज के लिए उपयोगी कार्य कर रहा था।

ऐसे लोगों को पता होना चाहिए कि "जिहाद एक अंतरराष्ट्रीय धारणा है जो संसार के प्राणियों को दो निरंतर विरोधी गुटों में बांटता है - एक दारुल हरब (युद्ध स्थल) जहां इस्लाम का राज्य नहीं है। दूसरा दारुल इस्लाम (इस्लामी स्थल) जहां इस्लाम का राज्य है। जिहाद इन दोनों में निरंतर युद्ध की स्थिति है। जिसका अंत तभी होगा जब काफिरों पर मुसलमान को पूर्ण रूपेण प्रभुत्व स्थापित प्राप्त हो जाए और सारे विश्व में दूसरे सभी धर्मों पर इस्लाम का वर्चस्व स्थापित हो जाए।"

अपने समय में औरंगजेब इस्लाम की इसी मान्यता पर कार्य कर रहा था। कहना नहीं होगा कि वह पूर्ण रूपेण जिहादी था। उसके सामने उस समय वैदिक धर्म के एक महान

सेनापति के रूप में संभाजी हिंदुत्व की लड़ाई लड़ रहे थे। वह पूर्णत: वैदिक सिद्धांतों की रक्षा के लिए कृत संकल्पित थे। जो इस प्रकार के अत्याचारी शासक या किसी जिहादी उन्मादी व्यक्ति का उपचार करने को अपना राष्ट्रीय संकल्प मानता था।

वोटों की राजनीति और छावा फिल्म

अपनी वोटों की राजनीति के दृष्टिगत मुस्लिम तुष्टिकरण में विश्वास रखने वाले कुछ धर्मनिरपेक्ष नेता और राजनीतिक दल भी मैदान में उतर आए हैं जो आज भी औरंगजेब का गुणगान करते हुए दिखाई दे रहे हैं। उनके लिए भी औरंगज़ेब ' अछूत' नहीं है। उनकी भी मान्यता है कि औरंगज़ेब एक उदार बादशाह था। जिसे हिंदू मुस्लिम के दृष्टिकोण से न देखकर इतिहास के एक नायक के रूप में देखा जाना चाहिए। ये सभी कथित चिंतक अथवा विचारक अथवा राजनीतिक दलों के प्रवक्ता इतिहास की किस प्रकार हत्या कर सकते हैं और किस प्रकार तथ्यों के साथ खिलवाड़ कर सकते हैं? - यह इनके कथनों विचारों, लेखों आदि के माध्यम से भली प्रकार समझा जा सकता है। इन लोगों का भी भरपूर प्रयास रहा है कि जैसे भी हो इतिहास के 'गड़े मुर्दों' को उखाड़ा न जाए। अब यदि 'गड़े मुर्दे' का सही अर्थ निकाला जाए तो इसका अभिप्राय है की दुर्गंध युक्त वस्तु को दबा ही रहने दिया जाए तो अच्छा है। इस प्रकार की व्याख्या से पता चलता है कि औरंगजेब अपने आप में एक दुर्गंध युक्त वस्तु है। इस दुर्गंध युक्त वस्तु को आज के औरंगजेब के मानस पुत्र चाहे कितने ही इत्र डालकर इसे स्नान करा दें, परंतु उसकी दुर्गंध दूर नहीं हो सकती। सच को सच ही रहना है। सच को स्थापित करना प्रत्येक राष्ट्रवासी का कार्य होता है। इसलिए अपने छत्रपति संभाजी महाराज को सही स्वरूप में स्थापित करना हमारा सब का राष्ट्रीय दायित्व है। इतिहास नायकों पर राजनीति करना किसी भी दृष्टिकोण से उचित नहीं है। राजनीति में लगे हुए लोग तुष्टिकरण करते हुए अन्यत्र चाहे जो करें परंतु उन्हें इतिहासनायकों के संदर्भ में अपनी इस प्रकार की तुच्छ मानसिकता से परहेज करना चाहिए।

कम्युनिस्ट इतिहासकारों की मान्यता

कुछ कम्युनिस्ट इतिहासकारों की मान्यता है कि औरंगज़ेब ने प्रशासन में सुधार किया और एक मजबूत शासन प्रणाली स्थापित की। यदि उनसे यह पूछा जाए कि प्रशासन में सुधार के लिए औरंगजेब ने कौन से उपाय किए थे और उन उपायों से या उसके प्रशासनिक सुधारों से किस प्रकार इस देश के आर्य वैदिक हिंदुओं का कितना भला हो पाया था? तब उनके पास कोई तर्क नहीं होता या कहिए कि तब उनका तर्क शांत हो जाता है। इसके उपरांत भी मुस्लिम तुष्टीकरण के दृष्टिगत यह सब चलता रहता है। इस प्रकार की अतार्किक

बातों ने हमारे देश के अधिकांश मुसलमानों को भी राष्ट्रवादी नहीं होने दिया है। यदि भारत के मुस्लिमों को इनके बारे में वास्तविकता बताई जाती कि तुम सभी आर्यों की संतान हो और किसी काल विशेष में किसी दबाव के चलते तुम्हें वैदिक धर्म त्याग कर मुसलमान बनना पड़ा था। आज हम भारत के लोग आपकी धार्मिक मान्यताओं या इबादत के तरीकों का सम्मान करने को तैयार हैं परंतु तुम भी अपने आपको राम और कृष्ण के वंशज मानकर भारतीयता के साथ जोड़ने का प्रयास कीजिए, तब इनका दृष्टिकोण बदलता। तब ये लोग यह सोचने पर विवश होते कि हम भी भारतीय ऋषि मुनियों, राजा महाराजाओं की संतानें हैं, विदेशी आक्रमणकारियों की नहीं। तब माना जा सकता था कि भारत के मुसलमानों को भी राष्ट्रवादी बनने का अवसर मिलता। इसके विपरीत भारतीय मुसलमानों को यह बताया गया है कि तुम सभी विदेशी आक्रमणकारियों की संतान हो। जब किसी देश का इतिहास किसी एक वर्ग विशेष को इस प्रकार का संकेत दे रहा हो तो स्थिति कितनी भयंकर हो सकती है? इसे सहज में ही समझा जा सकता है। ऐसी स्थिति में संभाजी महाराज के बारे में मुस्लिम समाज का दृष्टिकोण सही नहीं हो सकता।

औरंगजेब और कला

कम्युनिस्ट इतिहासकार मानते हैं कि औरंगजेब एक उदार शासक था। वे यह भी सोचते हैं कि जो लोग इस मुगल बादशाह को अनुदार दिखाते हैं वे हिंदू सांप्रदायिकता की मानसिकता से ग्रसित हैं।

इसी प्रकार कुछ कम्युनिस्ट इतिहासकार तर्क देते हैं कि औरंगज़ेब के शासनकाल में कला, साहित्य और संस्कृति में विकास हुआ। कुछ तर्क देते हैं कि औरंगज़ेब ने एक मजबूत साम्राज्य बनाया और मुगल साम्राज्य को विस्तारित किया। 'डेली आर्ट' के अनुसार, "ऐसा माना जाता है कि मुगल चित्रकला का पतन औरंगजेब द्वारा कला पर राज्य के खर्च में कटौती के कारण हुआ। उसने संगीत और नृत्य को भी हतोत्साहित किया। सादगी पसंद आलमगीर अपने पूर्ववर्तियों के संरक्षण में बनाई गई असाधारण कलाओं के प्रति उदासीन और संभवतः शत्रुतापूर्ण भी था। उनके वंशज मुहम्मद शाह के शासनकाल के दौरान एक संक्षिप्त पुनरुद्धार हुआ, जिन्होंने अपने पूर्वजों के अधिक सहिष्णु गुणों और कला के प्रति उनके भावुक समर्पण को साझा किया। हालाँकि, १७३९ में नादिर शाह द्वारा दिल्ली को लूटने के बाद मुगल खजाना अपूरणीय रूप से खाली हो गया था, और शाह आलम द्वितीय के शासनकाल के दौरान शाही कार्यशाला पूरी तरह से बिखर गई थी।"

जहां तक औरंगजेब द्वारा साम्राज्य के विस्तार की बात है तो यह कथन भी निरर्थक

ही है। उसने जितना विशाल साम्राज्य संभाला था,वह उसके जाने के कुछ समय पश्चात ही भरभराकर गिर गया। इसका अभिप्राय यह है कि औरंगज़ेब विशाल साम्राज्य का निर्माता भी नहीं था और एक ऐसा सुयोग्य शासक भी नहीं था जो उस विशाल साम्राज्य को संभाल सके।

संभाजी महाराज और छावा फिल्म

हमारा मानना है कि हम जितना इस विदेशी मुगल बादशाह औरंगजेब पर अपना चिंतन कर अपनी ऊर्जा को नष्ट करते हैं उतना अपने संभाजी महाराज के महान कार्यों पर चिंतन किया जाए। उनके बारे में जनसामान्य को बताया जाए कि किस प्रकार उन्होंने देश को नई ऊर्जा से भर दिया था? और उनका वह प्रयास केवल इसलिए था कि भारत को भारत के रूप में पहचान मिले, उसका आत्मसम्मान मिले।

बॉलीवुड फिल्म 'छावा' की सफलता ने यह स्पष्ट कर दिया है कि देश की वर्तमान युवा पीढ़ी अपने इस इतिहासनायक को समझने का अति सराहनीय कार्य कर रही है। यह फिल्म देश के युवा वर्ग को अपने इस इतिहास नायक के बारे में बहुत कुछ बताने में सफल रही है। चाहे इस समय औरंगजेब को लेकर भी चर्चाएं चली हैं, परंतु उसका अंतिम लाभ संभाजी महाराज को ही मिला है। इसका कारण यह है कि चिन्तन मंथन का चाहे नकारात्मक पक्ष हो, चाहे सकारात्मक पक्ष हो, जिस विषय को लेकर चर्चा या चिंतन मंथन चल रहा होता है उसके बारे में लोगों को अधिक से अधिक जानकारी मिल जाती है। इस फिल्म पर जिस प्रकार कुछ लोगों ने औरंगजेब के समर्थन में उतरकर काम करना आरंभ किया और महाराष्ट्र के मुख्यमंत्री देवेंद्र फडणवीस सहित कुछ नेताओं ने इस फिल्म के समर्थन में अपने वक्तव्य दिए उसके चलते देश के युवाओं को संभाजी महाराज के बारे में उत्सुकता पैदा हुई। उनकी उत्सुकता जिज्ञासा में परिवर्तित हुई और उन्होंने अपने इतिहासनायक को समझने का सार्थक प्रयास किया। इस प्रकार जिन लोगों ने औरंगजेब के समर्थन में उतरकर विमर्श को नकारात्मक बनाने का प्रयास किया था उनका यह कार्य उनके लिए ही उल्टा पड़ गया। इस प्रकार के उनके आचरण ने इस फिल्म को सफल बना दिया। देश के युवाओं को पता चला कि यह फिल्म महान मराठा शासक छत्रपति शिवाजी महाराज के पुत्र छत्रपति संभाजी के जीवन पर आधारित है, जिन्हें औरंगजेब के सेनापति ने १६८९ में संगमेश्वर में पकड़ लिया था। समकालीन मुगल हुकूमत ने देश के इतिहास के इस महानायक पर उस समय अमानवीय अत्याचार किए थे। बाद में मुगल सम्राट के आदेश पर छत्रपति संभाजी को मार दिया गया था।

सपा नेता अबू आजमी का बयान

जो इतिहासकार इस बात पर बहस करते हैं कि क्या औरंगजेब एक धार्मिक कट्टरपंथी था या उसने धर्म को केवल सत्ता पर अपनी पकड़ को आगे बढ़ाने के लिए एक उपकरण के रूप में प्रयोग किया था, वे चर्चा को आगे बढ़ने देना नहीं चाहते। उनका प्रयास रहा है कि चर्चा को यथास्थिति में पूर्णविराम दे दिया जाए। समाजवादी पार्टी के विधायक अबू आज़मी ने यह टिप्पणी करके आग में घी डालने का काम किया कि औरंगज़ेब "क्रूर शासक नहीं था" और उसने हिंदू मंदिरों का निर्माण भी करवाया था। स्पष्ट है कि अबू आजमी ने औरंगजेब को केवल मुस्लिम दृष्टिकोण से देखा है। यह घोर आपत्तिजनक है कि स्वाधीन और धर्मनिरपेक्ष भारत में भी ऐसे लोग हैं जो जनप्रतिनिधि होकर भी सांप्रदायिक दृष्टिकोण को अपनाकर ही चीजों को देखते हैं। अबू आजमी से इसलिए यह अपेक्षा की जा सकती है कि वह जनप्रतिनिधि हैं और देश के एक बड़े राज्य की विधायिका में बैठकर विधायी कार्यों में भाग लेते हैं।

औरंगजेब वास्तव में जिस व्यवस्था को हिंदुओं पर लादकर शासन को अत्यंत अत्याचारी बना चुका था, उसके बारे में अबू आजमी जैसे लोगों को बहुत कुछ समझने की आवश्यकता है। परंतु समस्या यह है कि अबू आजमी जैसे लोग या मुसलमानों के प्रवक्ता सच को समझने के लिए तत्पर ही नहीं हैं। क्योंकि इनका उद्देश्य आज भी यही है कि भारत में औरंगजेबी शासन ही स्थापित हो। यह वही हुकूमत होगी, जिसके चलते कभी हिंदू समाज का दम घुट रहा था। अब दूसरी बात पर विचार करते हैं। औरंगजेब ने ऐसा शासन क्यों स्थापित किया था और क्यों आज उसके मानस पुत्र ऐसा ही शासन या हुकूमत स्थापित कर देना चाहते हैं? इसके संबंध में हमें एम.आर.ए. बेग के इस कथन पर विचार करना चाहिए, "वास्तव में औरंगजेब हिंदू विरोधी नहीं था, किंतु इस्लाम था और अभी भी वह हिंदू धर्म का विरोधी है। औरंगजेब का इतिहास और उसकी ख्याति से यदि मुस्लिम भारतीय सीखना चाहे तो यह पाठ सीख सकते हैं कि कुरान का रूढ़िवादी और दार्शनिक इस्लाम गैर मुस्लिम ढांचे में फिट बैठ ही नहीं सकता। जिसके कारण भारतीय मुसलमान भारत में रहते हुए भी भारत के नहीं हैं। इस स्थिति से निपटने का एकमात्र उपाय है- भारत के गैर इस्लामी ढांचे को ही इस्लामी ढांचे में परिवर्तित कर देना। वह यही करने जा रहे हैं।"

कुछ समय पूर्व संभाजी महाराज पर आई फिल्म के बारे में बोलते हुए अबू आज़मी ने कहा था, "औरंगज़ेब ने कई मंदिर बनवाए। वाराणसी में, उसने एक हिंदू लड़की को एक पुजारी से बचाया, जिसकी उस पर बुरी नज़र थी। उसने पुजारी को हाथियों से कुचलवा दिया।" उन्होंने कहा, "मैं औरंगज़ेब को क्रूर शासक नहीं मानता। उस दौर में सत्ता संघर्ष

धार्मिक नहीं, राजनीतिक था। औरंगज़ेब की सेना में कई हिंदू थे, ठीक वैसे ही जैसे छत्रपति शिवाजी की सेना में कई मुसलमान थे।"

अबू आजमी के इस प्रकार के विचारों ने समाज में गलत संदेश दिया। जिसके चलते उन्हें महाराष्ट्र की विधानसभा के चल रहे बजट सत्र के शेष समय के लिए महाराष्ट्र विधानसभा से निलंबित कर दिया गया। चारों ओर से जब उन पर उनकी गलत टिप्पणी के लिए दबाव बना तो उन्होंने अपनी टिप्पणी को वापस ले लिया।

औरंगजेब के मानस पुत्र जीवित क्यों?

यहां पर प्रश्न यह नहीं है कि अबू आजमी ने अपना वक्तव्य वापस ले लिया और प्रकरण शांत हो गया। यहां पर मुख्य प्रश्न यह है कि आज भी देश में अबू आजमी क्यों पैदा हो रहे हैं या कहिए कि आज भी औरंगजेब के मानस पुत्र जीवित क्यों हैं? इसका कारण इतिहास की गलत प्रस्तुति है। देश के धर्मनिरपेक्ष राजनीतिक स्वरूप में उन लोगों को इतिहास में उचित सम्मान नहीं दिया गया, जिन्होंने भारत को भारतीयता के दृष्टिकोण से देखा। जिन्होंने रोग का सही उपचार करने का गंभीर और सार्थक प्रयास किया। जब अबू आजमी जैसे लोगों को देश के इतिहास के महानायक संभाजी के बारे में कुछ पढ़ाया ही नहीं जाएगा या कहिए कि जब इतिहास लेखन के कार्य को भी नीलाम कर दिया जाएगा या उन हाथों में सौंप दिया जाएगा जो इतिहास लेखन के पवित्र कार्य के साथ न्याय नहीं कर पाएंगे तो ऐसा ही होगा।

अबू आजमी ने जिस प्रकार संभाजी महाराज और छत्रपति शिवाजी महाराज को लेकर अपनी टिप्पणी की, उस पर सफाई देते हुए उन्होंने हमारे मत की पुष्टि करते हुए कहा कि, "मैंने औरंगजेब के बारे में जो कुछ भी कहा है, वह इतिहासकारों और लेखकों द्वारा कहा गया है। मैंने शिवाजी महाराज, संभाजी महाराज या किसी भी राष्ट्रीय प्रतीक के खिलाफ कोई अपमानजनक टिप्पणी नहीं की है। फिर भी, अगर किसी को मेरी टिप्पणी से ठेस पहुंची है, तो मैं अपने बयान और टिप्पणियां वापस लेता हूं।"

इस प्रकार अबू आजमी के विवादित बयान और उनकी टिप्पणियां वापस लेने से प्रकरण तात्कालिक आधार पर शांत हो गया। हमने भी यही मान लिया कि प्रकरण शांत हो गया। परन्तु क्या वास्तव में प्रकरण शांत हो गया? यदि इस प्रश्न के उत्तर पर विचार करें तो पता चलेगा कि 'नहीं'। हमारा मानना है कि वास्तव में यह मामला शांत नहीं हुआ है अपितु सांप्रदायिकता को अपनी राजनीति का हथियार मानने वाले एक वर्ग के लिए विमर्श का एक विषय मिल गया है। ऐसे प्रकरणों को अपनी राजनीति का हथियार मानकर चलने

वाले लोगों की पहले से ही यह सोच और मानसिकता बनी रहती है कि भारत के साथ कभी मिलकर नहीं चलना है।

मुनीर कमीशन के विचार

पाकिस्तान के मुनीर कमीशन के बारे में 'मुस्लिम राजनीतिक चिंतन और आकांक्षाएं' के लेखक पुरुषोत्तम जी पृष्ठ संख्या 35 पर हमें बताते हैं कि "मुस्लिम राज्य में हिंदुओं की क्या स्थिति हो सकती है? इसी उदाहरण को आप औरंगजेब के इस्लामी शासन के साथ समन्वित करके देख सकते हैं कि उस समय भी हिंदुओं की स्थिति क्या रही होगी"? लेखक अपने विषय को इस प्रकार स्पष्ट करते हैं :-

"कमीशन यदि पाकिस्तान इस्लामी राज्य हो तो गैर मुसलमानों की स्थिति क्या होगी"?

उत्तर : मौलाना कादरी (अध्यक्ष जमयअतुल उलेमा पाकिस्तान) "वह जिम्मी होंगे। उन्हें कानून बनाने, राज्य के प्रशासन और सरकारी नौकरियों में कोई स्थान नहीं मिल सकता। वह राज्य में किसी भी अधिकारी के पद पर नहीं रखे जा सकते।

उत्तर : (मौलाना अहमद अली) उनको प्रशासन में कोई स्थान नहीं दिया जा सकता।

उत्तर: (तुफैल अहमद जमाअते इस्लामी) यदि राज्य का जमाते इस्लामी के सिद्धांतों के अनुसार प्रशासन हो तो गैर मुसलमानों के अधिकार मुसलमानों के समान नहीं हो सकते।

उत्तर : (मौलाना अब्दुल हमीद बदायूंनी) गैर मुसलमानों को नागरिक अधिकार नहीं दिए जा सकते।"

जिस प्रकार के विचार मुनीर कमिशन ने यहां पर हिंदुओं के संदर्भ में प्रस्तुत किए हैं नितांत इन्हीं से मिलते हुए राजनीतिक प्रशासनिक विचार हिंदुओं को लेकर औरंगजेब के भी थे। उसके शासनकाल में हिंदुओं के साथ दोयम दर्जे के नागरिकों का व्यवहार किया जाता था। प्रशासनिक आधार पर जब हिंदुओं के साथ इस प्रकार के अत्याचार संभाजी महाराज ने औरंगजेब के शासनकाल देखे होंगे तो निश्चित रूप से उनके हृदय में क्रांति के भाव उत्पन्न हुए होंगे। उसी के चलते उन्होंने अपने पिता द्वारा स्थापित किए गए हिंदवी स्वराज्य को और मजबूत करने का काम करना आरंभ किया था। इस प्रकार उनका उद्देश्य उस समय के पूरे हिंदू वैदिक समाज की रक्षा करना था, उसकी मान्यताओं, रीति-रिवाजों की रक्षा करना था। औरंगजेब जैसे क्रूर बादशाह के अत्याचारों से हिंदू समाज को बचाने का उनका संकल्प समकालीन इतिहास की एक बहुत ही प्रेरणादाई घटना है। उन्होंने अपने इसी उद्देश्य के लिए अपना जीवन समर्पित कर दिया।

अध्याय - २३

औरंगजेब के मंदिर विध्वंस के आदेश और संभाजी

यह प्रश्न बहुत विचारणीय है कि छत्रपति संभाजी महाराज अपने समय में मुगलविहीन भारत की संकल्पना को साकार रूप देने के लिए क्यों सक्रिय हुए थे? अब हम आगे इसी पर विचार करेंगे।

विनायक दामोदर सावरकर ने मुगल बादशाह औरंगजेब को एक अत्याचारी शासक के रूप में देखा था। उनका मानना था कि औरंगजेब की नीतियों से हिंदू समाज को बहुत अधिक हानि हुई। हम सभी जानते हैं कि सावरकर जी इतिहास के एक गंभीर विद्यार्थी थे। उन्होंने अपनी गंभीरता को अपने इतिहास लेखन में भी सर्वत्र प्रकट किया है, इसके विषय में हम पूर्व में ही स्पष्ट कर चुके हैं। यही कारण है कि उन्होंने औरंगजेब को एक कट्टरपंथी शासक के रूप में चित्रित किया है, जो धर्म के नाम पर अपनी हिंदू प्रजा पर अत्याचार करता रहा था। हम सभी यह भी भली प्रकार जानते हैं कि औरंगज़ेब छत्रपति संभाजी महाराज का समकालीन है। इसलिए औरंगजेब के अत्याचारों को उन्होंने बहुत निकटता से देखा। जब भी उन्होंने कहीं यह देखा या सुना कि अमुक स्थान पर हिंदुओं के साथ औरंगज़ेब इस प्रकार के अत्याचार कर रहा है तो निश्चित रूप से उनकी आत्मा कराह उठती थी।

सावरकर जैसे क्रांतिकारी इतिहास नायकों को राष्ट्रवाद की शिक्षा छत्रपति शिवाजी महाराज और उनके पुत्र छत्रपति संभाजी महाराज जैसे इतिहासनायकों के जीवनचरित् से मिली। इस प्रकार सावरकर जी इन दोनों पिता-पुत्रों से ऊर्जा प्राप्त कर रहे थे। यदि वह भी अपने समय में अंग्रेजविहीन भारत का निर्माण करने के संकल्प से आगे बढ़ते हुए भारत की स्वाधीनता का ताना-बाना बुन रहे थे तो इसके पीछे संभाजी महाराज का जीवन उनके लिए प्रेरणा का स्रोत बनकर खड़ा था। इसी कारण सावरकर जी "मजबूत हिंदू राष्ट्रवाद

के समर्थक थे। उन्होंने औरंगजेब को हिंदू समाज के लिए खतरा बताया। उन्होंने माना कि औरंगजेब की नीतियों ने हिंदू धर्म और संस्कृति को दुर्बल करने में सहायता की।सावरकर जी ने औरंगजेब की धार्मिक रूप से आक्रामक नीतियों पर भी आलोचना की। उन्होंने माना कि औरंगजेब ने हिंदुओं को नीचा दिखाने और अपने धर्म को बढ़ावा देने के लिए अत्याचार किए। सावरकर जी ने औरंगजेब के साम्राज्य के विस्तार को भी एक समस्या के रूप में देखा। उन्होंने माना कि औरंगजेब ने अपने साम्राज्य के विस्तार के लिए किसी भी तरह का समझौता करने से इनकार कर दिया और हिंदुओं के विरुद्ध युद्ध छेड़े। सावरकर जी ने अपने लेखन में औरंगजेब को एक ऐसे शासक के रूप में चित्रित किया था, जिसे हिंदू इतिहास में नकारात्मक रूप से देखा जाना चाहिए।"

क्या कहते हैं विद्वान लेखक

संभाजी महाराज एक विद्वान शासक थे। उन्होंने औरंगजेब और मुगलों के अत्याचारों को बड़े समीक्षा भाव से देखा। इन अत्याचारों के बारे में कोनार्ड एलस्ट ने लिखा है कि "बलात मुस्लिम जीतें हिंदुओं के लिए १६वीं शताब्दी तक जीवन-मरण के संघर्ष का ही प्रश्न बनी रहीं। संपूर्ण शहर जला दिए गए थे। संपूर्ण जनसंख्या का वध कर दिया गया था। प्रत्येक आक्रामक संघर्ष में हजारों का वध कर दिया जाता था और उतनी ही संख्या को बंदी बना लिया जाता था और देश से बाहर निकाल दिया जाता था। प्रत्येक आक्रांता ने वध किए हुए हिंदुओं के सिरों के वस्तुतः पहाड़ खड़े किए थे। १००० ईस्वी में अफगानिस्तान की बलात विजय के बाद हिंदुओं का वध कर पूर्ण सफाया कर दिया गया था। उस स्थान को अभी भी हिंदूकुश यानी कि हिंदुओं के कत्लेआम का स्थान कहा जाता है।"

माना कि यह वर्णन संभाजी महाराज से पूर्व के मुस्लिम सुल्तानों के समय का है, परंतु संभाजी महाराज के समय में भी मुगलों की शासन प्रणाली या इस्लामिक विचारधारा में किसी प्रकार का परिवर्तन नहीं आया था। उस समय भी भारत के हिंदू समाज के साथ ऐसा ही हो रहा था।

स्वामी विवेकानंद कंपलीट वर्क्स (खंड ५ पृष्ठ २३३) पर हमारे इस मत की पुष्टि होती है। जहां पर लिखा है कि "उनके ही अर्थात मुसलमानों के अपने ऐतिहासिक लेखों के अनुसार जब पहली बार मुसलमान भारत आए तो भारत में हिंदुओं की जनसंख्या ६० करोड़ थी। इस कथन में न्यून वर्णन का दोष हो सकता है, किंतु अतिशयोक्ति का नहीं। क्योंकि मुसलमानों के अत्याचारों के कारण असंख्य से हिंदुओं का वध हो गया, किंतु अब वह हिंदू घटकर २० करोड़ रह गए हैं।"

औरंगजेब के शासनकाल में बड़े-बड़े हिंदू नेताओं का बड़ी क्रूरता के साथ वध किया गया था। संभाजी महाराज ने कई हिंदू नेताओं का या तो इस प्रकार वध होते हुए देखा था या उन पर अनेक प्रकार के अमानवीय अत्याचार करते हुए औरंगजेब को देखा था। इस प्रकार के अत्याचारों का प्रभाव संभाजी महाराज पर भी पड़ा। इन अत्याचारों ने उन्हें भीतर से हिला दिया था। वह इन अत्याचारों से मुक्त भारत का निर्माण करना चाहते थे। जिसका उपाय केवल एक ही था कि मुगलों को देश से बाहर किया जाए।

औरंगजेब का मंदिर विहीन भारत बनाने का संकल्प

औरंगजेब के द्वारा जिस प्रकार मंदिरों का विनाश किया गया उससे भी संभाजी महाराज ने मुगलविहीन भारत बनाने का संकल्प लिया होगा- ऐसा माना जा सकता है। हम सभी जानते हैं कि छत्रपति शिवाजी महाराज रहे हों या फिर संभाजी महाराज रहे हों या उनके आगे आने वाले अन्य उनके उत्तराधिकारी रहे हों, सभी ने हिंदू समाज के धर्म स्थलों के प्रति विशेष आस्था और श्रद्धा का भाव प्रकट किया। स्वाभाविक है कि यदि किसी मुगल बादशाह के द्वारा उनके जीवन काल में या उससे पहले कहीं मंदिरों को तोड़ा गया तो उनके इस प्रकार के कृत्य पर इन्हें सर्वाधिक पीड़ा हुई। औरंगजेब के द्वारा मंदिरों के विनाश संबंधी आदेशों का उल्लेख 'हिस्ट्री आफ औरंगज़ेब' के लेखक सर जदुनाथ सरकार द्वारा (*खंड ३ अपेंडिक्स* ५) में किया गया है।

वह लिखते हैं कि "सीतादास जौहरी द्वारा शरसपुर के निकट बनवाए गए चिंतामन मंदिर का विध्वंस कर, उसके स्थान पर शहजादे औरंगजेब के आदेश के अनुसार १६४५ में कुआतुल इस्लाम नामक मस्जिद बनवा दी गई। (मीरात-ई-अहमदी, २३२, दी बॉम्बे गजेटियर खंड भाग १, पृष्ठ २३२ पर वह आगे कहता है कि "मंदिर में एक गाय का वध ही किया गया।"

उपरोक्त पुस्तक के पृष्ठ २७८ पर लिखा है कि "मेरे आदेशानुसार मेरे प्रवेश से पूर्व के दिनों में अहमदाबाद और गुजरात के अन्य परगनों में अनेक मंदिरों का विध्वंस कर दिया गया था। उनकी मरम्मत कर दी गई और उनमें पुनः मूर्ति पूजा आरंभ हो गई थी। मेरे पहले के आदेश दिनांक २० नवंबर, १६६५ के फरमान को व्यवहार में लाओ। (अर्थात उन सबका विध्वंस कर दो)

"औरंगाबाद के निकट सतारा गांव मेरा शिकार स्थल था। पहाड़ी के शिखर पर यहां खांडेराय का मूर्ति युक्त एक मंदिर था। अल्लाह की महिमा से मैंने उसे विध्वंस कर दिया। (*कलीमात-ई - तय्यीबात, ७ बी में औरंगजेब से बीदर बख्त तक*)"

औरंगजेब की हिंदू विरोधी मानसिकता

औरंगज़ेब जिस समय अपने पिता के शासन काल में इधर-उधर सैनिक पदों पर रहते हुए कार्य कर रहा था, तब भी वह हिंदू विरोध के कीर्तिमान स्थापित करने में लगा हुआ था।

इससे पता चलता है कि हिंदू विरोध उसके रक्त में बसा हुआ था। जब वह अपने पिता का उत्तराधिकारी बनने में सफल हो गया तो उसका यह दमन चक्र और भी अधिक निर्दयता के साथ चलना आरंभ हुआ।

"मेरे शासनकाल के प्रारंभिक समय में सोमनाथ मंदिर का विध्वंस कर दिया गया था और मूर्ति पूजा समाप्त कर दी गई थी। यदि मूर्ति पूजकों ने उसी स्थान पर मूर्ति पूजा पुनः आरंभ कर दी हो तो मंदिर को इस प्रकार विध्वंस करो कि भवन का कोई चिह्न या अवशेष ही न रहे।" (*अपने शासन के अंतिम दशक में औरंगजेब का पत्र, इनायतुल्लाह का अखबार*)

औरंगजेब के इस फरमान से पता चलता है कि वह हिंदू धर्म स्थलों को फूटी आंख भी देखना नहीं चाहता था। उसका हरसंभव प्रयास रहता था कि जहां भी हिंदू समाज के लोग अपने धर्म स्थलों का प्रयोग पूजा पाठ के लिए कर रहे हैं, उनका चिह्न तक समाप्त कर दिया जाए। ऐसी स्थिति उत्पन्न कर दी जाए कि वहां पर कोई अवशेष भी न रहे। सोमनाथ के मंदिर के प्रति छत्रपति शिवाजी महाराज का विशेष श्रद्धा भाव था। इसी प्रकार संभाजी महाराज भी इस धर्मस्थल के प्रति श्रद्धावान बने रहे। यद्यपि ऐसा कहीं कोई उल्लेख नहीं मिलता कि इस मंदिर के जीर्णोद्धार को लेकर उनका मुगल बादशाह औरंगजेब से कोई संघर्ष हुआ, परंतु इतना अवश्य है कि सोमनाथ सहित प्रत्येक हिंदू धर्म स्थल के प्रति इन दोनों पिता पुत्रों की श्रद्धा समान थी।

१९ दिसंबर, १६६१ को मीर जुमला ने वहां के राजा और लोगों द्वारा खाली किए गए कूचबिहार शहर में प्रवेश किया और- "सैयद मोहम्मद सादिक को मुख्य न्यायाधीश नियुक्त कर दिया। उसे हुक्म दिया कि सभी हिंदू मंदिरों को विध्वंस कर दिया जाए और उनके स्थान पर मस्जिदें बनवा दी जाएं।सेनानायक ने (जनरल ने) स्वयं युद्ध की कुल्हाड़ी लेकर नारायण की मूर्ति का विध्वंस कर दिया।" (*स्टीयूआर्ट्स बंगाल*)

इससे पता चलता है कि औरंगज़ेब प्रारंभ से ही हिंदू धर्म स्थलों का विध्वंस करने में लग गया था।

"जैसे ही शहंशाह ने सुना कि दाराशिकोह ने मथुरा के केशव राय मंदिर में पत्थरों की एक बाड़ को पुनः स्थापित कर दिया है, उसने कटाक्ष किया कि इस्लामी पंथ में तो मंदिर

की ओर देखना भी पाप है और इस तरह उसने मंदिर की बाड़ को पुनः स्थापित कर दिया है। मुस्लिमों के लिए यह आचरण शोभाजनक नहीं है। बाड़ को हटा दो। उसके आदेशानुसार मंदिर के फौजदार अब्दुल नबी खान ने बाड़ को हटा दिया।" (*अखबारात- ९ वां साल, १४ अक्टूबर १६६६*)

हिंदुओं की पीड़ा और देश की सामान्य इच्छा

इस तरह के अत्याचार औरंगज़ेब को एक प्रजापालक शासक नहीं बना पाए। उसके इस प्रकार के अत्याचारों को देखकर हिंदुओं में एक बेचैनी बनी हुई थी। प्रत्येक हिंदू की आत्मा की आवाज यही थी कि जैसे भी हो औरंगजेब और मुगलों का शासन भारत से समाप्त किया जाए। वास्तव में उस समय के हिंदू समाज की इसी 'सामान्य इच्छा' का सम्मान संभाजी कर रहे थे। जब वह मुगलविहीन भारत का सपना देख रहे थे।

स्वामी विवेकानंद जी ने कहा है कि "मुसलमान विश्व व्यापी भाईचारे की बात करते हैं, परंतु वास्तव में इसका मतलब क्या है? आखिर जो कि मुसलमान नहीं हैं, वह इस सार्वभौमिक भाईचारे में सम्मिलित क्यों किया जाएगा? उसके तो गले काटे जाने की संभावना अधिक है।" (*संपूर्ण विवेकानंद वाङ्मय, खंड २, पृष्ठ ३८०*)

इस प्रकार के इस्लामी अत्याचार संभाजी को यह प्रेरणा दे रहे थे कि भारत में शांति तभी संभव है, जब इस प्रकार के फरमान जारी करने वाले मुगल बादशाह का शासन ही समाप्त कर दिया जाए। उन्होंने यह मान लिया था कि जब तक इस प्रकार का शासन देश में काम करता रहेगा, तब तक शांति नहीं आ सकती।

"२० नवंबर, १६६५ जो कि महामहिम शहंशाह के ध्यान में लाया गया है कि गुजरात प्रांत के निकट के क्षेत्र के लोगों ने शहंशाह के प्रवेश से पूर्व के सभी आदेशों के अंतर्गत नष्ट किए गए मंदिरों को फिर से बना लिया है। अतः महामहिम आदेश देते हैं कि पूर्व में नष्ट किए गए और हाल ही में दोबारा स्थापित मंदिरों का विध्वंस कर दिया जाए।" (फरमान जो मीरात २७३, में दिया गया)

"९ अप्रैल, १६६९ सभी प्रान्तों के गवर्नरों को शहंशाह ने आदेश दिया है कि अविश्वासियों के सभी स्कूलों और मंदिरों का विध्वंस कर दिया जाए और उनकी शिक्षा और धार्मिक क्रियाओं को पूरी शक्ति के साथ समाप्त कर दिया।"

मुगलों का शासन संभाजी को खटकता था

औरंगजेब का मंदिर विध्वंस करने का यह कार्य संपूर्ण देश में चल रहा था। जहां-जहां भी उसने देखा कि यहां हिंदू अपने धर्म स्थलों में जाकर अपनी पूजा पाठ निर्विघ्न कर

रहे हैं या जहां उसने देखा कि उसके पहले के किसी शासक के द्वारा या स्वयं उसके द्वारा किसी हिंदू धर्म स्थल का विध्वंस कर दिया गया था, परंतु उसके उपरान्त भी हिंदुओं ने उसे फिर से निर्मित कर लिया था, वहां-वहां उसने हिंदू धर्म स्थलों के विध्वंस के आदेश दिए। इस प्रकार हिंदुओं को उस समय अपने धर्म स्थलों में जाने से रोकने के लिए औरंगजेब ने भरपूर प्रयास किये। भारत की यह प्राचीन परंपरा रही है कि राजा अपने देश के नागरिकों की स्वाधीनता की रक्षा करेगा। देश के नागरिकों के मौलिक अधिकारों की रक्षा करेगा। उनके लिए ऐसा परिवेश सृजित करेगा, जिसमें वह अपनी आत्मा की शुद्धि के लिए मंदिरों आदि धर्मस्थलों का स्वतंत्रतापूर्वक प्रयोग कर सकें। मुगल काल में राजा अत्याचारी होने के कारण लोगों के मौलिक अधिकारों का स्वयं ही हत्यारा बन गया था। यह बात संभाजी महाराज को खटकती थी।

औरंगजेब के शाही फरमान

"खंडेला के राजपूतों को दंड देने और उस स्थान के बड़े मंदिर के विध्वंस करने के लिए दराब खान को भेजा गया था। *(मासीर-ई-आलमगीरी, १७१)*

"उसने ८ मार्च १ को खंडेला और सनुला के मंदिरों का विध्वंस कर दिया और आसपास, अड़ोस-पड़ोस के अन्य मंदिरों को भी विध्वंस कर दिया।" *(उपरोक्त पुस्तक पेज नंबर १७३)*

"२५ मई, १६७९ जोधपुर में मंदिरों का विध्वंस करके और खंडित मूर्तियों की कई गाड़ियों में भरकर खानेजहां बहादुर लौटा। शहंशाह ने आदेश दिया कि मूर्तियां जिनमें अधिकांश सोने, चांदी, पीतल, तांबा या पत्थर की थीं, को दरबार के चौकोर मैदान में बिखेर दिया जाए और जामा मस्जिद की सीढ़ियों में लगा दिया जाए, ताकि उनको पैरों तले रौंदा जा सके। *(पुस्तक उपरोक्त पृष्ठ १७५)*

१७ जनवरी, १६८० "उदयपुर के महाराणा के महल के सामने स्थित एक विशाल मंदिर जो अपने युग के महानतम आश्चर्यजनक भवनों में से एक था और अविश्वासियों ने इसके निर्माण के ऊपर अपार धन व्यय किया था, उसे विध्वंस कर दिया जाए और उसकी मूर्तियां खंडित कर दी जाएं।" *(पुस्तक उपरोक्त पेज १६८)*

"२४ जनवरी १६८० को शहंशाह उदय सागर झील को देखने गया और उसके किनारे स्थित तीनों मंदिरों के विध्वंस का आदेश दे आया।" *(पेज १८८)*

"२९ जनवरी को हसन अली खान ने सूचित किया कि उदयपुर के चारों ओर के अन्य १७२ मंदिर विध्वंस कर दिए गए हैं।" *(पुस्तक के पेज नंबर १८९)*

"२२ फरवरी को शहंशाह चित्तौड़ देखने गया और उसके आदेश से वहां के ६३ मंदिरों का विध्वंस कर दिया गया। (*पुस्तक वही पेज १८९*)

"१० अगस्त, १६८० आबू तूराब दरबार में लौटा और उसने सूचित किया कि उसने आम्बेर में ६६ मंदिर तोड़ दिए हैं।" (*पेज १९४*)

"२ अगस्त, १६८० को पश्चिमी मेवाड़ में सोमेश्वर मंदिर को तोड़ देने का आदेश दिया गया।"

वास्तव में औरंगजेब के द्वारा जिस प्रकार हिंदू धर्म स्थलों का विनाश किया जा रहा था, वह उसके अत्याचारों की अत्यंत पीड़ादायक कहानी है। जिसे हिंदू समाज सहन कर रहा था। इस कहानी के इन तथ्यों को देखने से पता चलता है कि उस समय का हिंदू कितना दुखी जीवन जी रहा था? इससे अधिक पतन की कोई अवस्था नहीं हो सकती कि राजा स्वयं अपना राजधर्म भूलकर अत्याचार करने की डकैत परंपरा का निर्वाह करने लगे।

लड़ाई दो विचारधाराओं के बीच थी

इसके विपरीत भारतीय धर्म शास्त्रों में राजा के लिए यह अनिवार्य किया गया है कि वह अत्याचारी, उग्रवादी और आतंकवादी गिरोहों के विरुद्ध संघर्ष करे और अपनी जनता को इन आतंकवादी संगठनों का विनाश कर सुख शांति प्रदान करे। अब यहां पर दो बात हो जाती हैं। एक तो यह कि औरंगजेब जैसे आतंकवादी शासक अपनी मजहबी रवायत के अनुसार शासन चलाना चाह रहे थे और उधर शिवाजी महाराज और संभाजी महाराज अपने धर्मशास्त्र के अनुसार शासन चलाना चाहते थे। इस प्रकार लड़ाई दो विपरीत धर्म शास्त्रों की भी थी। दो विपरीत विचारधाराओं की भी थी और डकैती धर्म तथा राज धर्म के बीच भी थी। इस तथ्य को भारतीय इतिहास में उपेक्षित किया जाता है। हमारा मानना है कि जब तक इस तथ्य को न समझ लिया जाएगा तब तक हम अपने संभाजी महाराज के साथ न्याय नहीं कर पाएंगे।

संभाजी महाराज का धर्मशास्त्र कहता था कि राजनीति में बैठे गुंडों और लफंगों को समाप्त करो और प्रजा को न्यायपूर्ण शासन उपलब्ध कराओ। इसके लिए चाहे जो भी बलिदान देना पड़े, उसे दीजिए और अपना जीवन धन्य कीजिए। उधर औरंगजेब की मजहबी मान्यता कहती थी कि काफिर और कुफ्र का अंत करो। इसके लिए चाहे जितनी शहादतें देनी पड़ें, दीजिए। मुगलकालीन भारत में जितने भर भी संघर्ष मुगलों और हिंदुओं के बीच हुए, उन सबका एकमात्र कारण यही था। औरंगजेब के आते-आते मुगलों की कई पीढ़ियां गुजर गई थीं जो निरंतर भारत पर शासन करती आ रही थीं। इसलिए संभाजी के

लिए यह सोचना आवश्यक हो गया था कि क्यों न इन मुगलों से भारत को मुक्ति दिलाई जाए?

आत्मिक पवित्रता मनुष्य के लिए बहुत आवश्यक है और इसका मिलना तभी संभव है जब व्यक्ति शांतिपूर्ण परिवेश में रहता हो। किसी भी प्रकार के तनाव दबाव की स्थिति में व्यक्ति को आत्मिक पवित्रता की स्थिति प्राप्त नहीं हो सकती।

भारत एक आध्यात्मिक राष्ट्र है। इसकी ऋषि परंपरा में जीवन तभी सफल माना जाता है जब व्यक्ति आध्यात्मिक शांति की अनुभूति करते हुए जीवन व्यापार करता हो। मुगलों ने भारत में आकर ऐसी स्थिति बना दी थी, जिससे भारत के हिंदू समाज की आध्यात्मिक परंपरा बाधित हो रही थी। जब धर्म स्थल नहीं तो आध्यात्मिक शांति कहां मिलेगी? और जब आध्यात्मिक शांति नहीं तो जीवन निरर्थक हो जाता है। इस सोच के साथ पूरा हिंदू समाज उस समय बेचैनी अनुभव कर रहा था। जिसे संभाजी महाराज बड़ी गंभीरता से अनुभव कर रहे थे। अतः देश के लोगों को आध्यात्मिक शांति की अनुभूति कराने के लिए उनके धर्म स्थलों को मुक्त करने के अपने राजधर्म के प्रति कर्तव्य भाव से भरे हुए संभाजी महाराज के लिए मुगलविहीन भारत बनाना आवश्यक हो गया था।

❍

अध्याय - २४

संभाजी इतिहास के एक जीवंत पात्र

औरंगजेब भारत के इतिहास का एक रक्तरंजित नाम है। इसीलिए कोई भी राष्ट्रवादी लेखक या इतिहासकार उसे इतिहास में "हिंदुओं के क्रूर उत्पीड़क" के रूप में स्थान देता है। उसने गैर मुसलमानों के प्रति शत्रुता पूर्ण व्यवहार किया।

लंबे-लंबे खूनी अभियान चलाकर अपनी पाशविकता का परिचय दिया। इसके साथ ही साथ इतिहास का यह भी एक रोचक और बहुत ही गौरवशाली तथ्य है कि हिंदुओं ने उसके प्रत्येक खूनी अभियान का न केवल डटकर सामना किया अपितु उसके किसी भी ऐसे अभियान के सामने झुकने से भी इनकार कर दिया। इसके लिए चाहे उन्हें कितने ही बलिदान देने पड़े, उनसे वह पीछे नहीं हटे। औरंगजेब का गुणगान करते समय हमें अपने पूर्वजों के इन बलिदानों पर भी ध्यान देना चाहिए। ऐसा नहीं होना चाहिए कि औरंगजेब का गुणगान करते-करते हम अपने बलिदानियों के बलिदान को ही भूल जाएं। राष्ट्र की अस्मिता और धर्म की रक्षा के लिए बलिदान करके हिंदू समाज ने अपने राष्ट्रीय गौरव और राष्ट्रीय पराक्रम का परिचय दिया। उसने यह भी स्पष्ट कर दिया कि वह अपने सनातन के वैज्ञानिक सिद्धांतों के समक्ष किसी भी नवीन मत या पंथ के अवैज्ञानिक और मानवताद्रोही सिद्धांतों को तुच्छ मानता है।

हिंदुत्व का मुखर स्वरूप और संभाजी

औरंगजेब जितना ही हिंदुओं के मंदिरों को विनष्ट करता जाता था और जितना ही उन पर जजिया कर लगाकर उनका आर्थिक रूप से विपन्न करने की योजनाओं पर काम करता जा रहा था, उतना ही हिंदुत्व मुखर हो रहा था, उसका विरोध कर रहा था और उसके इस प्रकार के कार्यों पर अपनी असहमति व्यक्त करते हुए उसका भरपूर प्रतिरोध कर रहा था।

संभाजी महाराज हिंदुत्व के इसी मुखर स्वरूप के नायक थे, इसी विरोध के मुखर स्वर थे और हिंदुत्व की इसी प्रकार की असहमति के मुखर प्रतीक थे। औरंगजेब जितना ही

हिंदुओं के मंदिरों को तोड़ता जा रहा था, उतना ही हिंदुत्व अपनी एकता का परिचय देता जा रहा था। जितना ही वह उनके धर्म पर कुठाराघात करता था, उनकी 'चोटी' (शिखर) उतनी ही बढ़ती जाती थी। इतना अवश्य है कि उस समय हिन्दू समाज अपना नायक खोज रहा था। सौभाग्य से उस काल में हिंदू समाज को शिवाजी महाराज, छत्रपति संभाजी महाराज, गुरु गोविंद सिंह जी, छत्रसाल, बंदा बैरागी जैसे कई नेता मिल गए। जिन्होंने बहुत ही वीरता के साथ औरंगजेब के अत्याचारों के विरुद्ध हिंदुत्व की कमान संभाले रखी। यही कारण रहा कि संभाजी महाराज जैसे हिंदू ध्वजवाहकों के कारण औरंगज़ेब भरपूर हिंदू विरोधी होकर भी हिंदू का विनाश नहीं कर पाया। यदि उस समय संभाजी महाराज जैसे नायक हिंदू समाज के पास नहीं होते तो निश्चित रूप से आज हिंदुत्व उस स्वरूप में सुरक्षित नहीं रह पाता, जिस स्वरूप में वह हमें दिखाई देता है।

औरंगजेब के काले कारनामे

हिंदुओं के प्रति घृणा के भावों से प्रेरित होकर औरंगजेब ने १६६९ में अपने सभी प्रांतों के गवर्नरों को आदेश जारी किया कि "काफिरों के स्कूलों और मंदिरों को स्वेच्छा से नष्ट कर दें, और उन्हें मूर्तिपूजा के शिक्षण और अभ्यास पर पूरी तरह से रोक लगाने का सख्त आदेश दिया जाए।"

ईटन के अनुसार ये आदेश सामान्य रूप से हिंदू मंदिरों के लिए नहीं, बल्कि अधिक संकीर्ण रूप से परिभाषित "विचलित समूह" के लिए निर्देशित किए गए थे। औरंगजेब के शासन में नष्ट या अपवित्र किए गए हिंदू मंदिरों की संख्या स्पष्ट नहीं है और विद्वानों के बीच बहस का विषय है। कुछ लोग सुझाव देते हैं कि उसने जितने मंदिर नष्ट किए, उससे अधिक मंदिर (यद्यपि यह सब कोई प्रमाण नहीं है) बनवाए होंगे।"

इकराम के अनुसार, "औरंगज़ेब ने नवनिर्मित हिंदू मंदिरों को नष्ट करने का आदेश देकर सख्त इस्लामी कानून लागू करने की कोशिश की। बाद में, हिंदू इलाकों में नवनिर्मित मंदिरों को नष्ट करने के बजाय बंद करने की प्रक्रिया अपनाई गई। यह भी सच है कि बहुत बार विनाश के आदेश एक मृत पत्र बनकर रह गए।"

जब औरंगजेब इस प्रकार के अत्याचार कर रहा था, तब वह किसी शासक के रूप में ऐसा न करके इस्लाम के खिदमदगार के रूप में सब कुछ करता जा रहा था। उसे गाजी बनना अच्छा लगता था और संसार से काफिरों का विनाश करना भी अच्छा लगता था। उसने काफिर अर्थात हिन्दू लोगों के धर्म स्थलों के साथ-साथ उनके ऐतिहासिक नगरों के नाम बदलने की प्रक्रिया भी आरंभ की। इसी प्रक्रिया के अंतर्गत उसने मथुरा का नाम

बदलकर इस्लामाबाद कर दिया था। इस प्रकार औरंगज़ेब सनातन संस्कृति का शत्रु था, जिसे सहन करना किसी के लिए भी संभव नहीं था।

इतिहास के इस भयानक और निर्मम सत्य को छुपाते हुए कई इतिहासकार ऐसे हैं जो यह कहते हैं कि जिस समय औरंगज़ेब शासन कर रहा था उस समय कई हिंदुओं ने भी मुसलमानों के साथ सांप्रदायिक व्यवहार किया था। जैसे कि मुगल काल के अंत में, हिंसा और उत्पीड़न आपसी था। हिंदुओं ने भी मुस्लिम कब्रों पर हमला किया और उन्हें क्षतिग्रस्त किया, तब भी जब सैनिकों को मुसलमानों के धार्मिक शरणस्थलों को हानि न पहुँचाने का आदेश था। यद्यपि इंडोलॉजिस्ट निकोलस गियर कहते हैं कि "इस्लामिक स्थलों के लिए अनादर के ये कुछ उदाहरण" "मंदिरों के बड़े पैमाने पर विनाश और ५०० वर्षों तक मुसलमानों द्वारा हिंदुओं के सामान्य उत्पीड़न की तुलना में फीके हैं"।

हिंदुओं की सात्विक वीरता

यदि कहीं हिंदू भी प्रतिकार के रूप में ऐसा कर रहे थे तो वास्तव में वह अपवाद स्वरूप ही था। सामान्य परिस्थितियों में हिंदुओं ने अपनी सहनशीलता का परिचय दिया। इसका एक कारण यह है कि सनातन धर्मी हिंदू प्राचीन काल से ही सात्विक क्रोध की ही कामना करता आया है। वह राजसिक और तामसिक क्रोध से बचता है। निस्संदेह राजसिक और तामसिक क्रोध व्यक्ति को पागल करते हैं। जिनके वशीभूत होकर मनुष्य पागलपन के कार्य करता है। उन्मादी होकर अधर्म करता है। ऐसा आचरण किसी भी सनातनी आर्य या हिंदू के लिए कभी भी शोभनीय नहीं रहा। हां, इस्लाम के मानने वाले लोग अवश्य इसी प्रकार के राजसिक और तामसिक क्रोध के वशीभूत होकर अमानवीय कार्य करते रहे हैं। औरंगजेब भी जो कुछ कर रहा था, वह राजसिक और तामसिक क्रोध के वशीभूत होकर ही कर रहा था।

सिख ग्रंथों में, "गुरु तेग बहादुर सोलह हिंदू ब्राह्मणों के साथ हिंदुओं के मुगल उत्पीड़न को रोकने के लिए एक खोज पर निकले थे; उन्हें गिरफ्तार किया गया और यातना और मौत के दर्द पर इस्लाम में धर्मांतरण करने का आदेश दिया गया", गियर कहते हैं, "उन सभी ने इनकार कर दिया, और नवंबर १६७५ में, मती दास को आधा काट दिया गया, दयाल दास को जिंदा उबाला गया, सती दास को जिंदा जला दिया गया, और तेग बहादुर का सिर काट दिया गया।"

ऐसे अनेक उदाहरण हैं जो औरंगजेब को उन्मादी क्रोध का शिकार बनाते हुए इतिहास के पन्नों पर बिखरे पड़े हैं।

दीपा ओल्लापल्ली के अनुसार, "मुगल सम्राट औरंगजेब स्पष्ट रूप से हिंदुओं और अन्य सभी गैर-मुसलमानों के प्रति भेदभावपूर्ण था, जो 'धार्मिक कट्टरता का अभूतपूर्व स्तर' प्रदर्शित करता था।"

ऐसे कई इतिहासकार हैं जो औरंगजेब का बचाव करते हुए लिखते हैं कि यदि उसने हिंदुओं पर किसी प्रकार के अत्याचार किए या उनके धर्म स्थलों का विनाश किया तो उसके राजनीतिक कारण थे न कि धार्मिक कारण। यद्यपि इस प्रकार के अनेक उदाहरण हैं जब औरंगज़ेब ने धार्मिक आधार पर अपने नागरिकों के मध्य भेदभाव करते हुए हिंदुओं पर अत्याचार किए। जो इतिहासकार औरंगजेब के प्रति नरम दृष्टिकोण रखते हुए उसे इतिहास के न्यायालय से 'बरी' करने का प्रयास करते हैं, वही दूसरी ओर संभाजी महाराज जैसे देशभक्त और परमवीर योद्धा को इतिहास के कठघरे में खड़ा कर दंडित करने का अपराध भी कर जाते हैं। कभी-कभी यह इतिहासकार ऐसा जानबूझकर करते हैं तो कभी उनसे ऐसा अनजाने में होता है।

हिंदू मुसलमानों के सौहार्दपूर्ण संबंध?

निकोलस गियर औरंगज़ेब जैसे अत्याचारी बादशाहों के सारे अपराधों को एक ओर रखकर उन्हें एक झटके में क्षमा कर जाते हैं जब वह लिखते हैं कि "अधिकांश भारतीय समुदायों में सौहार्दपूर्ण हिंदू-मुस्लिम संबंध थे और मध्यकालीन मुस्लिम काल के दौरान भारतीय जनसंख्या में वृद्धि हुई। मुस्लिम या हिंदू राजाओं द्वारा किसी भी आबादी को उनके धर्म के आधार पर निष्कासित नहीं किया गया, न ही किसी विशिष्ट धर्म को खत्म करने का प्रयास किया गया।"

जब हम इस प्रकार के कथनों को इतिहास में पढ़ते हैं तो इसका सीधा प्रभाव संभाजी महाराज जैसे देशभक्त वीरों की देशभक्ति पर पड़ता है। क्योंकि पाठक इस प्रकार के विवरण से यह अनुमान लगा लेता है कि यदि सब कुछ ऐसा था अर्थात सब कुछ सामान्य था तो फिर संभाजी महाराज जैसे लोग व्यर्थ ही राष्ट्र की शक्ति और ऊर्जा का अपव्यय करते हुए मुगल बादशाह औरंगजेब को चुनौती दे रहे थे? उन्हें उस समय देश की मुख्यधारा अर्थात इस्लाम के मानने वाले बादशाह औरंगजेब के साथ मिलकर कार्य करना चाहिए था। पाठक इसके साथ-साथ यह भी सोचता है कि यदि सब कुछ सामान्य होने के उपरांत भी संभाजी महाराज जैसे लोग औरंगजेब का साथ नहीं दे रहे थे तो निश्चित रूप से वह हिंदू सांप्रदायिकता से ग्रसित थे। ...और मानसिकता का यही वह बिंदु है जिस पर निकोलस गियर जैसे इतिहासकार अपने पाठक को पहुंचा देना चाहते हैं। इस बिंदु पर पहुंचकर पाठक

के "मस्तिष्क की बिजली गुल हो जाती है।" तब वह धर्मनिरपेक्षता के सिद्धांत को देश के लिए उचित मानने लगता है। सोचने लगता है कि हम व्यर्थ ही मुस्लिम बादशाह औरंगजेब को अत्याचार का प्रतीक मानते हैं। यदि अत्याचार हो रहे थे तो हिंदू सांप्रदायिकता से ग्रसित होकर संभाजी महाराज जैसे लोग भी उन अत्याचारों में सम्मिलित थे।

इतिहास में मिलावट

हमारा मानना है कि इतिहास को बहुत सावधान होकर पढ़ना चाहिए। इसमें मिलावट की बहुत अधिक संभावना होती है। रोमिला थापर एक ऐसी इतिहासकार हैं जिन्होंने मिलावट की इस प्रक्रिया को बहुत तेजी से आगे बढ़ाया है। उनके इतिहास लेखन से अनेक सनातनी हिंदू योद्धा देशभक्त होकर भी देशभक्त नहीं रहे। इतना ही नहीं, कितने ही तो ऐसे हैं जो अपनी देशभक्ति को "हिंदू सांप्रदायिकता" में परिवर्तित होकर होते देखकर इतिहास के न्यायालय में आज तक सिसक रहे हैं, न्याय मांग रहे हैं और अंधा कानून उन्हें न्याय नहीं दे रहा है।

उनके द्वारा इतिहास के तथ्यों के साथ गंभीर छेड़छाड़ की गई। उनकी मान्यता है कि मुसलमानों से पहले भारत देश में सामाजिक छुआछूत के चलते एक साथ सभी वर्गों के लोग अपने बच्चों को पढ़ाते तक नहीं थे। जब इस्लाम का शासन भारत में स्थापित हुआ तो पहली बार उसने यह व्यवस्था की कि विद्यालयों में सब एक साथ जाकर विद्याध्ययन करने लगे।

उनके अनुसार "मुस्लिम शासन की शुरुआत के साथ ही सभी भारतीय, उच्च और निम्न जाति के लोगों को 'हिंदुओं' की श्रेणी में एक साथ रखा गया। जबकि उच्च जाति के भारतीय निचली जातियों को अशुद्ध मानते थे, अब उन्हें एक समान श्रेणी में माना जाता है, जो आंशिक रूप से कई उच्च जाति के भारतीयों के बीच विश्वास को स्पष्ट करता है। ...आज कई उच्च जाति के हिंदुओं के बीच यह विश्वास है कि पिछले एक हजार वर्षों में हिंदू धर्म सबसे गंभीर उत्पीड़न से गुजरा है जो दुनिया में किसी भी धर्म ने कभी नहीं झेला है।"

हम सभी जानते हैं कि औरंगज़ेब एक बहुत ही निष्ठावान मुसलमान था। उसके लिए अपना दीन पहले था। शेष सब कुछ बाद में था। जो व्यक्ति पक्का मुसलमान होता है, उसके लिए क्या आवश्यक है? - इसके बारे में हमें कुरान से पता चलता है। जो स्पष्ट करती है कि "जो लोग अल्लाह और उसके रसूल से लड़ते हैं और धरती में बिगाड़ पैदा करने के लिए दौड़ धूप करते हैं, उनका बदला तो बस यही है कि वह बुरी तरह कत्ल किये जाएं

या रसूली पर चढ़ाये जाएं या उनके हाथ पैर विपरीत दिशा में काट डाले जाएं या उन्हें देश से निष्कासित कर दिया जाए। यह अपमान और तिरस्कार उनके लिए दुनिया में है और आखिरत में उनके लिए बड़ी यातना है।"

संभाजी की आवश्यकता

इस प्रकार कुरान की इस व्यवस्था को इस्लाम के मानने वाले लोग स्पष्ट करते हैं। इसकी व्याख्या में हमारा कोई शब्द नहीं है। इस व्यवस्था को यदि ईमानदारी से पढ़ा और समझा जाए तो पता चलता है कि औरंगजेब इसी व्यवस्था के वशीभूत होकर कार्य कर रहा था। उसने संभाजी के साथ जो कुछ किया वह इसी भावना से प्रेरित होकर किया कि "संभाजी अल्लाह और उसके रसूल से लड़ने का काम कर रहे थे और धरती में बिगाड़ पैदा करते हुए दौड़ धूप कर रहे थे।" इतना ही नहीं, उसने यह भी संकेत कर दिया कि जो कोई संभाजी के कार्य की प्रशंसा करेगा या उनका अनुकरण करेगा उसके साथ भी यही होगा। इस प्रकार इस्लाम का भाईचारा उन लोगों के लिए ही बचा जो या तो इस्लाम की शरण में आना स्वीकार कर रहे थे या फिर कुछ सीमा तक उनके लिए जजिया कर देने के लिए तैयार हो गए थे। इस अव्यवस्था को हर काल में चुनौती दी जानी चाहिए। इसलिए हर काल में इस अव्यवस्था से लड़ने वाला संभाजी भी होना चाहिए। जब तक संसार में जजिया कर की व्यवस्था है या सांप्रदायिक आधार पर लोगों का शोषण है और इस प्रकार के कार्य करने वाले 'औरंगज़ेब' विद्यमान हैं,तब तक हमें संभाजी महाराज जैसे लोगों की निरंतर आवश्यकता बनी रहेगी। इस सत्य को झुठलाया नहीं जा सकता।

संभाजी को नकारा नहीं जा सकता

आज जो लोग संभाजी महाराज की आवश्यकता को नकार रहे हैं और छद्म धर्मनिरपेक्षता के नाम पर इतिहास का विकृतिकरण कर रहे हैं, वह इतिहास के साथ और देश की युवा पीढ़ी के साथ बहुत बड़ा अन्याय कर रहे हैं। ऐसे लोगों को याद रखना चाहिए कि युद्ध में पकड़े गए गैर मुसलमानों के प्रति इमाम तीन प्रकार का व्यवहार कर सकता है। प्रथम विकल्प के अनुसार उनका वध कर या करा सकता है। क्योंकि स्वयं पैगंबर युद्ध बंदियों का वध कर दिया करता था। तनिक याद करें,संभाजी महाराज जब औरंगजेब के युद्धबंदी थे तो उनके साथ भी यही व्यवहार किया गया था। ऐसा नहीं है कि इस्लाम की यह व्यवस्था केवल औरंगजेब के शासनकाल में ही लागू थी और उसके पश्चात आधुनिकता के साथ समायोजित होते-होते यह व्यवस्था पूर्णतया मानवता में परिवर्तित हो गई हो? कारगिल के युद्ध के समय भी हमने इसे अपने इसी रूप में बने हुए देखा। जब वायुसेना के

स्क्वाड्रन लीडर अजय आहूजा, लेफ्टिनेंट सौरभ कालिया और छह अन्य भारतीय सैनिकों को, जो पाकिस्तान सेना के हाथों युद्ध बंदी थे, पाकिस्तान की सेना ने पूर्ण निर्ममता एवं बर्बरता पूर्वक टुकड़े-टुकड़े कर उनका वध कर दिया था।

कहने का अभिप्राय है कि जो कुछ औरंगज़ेब के काल में हो रहा था, वही कारगिल के समय होता हुआ दिखाई दिया। इसका अभिप्राय यह हुआ कि उन्होंने अपनी परंपरा को त्यागा नहीं है। वह जो कुछ भी करते हैं वह धार्मिक कारणों से प्रेरित होकर करते हैं। जिसे इतिहास का विकृतिकरण करने वाले आपराधिक मानसिकता और लेखनी के साथ बेईमानी करने वाले लोग "राजनीतिक कारणों से होना" लिख देते हैं। इसका शिकार वह भोलाभाला हिंदू होता है, जो केवल रोजी-रोटी में लगा रहता है और जिसे इतिहासबोध नहीं है।

हमारा मानना है कि इस प्रकार की दोगली और राष्ट्र विरोधी मानसिकता से बचने के लिए और अपने इतिहास की बलिदानी परंपराओं को इसी ऊंचाई पर बनाए रखने के लिए हम संभाजी महाराज के यश रूपी शरीर को जीवित बनाए रखें। उनकी परंपरा का पूजन करें। उनके विचारों का सम्मान करें।उनकी वीरता का पालन करें। उनके साहस, उनके शौर्य और उनके पराक्रम को राष्ट्रीय धरोहर मानकर मां भारती के स्मृति भवन में पूजन के लिए पुष्पों के रूप में प्रयोग करें।

सुरासुर संग्राम और संभाजी

हमें ध्यान रखना चाहिए कि हमारे धर्मग्रन्थों में जिस प्रकार के सुरासुर संग्राम की बात कही जाती है, वह एक शाश्वत प्रक्रिया है। यह संग्राम सृष्टि के प्रारंभ में भी था, आज भी है और उस समय तक रहेगा जब तक यह सृष्टि रहेगी। इसलिए सनातन को मारने वाले राक्षस हर काल में जन्म लेते रहे हैं और जन्म लेते रहेंगे। बात स्पष्ट है कि जब तक सनातन के लिए संकट है तब तक सुरासुर संग्राम जारी रहेगा। हमें नहीं लगता कि असुर प्रवृत्तियां किसी विशेष मोड़ पर पहुंचकर स्वयं आत्म समर्पण कर देंगी? यह निश्चित है कि ये शक्तियां सनातन को पराजित करने के लिए निरंतर कार्य करती रहेंगी। तब हमें यह बात सहर्ष स्वीकार कर लेनी चाहिए कि उनकी अंतिम पराजय तक हमें अपने संभाजी की आवश्यकता पड़ेगी। स्पष्ट है कि संभाजी का यश रूपी शरीर सृष्टि के अंतिम काल तक रहना चाहिए। हम आर्यों को एक जीवंत जाति का परिचय देते हुए यह स्थापित करना पड़ेगा कि हम अपने जीवंत और ऊर्जावान सनातन योद्धाओं को मरने नहीं देते हैं। उनकी पूजा का विधान हमारे लिए इसीलिए किया गया है कि हम उन्हें प्रत्येक परिस्थिति में स्मरण

करते रहें और उनके यशरूपी शरीर से प्रेरणा लेकर वर्तमान परिस्थितियों में उनकी वीरता का अनुकरण करके अपने धर्म और अपनी संस्कृति की रक्षा करते रहें।

अभी हमने अपनी राष्ट्रीय एकता का परिचय देते हुए पाकिस्तान के साथ युद्ध लड़ा है। इसे भारत सरकार ने 'ऑपरेशन सिंदूर' का नाम दिया। भारत ने अपने अद्भुत पराक्रम का परिचय देते हुए पाकिस्तान को अकल्पनीय क्षति पहुंचाई है। इसी समय "एक वीडियो सोशल मीडिया प्लेटफॉर्म पर काफी तेजी से वायरल हो रहा है, जिसमें पाकिस्तान के डीजी आईएसपीआर अहमद शरीफ ने दावा किया कि पाकिस्तानी सेना एक इस्लामी सेना है। इनका काम जिहाद करना है। ये उन्हें प्रेरित करता है। अहमद शरीफ ने ऐसा इसलिए कहा क्योंकि उनसे प्रेस कॉन्फ्रेंस के दौरान एक पत्रकार ने सवाल किया कि हमारी सेना इस्लामिक शब्दों का इस्तेमाल कर रही है, जो भारतीय मीडिया समझ भी नहीं पा रही है। जर्नलिस्ट ने कुछ लाइनें भी बोलीं, जो उर्दू में थीं। ये वीडियो पाकिस्तान अन्टोल्ड ने एक्स (पूर्व में ट्विटर) पर पोस्ट किया है।"

पाकिस्तान के इस अधिकारी ने ऐसा कहकर यह स्पष्ट कर दिया कि वह औरंगजेब की परंपरा पर आज भी काम कर रहे हैं। तब भारत को अपने संभाजी के प्रति विशेष सम्मान प्रकट करना ही पड़ेगा। यह संघर्ष सनातन है ...तो मान लो कि संभाजी भी सनातन हैं...।

अध्याय - २५

पिता-पुत्र ने लिखा औरंगजेब को पत्र

सर यदुनाथ सरकार अपनी पुस्तक 'शिवाजी' (*महाराष्ट्र जातीय जीवन सूर्य*) की प्रस्तावना में महाराष्ट्र देश की विषम भौगोलिक परिस्थितियों के बारे में उल्लेख करते हुए लिखते हैं कि "महाराष्ट्र देश में पानी कम बरसता है और वह भी ठिकाने से नहीं। इस कारण यहां अन्न कम उपजता है। किसान साल भर मेहनत करके किसी तरह पेट भरने मात्र के लिए फसल तैयार करता है। किसी-किसी साल इतनी भी फसल तैयार नहीं होती। सूखी पहाड़ी जमीन में धान पैदा नहीं होता तथा जौ और गेहूं भी बहुत कम होते हैं। इस देश की खास फसल और साधारण लोगों को खाने की चीज केवल ज्वार, बाजरा और मक्का है। कभी-कभी पानी न पड़ने के कारण सारी सफल सूख जाती है और जमीन का ऊपरी भाग जलकर धूल के रंग सा हो जाता है। औरत, मर्द, गाय, बछड़े भूखों मर जाते हैं। इसी कारण दक्षिण में अकाल पड़ने की बातें बहुत सुनते हैं।"

यह कथन इसलिए महत्वपूर्ण है कि इतनी विषम परिस्थितियों में जीवन-यापन करने वाला महाराष्ट्र सदियों से राष्ट्रवाद का आभूषण बनकर भारत का मुकुटमणि बना हुआ है। जहां जीवन व्यतीत करना कठिन और दुष्कर हो, वहां लोगों को देश, धर्म और संस्कृति का ध्यान सामान्यतया कम ही रहता है, परन्तु महाराष्ट्र ने अपनी राष्ट्रभक्ति का बार-बार प्रदर्शन कर यह सिद्ध किया है कि वह राष्ट्र प्रथम की अवधारणा को जीवंत बनाकर चलने वाला प्रदेश है। इसी भूमि पर कभी शिवाजी और संभाजी विचरे थे। जिन्होंने अपने काल में और भी अधिक विषमताओं के बीच खड़े होकर अपना साम्राज्य खड़ा किया था। यह और भी अधिक अनुकरणीय है कि उस साम्राज्य का उद्देश्य भारत को गौरव दिलाना था, भारत को स्वाधीनता दिलाना था और भारत की महानता को विश्व स्तर पर स्थापित करना था। उन विपरीत परिस्थितियों में खड़े होकर शिवाजी और संभाजी भारतीयता के ध्वजवाहक बनकर कदम-कदम पर अपने गौरवपूर्ण अस्तित्व का

बोध करा रहे थे। वह जमाने से निरपेक्ष होकर नहीं बैठे। उन्होंने अपने प्रति जमाने को आकर्षित किया और सचमुच जमाना उनका अनुचर बनकर उनके साथ गति करने लगा। शिवाजी महाराज ने जिस प्रकार तत्कालीन मुगल सत्ता को चुनौती दी वह अपने समय की अनोखी घटना है।

सर यदुनाथ सरकार द्वारा अपनी उपरोक्त 'शिवाजी' (*महाराष्ट्र जातीय जीवन सूर्य*) पुस्तक लिखी गई। जिसमें उन्होंने पृष्ठ संख्या १४७ पर जजिया के विरुद्ध शिवाजी महाराज का औरंगजेब के लिए लिखा गया पत्र प्रस्तुत किया है। इस पत्र को हम यहां प्रस्तुत कर रहे हैं। इससे हमको पता चलेगा कि छत्रपति शिवाजी महाराज के व्यक्तित्व का उनके पुत्र संभाजी महाराज पर कितना प्रभाव था? शिवाजी एक ऐसा व्यक्तित्व है जिन्होंने न केवल संभाजी महाराज को प्रभावित किया, अपितु आज तक वह प्रत्येक राष्ट्रवादी व्यक्ति को प्रभावित करते आ रहे हैं। उनका जीवन राष्ट्रवाद से ओतप्रोत रहा। उन्होंने झुकना नहीं सीखा। जब उन्हें इस बात की जानकारी हुई कि भरपूर हिंदू विरोध के उपरांत भी औरंगजेब जजिया कर को हटाने के लिए तत्पर नहीं है तो उन्होंने स्वयं ही औरंगजेब के लिए जजिया के विरुद्ध एक विरोध पत्र लिखा। मूल रूप में यह पत्र फारसी भाषा में लिखा गया था। इस पत्र में हम देखते हैं कि शिवाजी की भाषा शैली कितनी विनम्र और संस्कारित है? साथ ही यह भी कि विनम्र भाषा में भी उन्होंने अपने पक्ष को कितनी निर्भीकता से प्रस्तुत किया है? निर्भीकता के प्रदर्शन के लिए यह आवश्यक नहीं है कि आपकी भाषा बिगड़े और आप उत्तेजित होकर दूसरे के साथ संवाद करना आरंभ कर दें?

शिवाजी महाराज ने अपने इस पत्र को २ अप्रैल, १६७९ को लिखा। उन्होंने अपने इस पत्र का शुभारंभ इस प्रकार किया :-

बादशाह आलमगीर! सलाम।

मैं शिवाजी आपका पक्का शुभचिंतक और हितैषी हूं।

दृढ़ और सतत शुभचिंतक शिवाजी, ईश्वर की कृपा और सम्राट के उपकारों के लिए, जो सूर्य से भी अधिक स्पष्ट हैं, धन्यवाद देने के पश्चात्, आप महामहिम को यह सूचित करना चाहता है कि यद्यपि इस शुभचिंतक को अपने प्रतिकूल भाग्य के कारण बिना छुट्टी लिए आपके भव्य सान्निध्य से दूर जाना पड़ा, तथापि वह एक सेवक के रूप में अपने कर्तव्य और कृतज्ञता की मांग के अनुसार, यथासंभव पूर्ण और उचित रूप से सब कुछ करने के लिए सदैव तत्पर है...

अभी कुछ समय पहले मैंने ऐसा सुना है कि मेरे साथ युद्ध के कारण, जिसमें आपकी संपत्ति समाप्त हो गई है और आपका खजाना खाली हो गया है, इसके दृष्टिगत आपने

आदेश दिया है कि हिंदुओं से जजिया के नाम पर धन एकत्र किया जाए और उससे शाही जरूरतें पूरी की जाएं। महामहिम, इससे प्रसन्न हों!

साम्राज्य के ढांचे के उस वास्तुकार, [यहां पर शिवाजी महाराज ने जलालुद्दीन अकबर की ओर संकेत किया है। उन्होंने बाबर और उसके पुत्र हुमायूं दोनों को ही यहां स्थान नहीं दिया है। जिससे स्पष्ट होता है कि मुगल वंश का वास्तविक संस्थापक अकबर ही था, उससे पहले के दो शासकों के बारे में शिवाजी भी मौन हैं।] अकबर बादशाह ने 52 (चान्द्र) वर्षों तक पूरी शक्ति के साथ शासन किया। उन्होंने सभी विभिन्न संप्रदायों, जैसे ईसाई, यहूदी, मुस्लिम, दादू के अनुयायी, आकाश-पूजक (फलाकिया), मलकिया, बुतपरस्त (अंसारिया), नास्तिक (दहरिया), ब्राह्मण और जैन पुजारियों के संबंध में सार्वभौमिक सद्भाव (सुलह-ए-कुल) की सराहनीय नीति अपनाई। (अभिप्राय है कि आपके राज्य के संस्थापक अकबर की नीतियां आपकी अपेक्षा कहीं अधिक उत्तम थीं।) उनके उदार हृदय का उद्देश्य सभी लोगों का ख्याल रखना और उनकी रक्षा करना था। (वास्तव में अकबर की इस प्रशंसा को हमें केवल पत्र की आलंकारिक भाषा के रूप में ही मान्यता देनी चाहिए। शिवाजी यह भली प्रकार जानते थे कि अकबर के भीतर कौन से दोष थे? परंतु इसके उपरांत भी वह उसकी प्रशंसा केवल इसलिए कर रहे हैं कि वह औरंगजेब की अपेक्षा फिर भी ठीक था। इसलिए छत्रपति शिवाजी मुगल बादशाह औरंगजेब को यह बता रहे हैं कि तेरा पूर्वज अकबर तेरे से कहीं अधिक न्याय पूर्ण था) इसलिए, वे जगत गुरु, "दुनिया के आध्यात्मिक मार्गदर्शक' की उपाधि से प्रसिद्ध हुए।

इसके बाद बादशाह नूरुद्दीन जहाँगीर ने २२ साल तक दुनिया और उसके निवासियों के सिर पर अपनी कृपापूर्ण छाया बिखेरी, अपने दोस्तों को अपना दिल और अपने काम को अपना हाथ दिया और अपनी इच्छाओं को पूरा किया। बादशाह शाहजहाँ ने ३२ साल तक दुनिया के सिर पर अपनी कृपापूर्ण छाया डाली और धरती पर अपने सुखद समय के परिणामस्वरूप शाश्वत जीवन का फल प्राप्त किया, जो कि अच्छाई और उचित प्रसिद्धि का एक पर्याय है।

जो अच्छे नाम के साथ रहता है, वह अनन्त धन प्राप्त करता है, क्योंकि उनकी मृत्यु के बाद भी उनके अच्छे कार्यों का वर्णन उनके नाम को जीवित रखता है। (पद्य रूप)

(कहने का अभिप्राय है कि बादशाह औरंगजेब! आपको भी अपने पूर्वजों के सत्कर्मों का अनुगामी होना चाहिए और देश पर न्यायपूर्ण शासन करना चाहिए। आप जिस प्रकार हिंदू समाज पर जजिया कर लगाकर उनके साथ अन्याय कर रहे हैं, वह किसी भी न्याय प्रेमी शासक को शोभा नहीं देता)

इस उत्तम स्वभाव के शुभ प्रभाव से, जहाँ कहीं भी उसने (अकबर ने) अपनी महान इच्छा की दृष्टि डाली, विजय और सफलता उसके स्वागत के लिए आगे बढ़ी। (लोगों ने स्वच्छ भावना से उसका साथ दिया। जिसका परिणाम यह हुआ कि उसका साम्राज्य बढ़ता चला गया। यदि आज आप लोगों को असंतुष्ट कर साम्राज्य विस्तार का सपना ले रहे हो तो यह कदापि संभव नहीं है। क्योंकि लोगों की शुभकामनाएं और शुभ आशीर्वाद आपके साथ नहीं है।)

उसके शासनकाल में कई राज्यों और किलों पर विजय प्राप्त हुई। इन सम्राटों की स्थिति और शक्ति को इस तथ्य से आसानी से समझा जा सकता है कि आलमगीर बादशाह केवल उनकी राजनीतिक प्रणाली का पालन करने के प्रयास में विफल और विचलित हो गए। (अर्थात आप पर मुस्लिम सांप्रदायिकता इतनी हावी प्रभावी है कि आप अपने पूर्वजों के केवल राजनीतिक विचारों के उत्तराधिकारी हैं। उनकी जनकल्याणकारी नीतियों का आप पर कोई प्रभाव नहीं है। मैं चाहता हूं कि आप अपने पूर्वजों के वास्तविक उत्तराधिकारी बनकर उनकी न्यायशील नीतियों को भी लागू करने का साहस दिखाएं।) उनके पास भी जजिया लगाने की शक्ति थी; लेकिन उन्होंने अपने दिलों में कट्टरता को जगह नहीं दी, क्योंकि वे सभी मनुष्यों को, उच्च और निम्न, भगवान द्वारा विभिन्न धर्मों और स्वभावों की प्रकृति का [जीवित] उदाहरण मानते थे। (देश का जनसाधारण आपसे भी यही अपेक्षा करता है कि आप भी लोगों के साथ वैसा ही व्यवहार करें जैसा एक राजा को अपनी प्रजा के साथ करना चाहिए। यदि आप नीति और न्याय के सिद्धांतों को लागू करके दिखाएंगे तो लोग स्वाभाविक रूप से आपके साथ जुड़ने का प्रयास करेंगे।) उनकी दयालुता और परोपकार उनके स्मारक के रूप में समय के पन्नों पर कायम हैं, और इसलिए इन तीन पवित्र आत्माओं के लिए प्रार्थना और प्रशंसा हमेशा के लिए मानव जाति के दिलों और जीभों में बड़े और छोटे दोनों के बीच निवास करेगी। समृद्धि व्यक्ति के इरादों का फल है। (यदि आप भी अपने पूर्वजों के दिखाये हुए मार्ग पर चलने का प्रयास करेंगे और उनके जन कल्याणकारी स्वरूप को अपने लिए आदर्श के रूप में स्वीकार करेंगे तो लोग आपको भी वैसा ही सम्मान देंगे।) इसलिए, उनकी संपत्ति और सौभाग्य में वृद्धि जारी रही, क्योंकि ईश्वर के प्राणी शांति और सुरक्षा के पालने में (उनके शासन के तहत) आराम करते रहे, और उनके उपक्रम सफल हुए।

लेकिन महाराज के राज में बहुत से किले और प्रांत आपके अधिकार से निकल गए हैं और बाकी भी जल्दी ही निकल जाएंगे, (ऐसा केवल आपकी गलत नीतियों के

कारण हो रहा है। आप जिस प्रकार मुस्लिम सांप्रदायिकता को अपने विचारों में बसाए हुए हो, वह आपके व्यक्तित्व का विस्तार नहीं होने दे रही है। यही कारण है कि लोगों में भारी असंतोष है। वह आपके शुभचिन्तक नहीं बन पा रहे हैं। जिस कारण आपका राज्य अस्थिरता का शिकार हो रहा है। इस प्रकार के असंतोष और अस्थिरता से बचने के लिए आपको लोक कल्याणकारी नीतियों का अनुगामी होना चाहिए।)

क्योंकि मैं उन्हें बर्बाद करने और बरबाद करने में कोई कोताही नहीं करूंगा। आपके किसान दबे-कुचले हैं; हर गांव की उपज घट गई है, एक लाख की जगह सिर्फ एक हजार और एक हजार की जगह सिर्फ दस ही मिल पाते हैं, और वह भी बड़ी मुश्किल से। (यदि आप लोक कल्याणकारी नीतियों का पालन करने लगेंगे और अपने किसानों के साथ-साथ निर्धन वर्ग के लोगों का ध्यान रखने लगेंगे तो इस प्रकार की गिरावट को रोका जा सकता है।) जब बादशाह और राजकुमारों के महलों में गरीबी और दरिद्रता ने अपना घर बना लिया है, तो रईसों और अफसरों की हालत की कल्पना आसानी से की जा सकती है। (शिवाजी कह रहे हैं कि जब कोई बादशाह स्वयं लुटेरा हो जाता है और वह अपनी प्रजा पर मनमाने अत्याचार करने लगता है तो ऐसी स्थिति में उसके राज्य में अराजकता उत्पन्न हो जाती है। जिसका परिणाम यह होता है कि उसके अधिकारी बेलगाम हो जाते हैं। वे निरंकुश और स्वेच्छाचारी होकर जनता पर अत्याचार करने लगते हैं। जिसका अंतिम पाप राजा को ही लगता है।) यह ऐसा राज है जिसमें सेना में खलबली मची हुई है, व्यापारी शिकायत कर रहे हैं, मुसलमान रो रहे हैं, हिंदू तड़प रहे हैं, ज्यादातर लोगों को रात में रोटी नहीं मिल रही है और दिन में वे अपने गालों पर तमाचे मार-मारकर आग लगा रहे हैं। (इसका अभिप्राय है कि आपके राज्य में चारों ओर अशांति और असंतोष फैल चुका है। कोई भी वर्ग ऐसा नहीं है जो आपसे संतुष्ट हो। समय रहते आपको लोगों की समस्याओं को सुनना चाहिए और उन्हें दूर करने के लिए प्रयास करना चाहिए। यह अत्यंत दुर्भाग्यपूर्ण है कि आपके राज्य में हिंदू ही नहीं मुसलमान भी दुखी हैं। जब किसी राजा की सेना उसके विरोध में आ जाती है तो उसके राज्य का दीर्घकाल तक बना रहना असंभव हो जाता है। इसलिए मैं आपसे कहना चाहता हूं कि आप यदि अपने शासन को दीर्घजीवी बनाना चाहते हैं तो अपनी सेना और प्रजा के असंतोष को दूर करने का प्रयास कीजिए।)

राजसी भावना आपको इस दुखदायी स्थिति में जजिया कर की कठिनाई को जोड़ने की अनुमति कैसे दे सकती है? (इस प्रकार के कर को लगाने से आपकी हिंदू समाज के प्रति दुर्भावपूर्ण नीतियां स्पष्ट दिखाई देती हैं। यदि आप बहुसंख्यक वर्ग पर इस प्रकार के

अत्याचार पूर्ण कर लगाएंगे तो इसे किसी भी दृष्टिकोण से उचित और न्याय संगत नहीं कहा जा सकता। आप जैसे बादशाह के लिए यह शोभा नहीं देता कि वह किसी एक वर्ग पर अत्याचार और शोषण के प्रतीक जजिया जैसे कर को लगाए? यदि आपने समय रहते अपनी छवि को उज्ज्वल बनाने के लिए प्रयास नहीं किया तो...) यह बदनामी जल्दी ही पश्चिम से पूर्व तक फैल जाएगी और इतिहास की किताबों में दर्ज हो जाएगी कि हिंदुस्तान का बादशाह भिखारियों के कटोरे को ढककर ब्राह्मणों और जैन मुनियों, योगियों, संन्यासियों, बैरागियों, दरिद्रों, भिक्षुकों, बर्बाद हुए अभागों और अकाल से पीड़ित लोगों से जजिया लेता है - कि उसकी वीरता भिखारियों की जेबों पर हमले से दिखाई देती है - कि वह तैमूरियों के नाम और सम्मान को मिट्टी में मिला देता है।

(आपको जजिया कर वसूल करने के लिए हाथ में कटोरा नहीं लेना चाहिए। बादशाह को उदार होना चाहिए। जिससे प्रजा सुख और समृद्धि का अनुभव करे और अपने बादशाह के दीर्घाजीवी होने की प्रार्थना करती रहे।)

यह आपकी महिमा को प्रसन्न करे! यदि आप ईश्वर की सच्ची दिव्य पुस्तक और शब्द (अर्थात कुरान) में विश्वास करते हैं, तो आप पाएंगे कि वहां ईश्वर को रब्ब-उल-आलमीन, सभी मनुष्यों का पालनहार कहा गया है, न कि रब्ब-उल-मुसलमान, केवल मुसलमानों का पालनहार। (मैं शिवाजी आपसे अनुरोध करता हूं कि आप का यदि अपनी पुस्तक कुरान शरीफ में विश्वास है, तो आप उसकी नीतियों को भी लागू करने का प्रयास कीजिए। जो किसी भी राजा को सभी मनुष्यों का पालनहार बनाती है। ऐसी स्थिति में आपके द्वारा जो अन्याय अपनी हिंदू प्रजा पर किया जा रहा है, उससे लोगों को मुक्ति मिल जाएगी और देश में व्याप्त असंतोष को भी आप समाप्त कर पाएंगे।)

वास्तव में, इस्लाम और हिंदू धर्म विपरीतता के शब्द हैं। वे (विविध रंग) हैं, जिनका उपयोग सच्चे दिव्य चित्रकार ने रंगों को मिश्रित करने और संपूर्ण मानव प्रजाति के अपने चित्र की रूपरेखा को भरने के लिए किया है। यदि यह एक मस्जिद है, तो उसकी याद में अजान की जाती है। यदि यह एक मंदिर है, तो घंटी केवल उसकी लालसा में बजाई जाती है। (कुल मिलाकर हमें सांप्रदायिक आधार पर मतभेदों को हवा नहीं देनी चाहिए और न ही परस्पर लड़ना झगड़ना चाहिए। राजा को तो इस विषय में विशेष ध्यान देना चाहिए और उसे देश में सबके साथ समान व्यवहार करना चाहिए। क्योंकि यदि राजा अपनी प्रजा में भेद उत्पन्न करेगा तो उसका राज्य मिट जाएगा।) किसी भी व्यक्ति के अपने पंथ और प्रथाओं के लिए कट्टरता दिखाना पवित्र पुस्तक के शब्दों को बदलने के बराबर है। चित्र पर नई रेखाएँ खींचना चित्रकार में दोष निकालने के बराबर है। (यदि

आप भी कट्टरता दिखाते हुए हिंदू समाज का दमन कर रहे हो और इसी दृष्टिकोण से प्रेरित होकर उस पर जजिया कर लगा रहे हो तो यह आपके लिए बहुत ही खतरनाक होगा।)

सख्त न्याय की दृष्टि से जजिया बिल्कुल भी वैध नहीं है। राजनीतिक दृष्टिकोण से, यह तभी जायज हो सकता है जब सोने के गहने पहने एक सुंदर महिला बिना किसी डर या छेड़छाड़ के एक प्रांत से दूसरे प्रांत में जा सके। (यह एक अत्यंत दुर्भाग्यपूर्ण तथ्य है कि आपके रहते हुए पूरे देश में लोगों के लिए ऐसी स्थिति नहीं है कि महिलाएं बिना किसी डर या छेड़छाड़ के एक से दूसरे प्रांत में जा सकें। इसका अर्थ यह हुआ कि आपने समाज और देश में भय का वातावरण बना दिया है। यह आपकी गलत नीतियों का ही परिणाम है।) [लेकिन] इन दिनों तो शहरों को भी लूटा जा रहा है, खुले देश के बारे में क्या कहूँ? अपने अन्याय के अलावा, जजिया का यह लागू होना भारत में एक नवीनता है और अनुचित है।

(भारत जैसे देश में जहां अत्यंत प्राचीन काल में राजकीय व्यवस्था के साथ ही राजधर्म भी लागू कर दिया गया था, वहां पर किसी भी शासक का इतना निर्मम हो जाना लोगों को कभी भी पसंद नहीं आया है। ऐसे राजा को जनता उखाड़ने का अपना निरपवाद अधिकार रखती है। यदि आप अभी भी अपनी जिद पर अड़े रहते हैं और अपने द्वारा लगाये गये जजिया कर को वापस नहीं लेते हैं तो इसके परिणाम आपको अपने आप मिल जाएंगे।)

अगर आप धर्मनिष्ठता का मतलब लोगों पर अत्याचार करना और हिंदुओं को आतंकित करना समझते हैं, तो आपको सबसे पहले हिंदुओं के मुखिया राणा राज सिंह से जजिया वसूलना चाहिए। फिर इसे मुझसे वसूलना इतना मुश्किल नहीं होगा, क्योंकि मैं आपकी सेवा में हूँ। लेकिन चींटियों और मक्खियों पर अत्याचार करना वीरता और साहस का प्रदर्शन नहीं है। (यहां पर शिवाजी महाराज ने हिंदुओं के एक बड़े नेता महाराणा राज सिंह की ओर संकेत कर औरंगजेब के लिए यह चुनौती दी कि वह यदि वास्तव में शाह एस रखता है तो हिंदुओं के मुखिया राणा राज सिंह से जजिया कर लेकर दिखाएं।)

मुझे आपके अधिकारियों की अजीब निष्ठा पर आश्चर्य है कि वे आपको वास्तविक स्थिति के बारे में बताने से चूक जाते हैं, लेकिन धधकती आग को पुआल से ढक देते हैं! आपकी राजसी सूर्य महानता के क्षितिज पर चमकती रहे!"

शिवाजी ने उस समय यह पत्र संपूर्ण हिंदू समाज के प्रतिनिधि के रूप में लिखा था।

इससे पता चलता है कि वह संपूर्ण हिंदू समाज के लिए चिंतित थे। उन्हें केवल अपना महाराष्ट्र ही प्रिय नहीं था अपितु सनातन भारतीय राष्ट्र प्रिय था। उसके लोग प्रिय थे। उनकी भावनाएं उनका हृदय से स्पर्श करती थीं।

शिवाजी का अपने देश के प्रति समर्पित रहने का यह पवित्र और उत्कृष्ट भाव संभाजी के लिए एक स्वस्थ संस्कार बना। उन्होंने भी अपने जीवन काल में शिवाजी की इस मर्यादा का पालन करते हुए राष्ट्र को ही अपने लिए प्रथम माना। उन्होंने पिता के स्वाभिमान और सम्मान को दृष्टिगत रखकर अनेक प्रकार के कष्ट सहकर भी मां भारती के लिए जीवन समर्पित किया।

यही कारण था कि संभाजी महाराज ने भी अपने पिता छत्रपति शिवाजी महाराज का अनुकरण करते हुए अपने जीवन में एक बार औरंगजेब को एक पत्र लिखा था। उन्होंने अपने इस पत्र में वीरता और देशभक्ति का परिचय देते हुए औरंगजेब को यह परामर्श दिया था कि वह दक्कन को जीतने की जिद छोड़ दे और दिल्ली वापस लौट जाए। उन्होंने अपने पत्र में लिखा था कि औरंगजेब यदि जिद पर अड़ा रहा तो दिल्ली वापस नहीं जा पाएगा और उसकी जिद उसके लिए दक्कन में ही कब्र खोदने की नौबत ला सकती है। संभाजी महाराज का यह पत्र औरंगजेब को उसके दरबार में पढ़ कर सुनाया गया था। इतिहासकारों की मान्यता है कि इस पत्र को सुनने के पश्चात औरंगजेब को संभाजी महाराज की भविष्यवाणी और चेतावनी का आभास हुआ था। यद्यपि अपनी राजहठ के कारण वह दक्कन को छोड़ नहीं पाया।

हम सभी जानते हैं कि १७०७ ईस्वी में जब औरंगजेब मरा तो वह दक्कन के औरंगाबाद में ही दफन किया गया था। दिल्ली लौटना उसके लिए संभव नहीं हो पाया था। क्योंकि उस समय उसका शरीर इतना दुर्बल हो चुका था कि पालकी में चलते हुए भी उसको कष्ट होता था। औरंगजेब की मृत्यु से १८-२० वर्ष पूर्व संभाजी ने यह पत्र लिखा था।

अध्याय - २६

संभाजी महाराज की वंश परंपरा और महाराणा प्रताप

प्रताप शिवा इतिहास की अमूल्य धरोहर मान।
दोनों पर ही हमें गर्व है, दोनों पर अभिमान।।

संभाजी महाराज ने अपने समकालीन औरंगजेब को झुककर जो कीर्तिमान स्थापित किया उसके पीछे का कोई ना कोई गौरवशाली इतिहास या इतिहास की परंपरा अवश्य रही होगी, यह बात स्वाभाविक रूप से प्रत्येक पाठक के मन में उभर सकती है। यह सोचा जा सकता है कि यदि संभाजी महाराज इतने वीर और देशभक्त थे तो उनकी वंश परंपरा कौन सी थी? जब हम इस संबंध में शिवाजी महाराज को पढ़ते हैं तो पता चलता है कि उनके वंश को लेकर कई प्रकार के विवाद इतिहास के पन्नों पर तैरते हुए मिल जाते हैं। कई लोग उन्हें क्षत्रिय नहीं मानते। यद्यपि भारत की प्राचीन परंपरा के दृष्टिगत देखा जाए तो शिवाजी और संभाजी ने जिस प्रकार अपने जीवन में वीरतापूर्ण कार्य किये, उनके दृष्टिगत उन्हें क्षत्रिय परिवार से ही माना जाना उचित होगा। अब हम अंत में इसी पर थोड़ा विचार करेंगे।

कृत्य वीरता के किये, फिर क्या है संदेह।
वीर पुत्र इतिहास के, कुछ भी मीन न मेष।।

हम सभी जानते हैं कि महाराणा प्रताप और शिवाजी व संभाजी महाराज भारतीय इतिहास की अनमोल धरोहर हैं। इतिहास में यह भी हमें पढ़ने को मिलता है कि महाराणा प्रताप के वंश की ही एक शाखा से शिवाजी का संबंध है। अतः इन दोनों राजवंशों के पारिवारिक संबंधों के बारे में जानना भी आवश्यक है। क्योंकि इन दोनों ही राजपरिवारों ने भारतीय इतिहास को बहुत ही महत्वपूर्ण ढंग से प्रभावित किया है। चित्तौड़ का स्वाभिमान देश के बलिदानी और स्वाभिमानी इतिहास की एक अमूल्य धरोहर है तो इसी प्रकार

शिवाजी महाराज का भोंसला राजपरिवार भी भारतीय इतिहास में इसी प्रकार का महत्व रखता है। देश के जनमानस में आज भी दोनों राजवंशों के प्रति गहरा सम्मान है। सम्मान का यह भाव इन दोनों राजपरिवारों के भारतीय इतिहास में दिए गए योगदान के दृष्टिगत है। दोनों परिवारों की रक्त परंपरा एक थी, इसलिए दोनों ने इतिहास पर अपनी अमिट छाप छोड़ी। दोनों ने कभी भी देश के साथ गद्दारी करने को प्राथमिकता नहीं दी।

सचमुच मूल में एक हैं, दोनों राज परिवार।
गर्व और गौरव एक सा, देश के दोनों हार।।

अनेक विद्वानों की यह मान्यता है कि इन दोनों राजवंशों अथवा राजपरिवारों के बीच रक्त संबंध था। महाराणा प्रताप के राजवंश को इतिहास में मेवाड़ राजवंश के नाम से भी जाना जाता है। मेवाड़ राज्य की स्थापना लगभग ५३० ईस्वी में गुहिल द्वारा की गई थी। गुहिल की संतान अथवा वंशजों को ही गहलोत कहा जाता है। गुहिल वल्लभी के राजा का वंशज था। इस प्रकार मेवाड़ का प्रारंभिक इतिहास गुहिल वंश से जुड़ा है। इस राजवंश ने कई प्रतापी शासक दिए, जिन्होंने भारतीय इतिहास की दिशा को मोड़ने का कार्य किया। उनके ऐतिहासिक योगदान को भुलाया नहीं जा सकता। इस राजवंश ने अगली कई सारी शताब्दियों तक इस क्षेत्र पर शासन किया। इसी राजवंश के महान शासक बप्पा रावल ने अपने शौर्य और पराक्रम से अरब आक्रमणकारियों के आक्रमण की दिशा मोड़ दी थी। उन्होंने प्रतिहार गुर्जर वंश के अपने समकालीन शासक नागभट्ट प्रथम के साथ मिलकर अरब आक्रमणकारियों को खदेड़ने का कार्य किया था। बप्पा रावल भारत के गौरव थे। जिन्होंने भारत के सम्मान को बढ़ाने का बहुत ही महत्वपूर्ण कार्य किया था। उनके उस योगदान को कभी भुलाया नहीं जा सकता, जब उन्होंने देश की सीमाओं की सुरक्षा के साथ-साथ उनका विस्तार भी किया था। जो मुस्लिम यहां आक्रमणकारी के रूप में आकर कुछ सनातनी भाइयों को मुस्लिम बनाने में असफल हो गए थे, उनका इन्होंने सफाया कर दिया था। इसके साथ ही उन लोगों की घर वापसी सुनिश्चित कराई जो किसी कारण से मुसलमान बन गए थे।

बप्पा रावल ने किया, एक अनोखा काम।
जो हिंदू मुस्लिम बने, लौटाये निज धाम।।

मेवाड़ के इतिहास में राणा रतन सिंह, राणा कुंभा, महाराणा संग्राम सिंह, महाराणा उदय सिंह, महाराणा प्रताप सिंह, महाराणा अमर सिंह जैसे कई महत्वपूर्ण शासक हुए जिन्होंने अपने पराक्रम और शौर्य से इतिहास में अपना विशेष स्थान बनाने में सफलता प्राप्त की। वास्तव में ये सारे इतिहास नायक अपने समय के ऐसे ज्योतिपुंज हैं, जिनसे अनेक

लोगों ने प्रेरणा प्राप्त की और अपने जीवन को देश, धर्म और संस्कृति की रक्षा के लिए समर्पित कर दिया। उनके नाम को सुनकर शत्रु थरथर कांपता था।

इन्होंने अपनी समकालीन विदेशी शक्तियों का डटकर सामना किया और उन्हें भारत के शौर्य के सामने नतमस्तक होने के लिए विवश किया। १६ वीं शताब्दी में मेवाड़ के महाराणा संग्राम सिंह, उदय सिंह और महाराणा प्रताप सिंह ने मुगलों के सामने झुकने से इनकार कर दिया था। इसके लिए उन्होंने अनेक प्रकार के कष्ट सहन किए, परंतु अपने स्वाभिमान को नीलाम नहीं होने दिया। यद्यपि समकालीन भारतीय राजपूत राजवंशों के कई शासकों ने मुगलों के सामने न केवल झुकना स्वीकार कर लिया अपितु अपने सम्मान का सौदा करते हुए उन्होंने अपनी बहन बेटियों को भी मुगल हरम में भेज दिया। महाराणा राजवंश का महत्व इसलिए और भी अधिक बढ़ जाता है कि जब राजपूत राजवंश अपने सम्मान का सौदा कर रहे थे, तब यह राजवंश अपने सम्मान को तो बचाने में सफल रहा ही देश के सम्मान को बचाने का भी काम करता रहा।

मान बढ़ाया देश का, जीवन कर दिया होम।
महाराणा वह वंश है, मिलता है नहीं तोड़।।

इसी राजवंश से निकलकर एक शाखा महाराष्ट्र पहुंची। उसी में आगे चलकर शिवाजी महाराज के पिता शाहजी भोंसले का जन्म हुआ। शाहजी भोंसले की वंश परंपरा में उनके पुत्र शिवाजी और पौत्र संभाजी ने अपने त्याग और समर्पण से ऐसे

कीर्तिमान स्थापित जिन्हें जिन्हें उनके बाद के वंशजों ने अपने लिए ज्योतिपुंज मान लिया। इस प्रकार संभाजी का मूल बड़ा उज्जवल है मूल की उज्ज्वलता ने उनके जीवन को दूसरों के लिए प्रेरणा स्रोत बना दिया। वह जिस पेड़ की शाख थे, उसका तना इतना मजबूत और सुंदर था कि जिसने भी उसको हाथ लगाया, वही उसे देखता रह गया। उनका वंश वृक्ष ईंधन की लकड़ी मात्र नहीं था, इसके विपरीत वह शीशम या सागौन का ऐसा कीमती वृक्ष था, जिसे केवल इमारती लकड़ी के रूप में ही काम आना था।

शीशम या सागौन सम, वृक्ष बड़ा मजबूत।
संभाजी एक शाख थे, साहस के थे दूत।।

महाराणा प्रताप का जन्म १५४० ईस्वी में सिसोदिया वंश में राणा उदय सिंह के पुत्र के रूप में हुआ था। जबकि शिवाजी महाराज का जन्म १६३० में भोंसले वंश में हुआ था। इस प्रकार दोनों के जन्म में ९० वर्ष का अंतर है। यदि समकालीन राजनीतिक परिस्थितियों पर विचार करें तो कुल मिलाकर दोनों के लिए ही लगभग एक जैसी ही चुनौतियां बनी हुई थीं। महाराणा प्रताप को जहां अपने समय में मुगल बादशाह अकबर से संघर्ष करना पड़ा,

वहीं शिवाजी महाराज और उनके पुत्र संभाजी महाराज को अपने समय में अकबर के पौत्र शाहजहां और प्रपौत्र औरंगजेब से संघर्ष करना पड़ा था। महाराणा प्रताप ने अपने समय में जहां देश की स्वाधीनता के लिए जंगलों की खाक छानी, वहीं शिवाजी महाराज ने भी कुल मिलाकर कुछ इसी प्रकार के कष्ट भारत की स्वाधीनता के लिए सहे। शिवाजी महाराज के ही पदचिह्नों पर उनके पुत्र संभाजी चलते रहे। उन्हें भी सम्मान और स्वाधीनता से प्यार था। अपने पिता की भांति ही वह भी स्वाभिमानी जीवन जीने में विश्वास रखते थे।

महाराणा प्रताप ने जहां अपने समय में अकबर को विदेशी शासक मानते हुए उसके विरुद्ध युद्ध जारी रखा, वहीं शिवाजी ने भी उसके उत्तराधिकारी मुगल शासकों के विरुद्ध इसी आधार पर संघर्ष जारी रखा। उन्होंने मुगल वंश को उखाड़ने के लिए ही हिंदू राष्ट्र की परिकल्पना की थी। महाराणा प्रताप ने अप्रत्याशित ढंग से अकबर जैसे बादशाह को हल्दीघाटी के युद्ध में पराजित किया। इसी प्रकार शिवाजी ने भी कई बार युद्ध के क्षेत्र में शाहजहां और औरंगजेब के छक्के छुड़ाए।

महाराणा प्रताप ने भी कभी मुगल बादशाह अकबर के सामने हार स्वीकार नहीं की तो शिवाजी महाराज ने भी अपने समय में शाहजहां या औरंगजेब के सामने कभी पराजय स्वीकार नहीं की। दोनों ने ही मुगलों की अधीनता या गुलामी को अपने स्वाभिमान के प्रतिकूल माना। अपने सम्मान के साथ-साथ ये सभी स्वाभिमानी शासक भारत के सम्मान के लिए मुगलों लड़ते रहे।

मुगलों से लड़ते रहे, आजीवन दिन-रात।
शत्रु को ललकारते, शस्त्र लिए हुए हाथ।।

प्रथम दृष्टया ज्ञात आधारों पर महाराणा प्रताप जहां एक राजवंश की गौरवशाली परंपरा का निर्वहन कर रहे थे, वहीं शिवाजी महाराज को इस राजवंश से जुड़े होने के उपरांत भी अपने राजतिलक के समय कई प्रकार के अपमानों से गुजरना पड़ा था। शिवाजी महाराज और उनके बाद संभाजी महाराज एवं उनके उत्तराधिकारी महाराणा प्रताप के राज्य से विशाल राज्य खड़ा करने में सफल रहे। जबकि महाराणा प्रताप संसार से जाने से पहले जहां अपने अनेक किलों को मुगल बादशाह से वापस लेने में सफल रहे, वहीं वह अपनी चित्तौड़ को वापस नहीं ले पाए थे। जिसकी पीड़ा उन्हें मृत्यु के समय भी हो रही थी। महाराणा प्रताप को अपने पुत्र अमरसिंह की क्षमताओं पर अधिक विश्वास नहीं था, इसके उपरांत भी उनके उत्तराधिकारी अमर सिंह ही बने।

अमर सिंह निश्चित रूप से महाराणा प्रताप नहीं थे, परंतु उन्होंने अपने पिता का उत्तराधिकारी बनने के पश्चात अर्थात राज्य सिंहासन पर बैठने पर अपने पिता के सम्मान का

पूरा ध्यान रखा और अनेक युद्धों में मुगलों को पराजित किया। इतिहासकारों का मानना है कि महाराणा अमर सिंह और मुगलों के १७ युद्ध हुए थे। उन सभी युद्धों में महाराणा अमर सिंह ही विजयी रहे। सिंहासन पर बैठने के पश्चात उन्होंने पिता के सम्मान को बढ़ाने का काम किया। उन्होंने झुकना नहीं सीखा अर्थात महाराणा प्रताप के स्वाभिमान की परंपरा को उन्होंने झुकने नहीं दिया।

इसी प्रकार संभाजी के बारे में भी सामान्य रूप से यही धारणा है कि वह शिवाजी नहीं थे, परंतु जब वह सिंहासन पर बैठ गए तो उन्होंने भी अपने पिता के नाम और सम्मान को आगे बढ़ाने का प्रशंसनीय कार्य किया। उन्होंने मुगलों से १२० युद्ध किये और सभी युद्धों में जीत प्राप्त की। इस प्रकार की कई ऐसी समानताएं हैं जो दोनों राजवंशों में समान रूप से मिलती हैं।

भोंसले वंश के संस्थापक, भोसाजी (भैरोजी), सिसोदिया वंश के सदस्य थे। "वंशावली प्रमाण बताते हैं कि शिवाजी महाराज का भोंसले वंश मेवाड़ के सिसोदिया वंश से संबंधित था। भोंसले वंश की उत्पत्ति भैरोजी या भोसाजी से होती है, जो सिसोदिया वंश के सदस्य थे। इस वंशावली संबंध से यह स्पष्ट होता है कि शिवाजी महाराज और महाराणा प्रताप के बीच एक पारिवारिक संबंध था।"

महाराणा प्रताप जब वनों में इधर-उधर भटककर जीवन यापन कर रहे थे तो उन्होंने भी मुगलों के विरुद्ध कई बार गोरिल्ला युद्ध का सहारा लिया था। वे अपने समय के पहले राजा थे, जिन्होंने युद्ध क्षेत्र में गोरिल्ला युद्ध नीति को अपना शत्रु पक्ष को भारी क्षति पहुंचाई थी। अकबर की विशाल सेना का सामना उन्होंने इसी नीति से किया। इस प्रकार की नीति को लागू करने में उनके लिए अरावली पर्वत श्रृंखला ने बहुत महत्वपूर्ण योगदान दिया था। जिसके परिणामस्वरुप महाराणा प्रताप अकबर की विशाल सेना को कई बार पराजित करने में सफल रहे थे। महाराणा प्रताप की इस युद्ध नीति का कोई तोड़ अकबर के पास नहीं था।

मार के छापा भागना, यही गुरिल्ला जंग।
भगा दिया आलस्य को, खोज लिया नया ढंग।।

हम सभी जानते हैं कि गोरिल्ला युद्ध में एक पक्ष की सेनाएं सामान्य रूप से मैदान की लड़ाई से बचने का प्रयास करती हैं और इसके स्थान पर वह शत्रु पक्ष पर घात लगाकर या अचानक आक्रमण करके उसे पराजित करने का प्रयास करती हैं। महाराणा प्रताप की इस सफल गोरिल्ला युद्ध नीति को शिवाजी महाराज ने अपने समय में अक्षरशः लागू किया। जिसके परिणामस्वरुप वह भी औरंगजेब और उससे पहले शाहजहां की सेनाओं

को पराजित करने में सफल रहे थे। मुगल सेनाओं के अतिरिक्त उन्होंने आदिलशाही सेना को भी गोरिल्ला युद्ध नीति के माध्यम से पराजित करने में सफलता प्राप्त की थी इसी प्रकार की गोरिल्ला युद्ध नीति को संभाजी महाराज ने भी अपनाया। उन्होंने अपने शासनकाल में मुगलों को गोरिल्ला युद्ध के माध्यम से कई बार छकाया। उनकी युद्ध शैली का औरंगजेब के पास कोई तोड़ नहीं था। यदि अंतिम प्रयास में औरंगजेब उन्हें छल कपट से गिरफ्तार न करवाता तो यह निश्चित था कि संभाजी औरंगजेब की ही चादर लपेट देते।

इतिहासकारों का कहना है कि "१६८१ में, वर्तमान गुजरात, महाराष्ट्र, कर्नाटक और मध्य प्रदेश में मराठा किलों की घेराबंदी करने के लिए कई मुगल टुकड़ियों को भेजा गया था। मराठा छत्रपति संभाजी ने सम्राट के विद्रोही पुत्र सुल्तान मुहम्मद अकबर को अपने यहां शरण प्रदान की। जब इस बात की सूचना औरंगजेब को मिली तो वह संभाजी पर बहुत अधिक क्रुद्ध हुआ।

सितंबर १६८१ में, मेवाड़ के राजवंश के साथ अपने विवाद को निपटाने के बाद, औरंगजेब ने मराठा भूमि, साथ ही बीजापुर और गोलकुंडा की सल्तनत को जीतने के लिए दक्कन का अभियान आरंभ किया। इसी समय उसने औरंगाबाद को अपना मुख्यालय बनाया।

संभाजी महाराज ने इस समय अपनी जिस युद्ध नीति का परिचय दिया, वह उनके लिए वरदान सिद्ध हुई। मुगलों की ५ लाख की सेना का उन्होंने सामना किया और उसे युद्ध में पराजित किया। यह बहुत बड़ी बात है कि अपने सीमित साधनों के उपरांत भी उन्होंने औरंगजेब की इस विशाल सेना को धूल चटाई। औरंगजेब स्वयं यह नहीं समझ पाया था कि यह सब कैसे हो गया? संभाजी औरंगजेब के लिए एक अबूझ पहेली बन चुके थे। औरंगज़ेब इस पहेली का जवाब कभी सोच नहीं पाया। सिवाय इसके कि अंत में जाकर उसने उन्हें धोखे से गिरफ्तार करा लिया।

छल कपट के जाल में, फंसा लिया एक वीर।
इतिहास ऋणी उस वीर का, था बहुत गंभीर।।

कहा जाता है कि "१६८१ के अंत तक, मुगल सेना ने किले रामसेज को घेर लिया था। लेकिन मराठों ने इस हमले के आगे घुटने नहीं टेके। हमले का अच्छा स्वागत हुआ और किले पर कब्ज़ा करने में मुगलों को सात साल लग गए। दिसंबर १६८१ में, संभाजी ने जंजीरा पर हमला किया, लेकिन उनका पहला प्रयास विफल रहा। उसी समय औरंगजेब के एक सेनापति हुसैन अली खान ने उत्तरी कोंकण पर हमला कर दिया। संभाजी ने जंजीरा छोड़ दिया और हुसैन अली खान पर हमला किया और उन्हें अहमदनगर में वापस धकेल

दिया।" युद्ध के इस विवरण से पता चलता है कि औरंगजेब ने अपनी भरपूर शक्ति का प्रयोग कर संभाजी महाराज को जीवित पकड़ने का हरसंभव प्रयास किया, परंतु वह असफल रहा।

जितना ही वह अपने मनोरथ से दूर होता जाता था, उतनी ही उसकी खीझ बढ़ती जाती थी। उसके लिए यह स्थिति बहुत अपमानजनक बन चुकी थी कि इतने बड़े साम्राज्य का स्वामी होने के उपरांत भी वह संभाजी को गिरफ्तार नहीं कर पा रहा था। उसे अपने साधनों और अपनी शक्ति पर बहुत घमंड था, जिसे संभाजी चकनाचूर कर रहे थे।

युद्ध का इससे अगला विवरण हमको इस प्रकार मिलता है कि "औरंगजेब ने गोवा में व्यापारिक जहाजों को बंदरगाह की अनुमति देने के लिए पुर्तगालियों के साथ एक समझौते पर हस्ताक्षर करने की कोशिश की। इससे उसे समुद्र के रास्ते दक्कन तक एक और आपूर्ति मार्ग खोलने की अनुमति मिल जाती। यह खबर संभाजी तक पहुंची। उन्होंने पुर्तगाली क्षेत्रों पर हमला किया और उन्हें गोवा तट पर वापस लौटने के लिए मजबूर कर दिया। लेकिन अलवर का वायसराय पुर्तगाली मुख्यालय की रक्षा करने में सक्षम था। इस समय तक विशाल मुगल सेना दक्कन की सीमाओं पर एकत्र होने लगी थी। यह स्पष्ट था कि दक्षिणी भारत एक बड़े, निरंतर संघर्ष की ओर अग्रसर था।"

औरंगजेब के लिए संभाजी महाराज ने बड़ी विकट चुनौती खड़ी कर दी थी। वह चुनौती का जितना ही समाधान खोजने का प्रयास कर रहा था, उतना ही वह इसमें उलझता जा रहा था। एक प्रकार से संभाजी ने अपनी युद्ध नीति के जाल में औरंगजेब जैसे शिकार को फंसाकर उसे न तो जीवित छोड़ा और न ही मरा छोड़ा। औरंगजेब संभाजी महाराज के जाल में फंसकर तड़प रहा था। उसे नहीं पता था कि दक्कन उसके लिए कब्र बन जाएगा? उसका सपना था कि 'पहाड़ी चूहे' (शिवाजी महाराज को औरंगजेब इसी नाम से पुकारा करता था) के पुत्र संभाजी महाराज को वह अपनी विशाल सेना के बल पर जाते ही गिरफ्तार कर लेगा और उसके बाद वह लौटकर दिल्ली से आराम से शासन करना आरंभ करेगा। परंतु उसका सारा सपना उस समय चूर-चूर हो गया, जब संभाजी महाराज ने उसे दक्कन में ही फंसा कर खड़ा कर दिया।

औरंगजेब उस समय दलदल में फंस चुका था। जिससे बाहर निकलने का उसे कोई उपाय नहीं सूझ रहा था। औरंगजेब की इस प्रकार की स्थिति को देखकर हमारे अन्य हिंदू वीरों में उत्साह का संचार होता था। जो लोग औरंगजेब को अजेय मान चुके थे, उनका यह धर्म टूटता था।

कहा गया है कि "१६८३ के अंत में औरंगजेब अहमदनगर चला गया। उसने अपनी सेना को दो भागों में विभाजित किया और अपने दो राजकुमारों, शाह आलम और आजम

शाह को प्रत्येक डिवीजन का प्रभारी बनाया। शाह आलम को कर्नाटक सीमा के माध्यम से दक्षिण कोंकण पर हमला करना था, जबकि आजम शाह को खानदेश और उत्तरी मराठा क्षेत्र पर हमला करना था। पिंसर रणनीति का उपयोग करते हुए, इन दोनों डिवीजनों ने मराठों को अलग-थलग करने के लिए उन्हें दक्षिण और उत्तर से घेरने की योजना बनाई। शुरुआत काफी अच्छी रही। शाह आलम ने कृष्णा नदी पार की और बेलगाम में प्रवेश किया। वहां से उन्होंने गोवा में प्रवेश किया और कोंकण के रास्ते उत्तर की ओर बढ़ना आरम्भ किया। जैसे-जैसे वह आगे बढ़ता गया, मराठों की सेनाओं द्वारा उसे लगातार परेशान किया जाने लगा। उन्होंने उसकी आपूर्ति श्रृंखलाओं में तोड़फोड़ की और उसकी सेनाओं को भुखमरी की स्थिति में पहुंचा दिया। अंततः औरंगजेब ने रुहुल्ला खान को उसके बचाव के लिए भेजा और उसे अहमदनगर वापस ले आया। पहला पिंसर प्रयास विफल रहा।"

इस प्रकार छत्रपति संभाजी महाराज ने अपने जीवन को बलिदानी परंपरा में ढाल कर उसे धन्य कर दिया। उन्होंने न केवल अपने जीवन को धन्य किया, अपितु इतिहास के पृष्ठों को भी उज्ज्वल कर दूसरों के लिए प्रेरणा का स्रोत बना दिया।

उनके जीवन की उज्ज्वलता भारत के इतिहास के स्वर्णिम स्वर्णिम पृष्ठों पर बिखरी उज्ज्वलता है, जिसे आने वाले समय में इतिहास का हर जिज्ञासु विद्यार्थी बड़े कौतूहल के साथ पढ़ेगा। संभाजी महाराज भारतीय इतिहास की अनमोल थाती हैं। जिन पर आने वाली पीढ़ियां गर्व करेंगी। बचपन में उनकी दादी ने उन्हें चाहे प्यार से ही ' छावा' कहा, परन्तु उन्होंने अपने व्यक्तित्व और कृतित्व से यह सिद्ध कर दिया कि वह छावा ही थे। छावा कहलवाना सरल है, परंतु छावा बन जाना बड़ा कठिन है। छावा बनने के लिए तपना पड़ता है। जीवन खपाना पड़ता है और इस तपने और खपने के लिए उन्होंने अपने जीवन को भट्टी में डाल दिया। ...उस भट्टी में से निकले अपने कुंदन छत्रपति संभाजी महाराज को हमारा नमन।

❍❍❍

डॉ राकेश कुमार आर्य का जीवन परिचय

डॉ राकेश कुमार आर्य का जन्म 17 जुलाई, 1967 को ग्राम महावड़ परगना तहसील दादरी जनपद गौतम बुद्ध नगर (तत्कालीन जनपद बुलंदशहर) उत्तर प्रदेश में एक आर्य समाजी परिवार में हुआ। श्री आर्य के पिता का नाम श्री राजेंद्रसिंह आर्य और माता का नाम श्रीमती सत्यवती आर्या है। विधि व्यवसायी होने के साथ-साथ डॉ आर्य एक प्रखर वक्ता भी हैं। स्वर्गीय

स्वर्गीय श्री राजेंद्र सिंह आर्य और श्रीमती सत्यवती आर्या की पांच संतानों में से सबसे छोटे डॉ आर्य इतिहास लेखन के क्षेत्र में अपना विशिष्ट स्थान बनाने में सफल हुए हैं। श्री आर्य के ज्येष्ठ भ्राता प्रोफेसर विजेन्द्र सिंह आर्य एवं देवेंद्र सिंह आर्य भी वरिष्ठ साहित्यकार हैं। जिनकी कई पुस्तकें प्रकाशित हो चुकी हैं। जबकि उनके एक भाई भारतीय सेना में उत्कृष्ट सेवाएं देकर आए हैं। डॉक्टर आर्य की धर्मपत्नी श्रीमती ऋचा आर्या हैं। जबकि उनकी तीन बेटियां श्रुति आर्या, श्वेता आर्या श्रेया आर्या और एक बेटा अमन आर्य हैं।

श्री आर्य द्वारा साहित्य के क्षेत्र में प्रथम पग 1999 में रखा गया। जब उनकी प्रथम पुस्तक 'भारतीय क्षात्र धर्म और अहिंसा' प्रकाशित की गई।उसके पश्चात अब तक डॉ. आर्य ने अब तक 82 पुस्तकें लिखी हैं। जिन्होंने देश के राष्ट्रवादी लोगों को हृदय से प्रभावित किया है।

डॉ आर्य गौरक्षा, धर्म रक्षा व राष्ट्र रक्षा सम्मेलनों में देश के विभिन्न अंचलों में जा जाकर जन जागरण का महत्वपूर्ण कार्य कर रहे हैं। इसके लिए आपका 'उगता भारत ट्रस्ट' भी महत्वपूर्ण योगदान कर रहा है। भारतीय इतिहास पुनर्लेखन समिति के संस्थापक अध्यक्ष हैं।

उगता भारत ट्रस्ट के माध्यम से ही आप 'भारतीय इतिहास पुनर्लेखन समिति' संचालित कर रहे हैं। जिसका लक्ष्य भारत के राष्ट्रीय इतिहास का पुनर्लेखन किया जाना है। इस दिशा में आपने भारत के 1235 वर्ष के स्वाधीनता संग्राम को सन 712 ईसवी से लेकर 1947 तक 6 खंडों में प्रकाशित किया है। इस महत्वपूर्ण कार्य में "डायमंड पॉकेट बुक्स' का विशेष सहयोग रहा है।

श्री आर्य को उत्कृष्ट लेखन के लिए राजस्थान के राज्यपाल श्री कल्याण सिंह द्वारा विशेष रूप से 22 जुलाई, 2015 को राजभवन राजस्थान में सम्मानित किया गया। इसके अतिरिक्त केंद्र सरकार के मानव संसाधन विकास मंत्रालय की ओर से 12 मार्च, 2019 को केंद्रीय हिंदी निदेशालय द्वारा उनकी शोध कृति "भारत के 1235 वर्षीय स्वतंत्रता संग्राम का इतिहास" को वर्ष 2017 के राष्ट्रीय पुरस्कार से सम्मानित किया गया है। डॉ आर्य के राष्ट्रवादी लेख विभिन्न पत्र-पत्रिकाओं / वेबसाइट पर प्रकाशित होते रहते हैं।

इतिहास संबंधी शोधपूर्ण कार्य पर उन्हें अंतर्राष्ट्रीय आर्य विद्यापीठ के अध्यक्ष व दो बार पद्मश्री विजेता प्रोफेसर (डॉ) श्यामसिंह शशि और संस्कृत में प्रथम ज्ञानपीठ पुरस्कार विजेता

प्रोफेसर डॉक्टर सत्यव्रत शास्त्री के द्वारा डॉक्ट्रेट की मानद उपाधि विगत 17 जुलाई 2019 को उनके 53 वें जन्म दिवस के अवसर पर दिल्ली में होटल अमलतास इंटरनेशनल में प्रदान की गई।

श्री आर्य को उनके उत्कृष्ट लेखन कार्य के लिए विभिन्न विश्वविद्यालयों व सामाजिक संस्थाओं से भी सम्मानित किया गया है। मेरठ के चौधरी चरणसिंह विश्वविद्यालय सहित कई विश्वविद्यालयों में उनके लेक्चर विजिटर प्रोफेसर के रूप में आयोजित किए गए हैं। वर्तमान में डॉ आर्य राष्ट्रवादी समाचार पत्र 'उगता भारत' का संपादन कार्य कर रहे हैं। वह नरेंद्र मोदी विचार मंच द्वारा संचालित राष्ट्रीय प्रेस महासंघ के राष्ट्रीय अध्यक्ष, भारतीय इतिहास पुनर्लेखन समिति के राष्ट्रीय अध्यक्ष भी हैं। अंतरराष्ट्रीय आर्य विद्यापीठ रोहिणी नई दिल्ली सहित लगभग 40 संगठनों के राष्ट्रीय महासचिव हैं। डॉ आर्य को केंद्रीय शिक्षा मंत्रालय द्वारा शिक्षा पुरस्कार सम्मान 2017 से भी सम्मानित किया गया है।

इसके अतिरिक्त भारतीय संस्कृति के संदर्भ में अमेरिका स्थित एन.आर.आई. एसोसिएशन के द्वारा उनके व्याख्यान भी प्रसारित कराए गए हैं। इसके अतिरिक्त इतिहास पर उनके अनेकों व्याख्यान यूट्यूब पर उपलब्ध हैं। इस प्रकार डॉक्टर आर्य एक विशेष प्रतिभा के धनी है, जिस पर समाज को गर्व है।

आपके द्वारा आर्य संदेश टीवी चैनल के माध्यम से भारत के गौरव पूर्ण इतिहास पर अनुसंधानात्मक व्याख्यानमाला इस समय चल रही है। जिसमें भारतीय इतिहास के लुप्त अध्यायों को बहुत खूबसूरती से प्रस्तुत किया गया है।

25 अगस्त, 2022 को डॉ आर्य को 'भारत के 1235 वर्षीय स्वाधीनता संग्राम' के इतिहास संबंधी किए गए शोध को विशेष सम्मान दिया गया है, जब 'इंडिया बुक ऑफ रिकॉर्ड्स' में उनके इस पुरुषार्थ को सम्मिलित कर लिया गया है। सचमुच डॉ आर्य को मिला यह सम्मान बहुत ही गर्व और गौरव का विषय है। इससे पता चलता है कि उन्होंने लेखनी के क्षेत्र में कितना परिश्रम और अध्यवसाय किया है?

अभी डॉ आर्य को 'वर्ल्ड कंस्टीट्यूशन एंड पार्लियामेंट एसोसिएशन' के ग्लोबल प्रेजिडेंट डॉ ग्लेन टी. मार्टिन (अमेरिका) द्वारा वर्ल्ड पीस एनवॉय वर्ल्ड 2022 (विश्व शांति दूत 2022) के सम्मान से सम्मानित किया गया है। यह कार्यक्रम गाजियाबाद स्थित कासा लिमा बैंक्विट जी.टी. रोड गाजियाबाद में विगत 26 नवंबर 2022 को संपन्न हुआ।

–डॉ राकेश कुमार आर्य

दयानंद स्ट्रीट, सत्यराज भवन, (महर्षि दयानंद वाटिका के पास)

निवास : सी ई 121, अंसल गोल्फ लिंक - 2, तिलपता चौक,

ग्रेटर नोएडा, जनपद गौतमबुध नगर, उत्तर प्रदेश। पिन 201309

चलभाष 9911169917

डॉ. राकेश कुमार आर्य द्वारा लिखित पुस्तकों की सूची

1. भारतीय क्षात्र धर्म और अहिंसा
2. भारतीय संस्कृति में साम्यवाद के मूल तत्व
3. इस्लाम संदेहों के घेरे में
4. भारतीय मुसलमानों के हिंदू पूर्वज मुसलमान कैसे बने?
5. मूर्ख बनाओ - मौज उड़ाओ, भाग - 1, 2, 3
8. स्वातंत्र्य वीर सावरकर: व्यक्तित्व चिंतन
9. वर्तमान भारत में वैधानिक राजनीतिक षड्यंत्र : दोषी कौन?
10. हिंदू महासभा और कांग्रेस का तुलनात्मक इतिहास
11. राष्ट्र की चुनौतियां और उनके समाधान
12. राष्ट्र चिंतन के राजपथ पर
13. भारत में मानव अधिकार इतिहास और स्वरूप
14. मजहब ही तो सिखाता है आपस में बैर रखना
15. इतिहास कुछ ऐसा है
16. सुनो राष्ट्र की पुकार
17. भारत में आतंकवाद के कारण और निवारण
18. भारतीय पर्व और त्योहार
19. भारतीय संविधान के कुछ आपत्तिजनक अनुच्छेद
20. वेद, महर्षि दयानंद और भारतीय संविधान
21. राष्ट्रीय संस्कार
22. क्या यह वही देश है
23. भारत के 1235 वर्षीय स्वतंत्रता संग्राम का इतिहास, भाग-1
    'वह थमे नहीं हम रुके नहीं'
24. भारत के 1235 वर्षीय स्वतंत्रता संग्राम का इतिहास, भाग-2
    'वह रुके नहीं - हम झुके नहीं'
25. भारत के 1235 वर्षीय स्वतंत्रता संग्राम का इतिहास, भाग-3
    लड़ी तलवारों से, घोड़ों पर घोड़े टूट पड़े तलवार
26. भारत के 1235 वर्षीय स्वतंत्रता संग्राम का इतिहास, भाग-4
    शिवा बैरागी का प्रताप बना मुगलों का संताप
27. भारत के 1235 वर्षीय स्वतंत्रता संग्राम का इतिहास, भाग-5
    अंग्रेजों का दमन चक्र और हमारा सुदर्शन चक्र

28. भारत के 1235 वर्षीय स्वतंत्रता संग्राम का इतिहास, भाग-6
अंधकार बीत गया और भारत जीत गया
29. हमारी राष्ट्रभाषा हिंदी
30. वैदिक धर्म में गौ माता
31. महिला सशक्तिकरण और भारत
32. इतिहास के झरोखे से
33. बुलंद भारत मोदी जी की नीतियां
34. अतीत की छाया में वर्तमान
35. महर्षि मनु और भारतीय राज्य व्यवस्था
36. स्वातंत्र्यवीर सावरकर
37. हिंदू धर्म
38. भारत की राजनीति और लोकतंत्र
39. यज्ञ रूप प्रभु हमारे
40. राष्ट्र चिंतन की आवश्यकता
41. गांधी सावरकर
42. विश्वगुरु के रूप में भारत
43. गीता का सांस्कृतिक राष्ट्रवाद
44. लोकतंत्र और स्वस्तिवाचनम
45. चुनावी घोषणा पत्र और लोकतंत्र
46. हिंदवी स्वराज्य के संस्थापक शिवाजी और उनके उत्तराधिकारी
47. अफगानिस्तान का हिंदू वैदिक अतीत
48. मनु और भारत की जातिवादी व्यवस्था
49. हिंदू राष्ट्र स्वप्नदृष्टा : बंदा वीर बैरागी
50. हिंदुत्व की चेतना के स्वर
51. इतनी शक्ति हमें देना दाता ...
52. इतिहास पर गांधीवाद की छाया
53. भारतीय इतिहास के कुछ स्वर्णिम पृष्ठ
54. गुर्जर वंश का गौरवशाली इतिहास
55. ‘जय भीम - जय मीम’ और बाबा साहेब
56. भारत की विदेश नीति
57. राष्ट्रनायक राजा दाहिर सेन
58. हिन्दू ‘स्थान’ में हिंदू का अस्तित्व

59. है बलिदानी इतिहास हमारा
60. सांस्कृतिक राष्ट्रवाद के पुरोधा भगवान श्रीराम
61. मेरी इक्यावन कविताएं
62. गीता मेरे गीतों में
63. इतिहास के गौरव
64. कश्मीर : आतंकवाद की पूरी कहानी
65. सत्यार्थ प्रकाश में इतिहास विमर्श
66. मेवाड़ के महाराणा और उनकी गौरव गाथा
67. 26 मानचित्रों में भारत के इतिहास का सच
68. समग्र क्रांति के अग्रदूत स्वामी दयानंद
69, भारत के 50 वैज्ञानिक ऋषि
70. देश का विभाजन और सावरकर
71. उगता भारत राष्ट्र मंदिर
72. श्रेय मार्ग का पथिक
73. महाभारत की शिक्षाप्रद कहानियां
74. ...तो क्या इतिहास मिट जाने दें
75. एक क्रांतिकारी संगठन : आर्यसमाज
76. राष्ट्र की ऊर्जा का स्रोत : श्री राम मंदिर
77. मेरे मानस के राम
78. भारत की 18 लोकसभाओं के चुनाव
(एक तथ्यात्मक विवेचन)
79. मुगल काल के गुमनाम हिन्दू योद्धा
80. इतिहास का विकृतिकरण और नेहरू (डिस्कवरी ऑफ इंडिया की 'डिस्कवरी')
81. जाग उठो - सीना तानो
82. नेहरू का मुगल प्रेम और भारतीय इतिहास
83. भारत के गद्दार
84. भारत के इतिहास के गौरव : छत्रपति संभाजी